# 8 L 29 147 6

Paris - Nancy
1893-1899

## Ardouin-Dumazet

*Voyage en France*

*Cotentin. Basse-Normanide. Pays d'Auge.
Haute-Normandie. Pays de Caux*

Tome 6

ARDOUIN-DUMAZET

# VOYAGE EN FRANCE

6ème Série

COTENTIN, BASSE NORMANDIE
PAYS D'AUGE
HAUTE NORMANDIE, PAYS DE CAUX

PARIS
BERGER-LEVRAULT & Cie, ÉDITEURS

# Voyage en France

## OUVRAGES DU MÊME AUTEUR

**L'Armée et la flotte en 1895.** — Grandes manœuvres des Vosges. — L'expédition de Madagascar. — Manœuvres navales — 1 volume in-12, avec nombreuses cartes. 5 fr.

**L'Armée et la flotte en 1894.** Manœuvres navales. — Grandes manœuvres de Beauce. — Manœuvres de forteresse. — 1 volume in-12, avec illustrations de Paul Léonnec et de nombreux croquis et cartes. 5 fr.

**L'Armée navale en 1893.** — *L'Escadre passe en Provence*. — *La Défense de la Corse.* — 1 volume in-12, avec 27 croquis ou vues et une carte de la Corse. 5 fr.

**Au Régiment – En Escadre**, préface de M. Méxilmes, de l'Académie française. 1894. 1 volume grand in-8°, avec 350 photographies instantanées de M. Paul Gras. 16 fr.

**Le Colonel Bourras.** Suivi du Rapport sur les opérations du corps franc des Vosges du colonel Bourras. 1899. Brochure in-12, avec un portrait et couverture illustrée. 60 centimes.

**Le Nord de la France en 1789.** — Flandre. — Artois. — Hainaut. — 1 volume in-12. (Maurice Dreyfous.)

**La Frontière du Nord** et les défenses belges de la Meuse. — 1 volume in-8°. (Baudoin.)

**Une Armée dans les neiges**, journal d'un volontaire du corps franc des Vosges — 1 volume in-8° illustré (Rouam.)

**Études algériennes.** — 1 volume in-8°. (Guillaumin et Cie.)

**Les Grandes Manœuvres de 1882 à 1892.** — 1 volume in-12 par année. (Baudoin et Rouam.)

**Voyage en France.** Ouvrage couronné par l'Académie française. Série d'élégants volumes in-12, avec cartes et croquis dans le texte, à 3 fr. 50 c.
— 1re Série : Le Morvan, Le Val-de-Loire et le Perche (1893).
— 2e Série : Des Alpes mancelles à la Loire maritime (1894).
— 3e Série : Les Iles de l'Atlantique : I. D'Arcachon à Belle-Isle (1895).
— 4e Série : Les Iles de l'Atlantique : II. D'Hoëdic à Ouessant (1895).
— 5e Série : Les Iles françaises de la Manche: Bretagne péninsulaire (1896).
   [Les Iles de la Méditerranée, la Corse, celles du groupe d'Hyères, etc., sont décrites dans le volume : *L'Armée navale en 1893.*]
— 6e Série : Cotentin, Basse-Normandie, Pays d'Auge, Haute-Normandie, Pays de Caux.
— 7e Série : La région lyonnaise, Lyon, les monts du Lyonnais et du Forez. 1896.

### Sous presse :

— 8e Série : Le Rhône du Léman à la mer.
— 9e Série : Viennois, Graisivaudan, Oisans, Diois et Valentinois (paraîtront en juillet 1896).

15 autres volumes compléteront ce grand travail activement poursuivi par l'auteur. Le prospectus détaillé de la collection est envoyé sur demande.

ARDOUIN-DUMAZET

# Voyage en France

6ᵉ SÉRIE
COTENTIN — BASSE-NORMANDIE — PAYS D'AUGE
HAUTE-NORMANDIE — PAYS DE CAUX
Avec 29 cartes ou croquis.

BERGER-LEVRAULT ET Cⁱᵉ, ÉDITEURS
PARIS | NANCY
5, RUE DES BEAUX-ARTS | 18, RUE DES GLACIS

1896
Tous droits réservés

Tous les croquis sans titre compris dans ce volume sont extraits de la carte d'état-major au $\frac{1}{80,000}$.

# VOYAGE EN FRANCE

## I

### UNE VILLE DE CHAUDRONNIERS

Un funiculaire s. v. p. — Le raidillon d'Avranches. — Une aimable ville. — A travers l'Avranchin. — Villedieu-les-Poêles. — Bruyante cité. — Le triomphe du cuivre. — Chaudronnerie de ménage et chaudronnerie d'art. — Cloches et robinets. — Dentelles de soie, dentelles de crins. — Mœurs ouvrières.

*Villedieu-les-Poêles, septembre.*

Les vrais touristes n'aiment guère les funiculaires et les ascenseurs, ils considèrent la fatigue comme une part de leur plaisir. Les alpinistes surtout sont féroces; dans leurs réunions ils ne cessent de jeter l'anathème sur les chemins de fer qui nous conduisent sans peine sur les sommets. Au dernier banquet du Club alpin il eut un beau succès, l'orateur qui dit leur fait aux ingénieurs

« s'introduisant dans la montagne par leurs tunnels comme un ver dans une pomme ».

Même ce farouche contempteur des crémaillères et des viaducs aurait trouvé ce matin que les funiculaires ont du bon, s'il lui avait fallu gravir, sous un soleil étouffant, le raidillon conduisant de la gare à la ville d'Avranches, où la municipalité prévoyante a cependant fait disposer des bancs pour le repos des promeneurs. Mais lorsqu'on dispose d'une heure à peine à passer là-haut, il faut monter vite.

Pour le voyageur pressé, une heure suffit à visiter l'aimable cité; mais il comprendra peu le charme de ce site s'il n'est pas resté au moins une journée sur les remparts et dans les jardins d'Avranches, d'où la vue s'étend au loin sur la baie du Mont-Saint-Michel et les côtes de Cancale. Selon le soleil, la haute ou la basse mer, selon l'état du ciel, l'immense panorama se transforme. Tout à l'heure il était austère et gris. Le mont Saint-Michel avait l'aspect rébarbatif d'une forteresse. Le voici maintenant éblouissant de lumière; la « Merveille » flotte sur les eaux comme une île enchantée des contes de chevalerie. Les fauves estuaires couverts de tangue et de sable sont devenus des lacs dans lesquels les collines boisées baignent leurs pieds.

Le site d'Avranches rappelle avec plus de gaîté, de douceur, de verdure surtout, ceux d'Angoulême, de Poitiers ou de Laon. Le paysage ambiant a pour note dominante le vert. C'est bien ici la Normandie grasse et luxuriante. Vallons, plaines, collines sont uniformément couverts du même manteau d'herbages entourés de grands arbres, donnant la sensation d'une forêt coupée d'innombrables clairières.

La ville est en harmonie avec ce double cadre de la mer et d'une plantureuse campagne; on n'y trouve ni grands monuments, ni somptueuses artères, ni fabriques, c'est bien la capitale d'un aimable pays où la vie est facile. Le passé, représenté jadis par des murailles puissantes et par la cathédrale fameuse où Henri II d'Angleterre implora le pardon d'un légat du pape pour le meurtre de Thomas Becket, s'est évanoui. L'église s'est écroulée, les remparts ont été nivelés; sur l'emplacement de ces édifices s'étendent des allées et un jardin d'où l'on commande le grandiose panorama de l'Avranchin et de la baie. La ville s'est ornée de verdure, d'eaux jaillissantes, de jardins surtout. Deux parcs publics et un jardin des Plantes forment un ensemble de promenades dont aucune autre ville de semblable importance ne saurait s'enorgueillir. Grâce à la douceur du climat, la végétation y est quasi méridionale, l'humidité de l'atmosphère y entretient des pelouses toujours vertes ; de grands arbres, des fleurs, des débris précieux d'édifices reconstruits ici mériteraient au Jardin des Plantes une visite si l'on n'avait pas, de là, cette vue immense sur la baie du Mont-Saint-Michel et ses estuaires. Avranches est du reste la ville des fleurs ; il y a beaucoup de pépiniéristes et d'horticulteurs, une société locale se consacre à la botanique. Tout cet ensemble contraste fort avec l'histoire d'Avranches, faite de sièges et d'émeutes, et avec l'énorme statue du général Valhubert, tué à Austerlitz.

C'est donc surtout une ville de repos, où l'économiste ne trouverait guère à glaner. Et cependant l'arrondissement est un des plus intéressants de la Normandie par deux de ses villes : Granville, aux hardis marins [1], et Villedieu-les-Poêles.

Cette dernière est un des centres les plus actifs de l'Ouest ; avec Tinchebrai [2] et Sourdeval il forme dans cette région verdoyante, toute d'herbages et de cultures, un foyer industriel singulièrement vivant. Que l'on vienne de Coutances, de Granville ou d'Avranches, rien n'annonce la présence

---

1. Sur Granville, voir 5e série du *Voyage en France*, p. 341.
2. Voir la 2e série du *Voyage en France*, page 170.

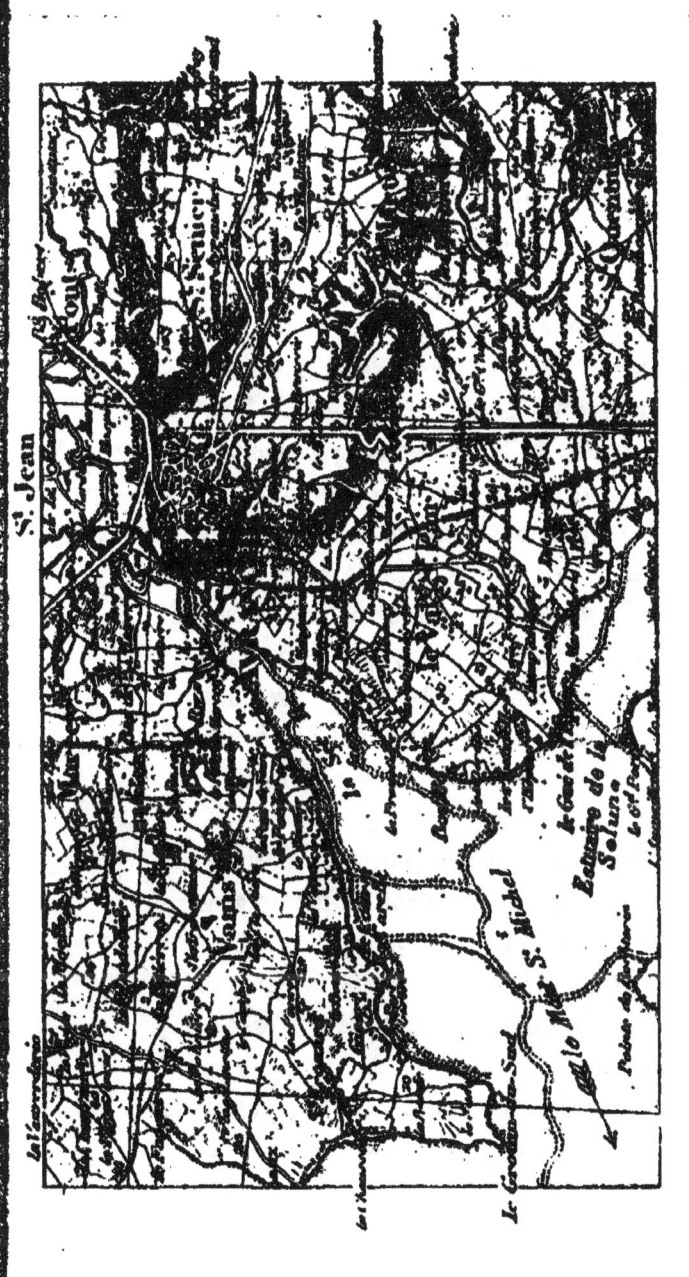

de sites manufacturiers. D'Avranches ici on ne traverse que des régions agricoles. Autour d'Avranches jusqu'à Montviron, l'élevage du mouton semble dominer; partout sont des parcs remplis de ces animaux, assez petits d'ailleurs. Il faut sans doute attribuer à cet élevage d'ovidés la quantité assez considérable de petites filatures de laine répandues dans cette partie du Cotentin. Mais lorsqu'on a dépassé les terres basses, presque marines par les estuaires des petits cours d'eau de l'Avranchin, les moutons disparaissent peu à peu pour faire place au grand bétail. Le pays est un damier d'herbages clos de grands arbres. Même aux abords de la Haye-Pesnel, grande bourgade aux toits d'ardoises dominant de haut la profonde vallée du Tard, les bois ou *Haye* qui ont donné leur nom à ce centre sont encore assez étendus.

Plus agreste encore est le pays vers Villedieu. D'étroites vallées se creusent dans le massif granitique. Peu de gros villages, mais d'innombrables hameaux de quatre ou cinq maisons; sans la carte, on ne les devinerait pas, tant ils sont cachés dans les ramures.

Au milieu de cette région pastorale, où la seule culture semble être le sarrasin, la Sienne s'est creusé un bassin étroit entre des hautes et abruptes pentes. Cette vallée tortueuse, véritable lèvre au sein du plateau, est cependant le site où s'est créée l'industrieuse ville de Villedieu-les-Poêles.

Ce nom évoque un sourire chez le passant qui traverse la gare, dominant de haut la petite cité dont les toits se pressent autour d'une belle église, escaladent les pentes des coteaux ou se prolongent au loin sur les rives de la Sienne. C'est un joli panorama de ville que celui-là, il laisse un souvenir à tous les voyageurs de Granville.

Villedieu gagne encore à être visitée. Lorsqu'on est descendu dans le val profond, on pénètre dans des rues larges, propres, d'un aspect cossu. Les maisons de granit ont des assises blanches, de nombreux magasins bordent la voie principale. A mesure qu'on avance, on est frappé par les rumeurs et les bruits qui s'élèvent, tantôt mats, tantôt sourds, tantôt argentins. Bientôt c'est un vacarme étourdissant : de toutes les portes, de toutes les cours, des ruelles ouvertes sur les voies maîtresses s'élèvent des bruits de marteaux, des grincements de limes, des halètements de soufflets, des sifflements de métal en fusion. La rue Basse et la rue Haute surtout font un tintamarre incessant.

On fabrique peu de *poêles*, cependant, à Villedieu-les-Poêles, malgré ce nom, malgré ce bruit. Mais l'on est chaudronnier. Le surnom semble avoir été donné au hasard par l'administration des postes pour distinguer la ville des autres *villes-dieu*. Mais on dit aussi qu'il est dû aux poêles ou poêlons de cuivre si usités jadis où se font les plus succulentes omelettes. Les vieux dictionnaires de géographie disent Villedieu tout court, le sobriquet apparaît dans les derniers « livres de poste », auxquels les chemins de fer ont fait succéder le Chaix. Mais Villedieu fut toujours un centre de chaudronnerie ; ses fondateurs, des chevaliers de Saint-Jean, y avaient attiré une colonie d'ouvriers qui fabriquaient des ornements d'église en cuivre repoussé et martelé dont la réputation était grande. Peut-être même le château servait-il d'usine, car d'anciennes chartes le nomment château du Boucan. Si l'argot n'était de si mauvaise compagnie, ne pourrait-on dire encore cette cité de chaudronniers : la cité du *boucan?*

La colonie qui créa l'industrie de Villedieu venait, dit-on, d'une cité voisine, située à 6 kilomètres au sud-ouest, sur l'emplacement du village appelé aujourd'hui la Lande-d'Airou et qu'un cataclysme, incendie, cyclone ou passage de gens de guerre détruisit vers le xii° siècle.

Les ornements d'église ne suffisaient pas à l'activité de la population, on y joignit tous les objets de cuivre en usage alors : bassins, aiguières, etc. Même la poterie d'étain y fut florissante il y a deux cents ans; depuis vingt ans elle a disparu.

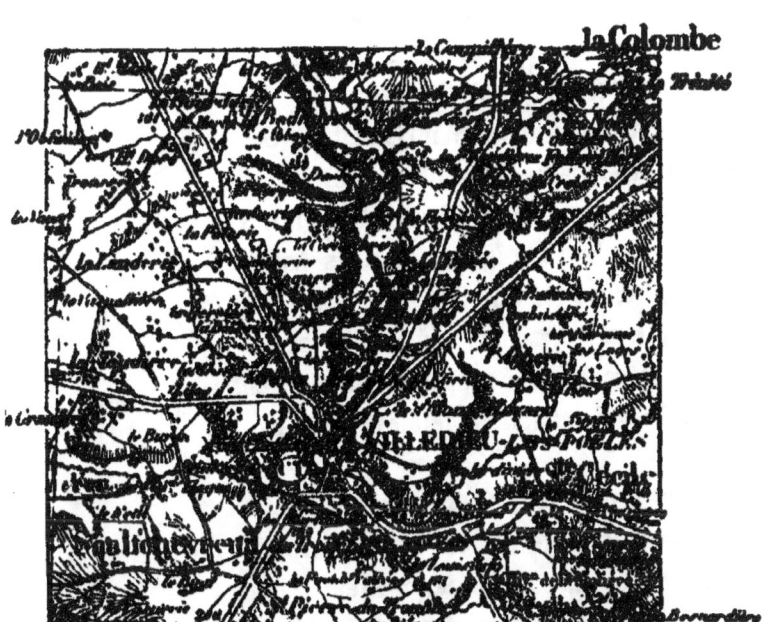

On n'y formait pas seulement des ouvriers pour les ateliers locaux ; de Villedieu et des environs, surtout du pays de Mortain, partaient ces chaudronniers et ces rétameurs qui couraient le pays et que, dans son enfance, la génération actuelle a connus si nombreux. Aujourd'hui il en reste quatre ou cinq encore dans la Manche ; ceux qu'on rencontre en France sont plutôt des Auvergnats et des Aveyronnais.

La vallée de la Sienne n'a donc plus d'artisans migrateurs ; la plupart des ouvriers travaillent à domicile pour leur compte ou celui de patrons. Chacun a une spécialité dont il ne sort pas. Le premier chez lequel je suis entré ne faisait que des plaques et des charnières d'armoires. Un autre, à côté, se livrait uniquement à la fabrication des pots à colle; le voisin ne faisait que des bassinoires; en face, je ne vis que des turbotières. Et ainsi, frappant sans cesse les mêmes coups de marteau pour faire le même objet, l'ouvrier de Villedieu parvient à une rare habileté de main.

Entrons dans un atelier : c'est une grande salle enfumée, très simple, le sol est le plus souvent naturel. Une forge, une enclume, des feuilles de cuivre ou de laiton, des outils, des vases achevés mais encore ternis, irisés ou rougis par le feu de la forge, d'autres décapés, jettent l'éclat de leur métal poli d'un rouge ardent ou d'un jaune pâle. Un ouvrier, parfois deux et un apprenti travaillent, leur marteau remplit de bruit le logis étroit.

Chez d'autres ouvriers employés à de moins bruyants travaux, tels les ferrures d'armoires, une pièce unique sert à la fois d'atelier, de cuisine, de chambre à coucher et de salle à manger. C'est un amusant pêle-mêle digne de tenter le pinceau d'un peintre, ces demeures de l'ouvrier de Villedieu.

Veut-on avoir une idée de l'étonnante variété de produits sortis de ces ateliers pour le compte de petits patrons ou d'expéditeurs ? Voici la liste qui m'a été fournie ; elle doit être bien incomplète encore :

Moules pour pâtissiers, cuillers, fourchettes, poêlons, casseroles, plats ovales et ronds, braisières, turbotières, fontaines, chaudrons, veilleuses, arrosoirs, jardinières, bassines à confitures, marmites, chaudières (alambics) à bouillir le cidre, tous appareils à distiller, bassinoires, cruches, poêles, réchauds, bouillottes, pots à colle, cafetières, et bien d'autres encore exécutés sur croquis.

Tous ces objets sont uniquement fabriqués au marteau. Or, 400 chaudronniers ne font que frapper du matin au soir sur le cuivre sonore ; 150 travaillent chez eux, les autres sont répartis entre 53 patrons.

Beaucoup de ces ustensiles sont fort élégants, ainsi les buires en laiton servant dans tout le Cotentin et dans la Suisse normande à recueillir et puiser l'eau, trouvent place aujourd'hui dans plus d'un salon. Même j'ai fait de deux pots à colle non vernis, mais polis, deux petites jardinières assez curieuses. Nous verrons tout à l'heure une transformation artistique remarquable chez les industriels de Villedieu.

La batterie de cuisine surtout est florissante. Après un moment d'éclipse, la chaudronnerie de cuivre reprend son rang; Villedieu fabrique en quantité pour les grands magasins de Paris, même pour l'étranger.

A ces produits de la chaudronnerie sont venus naturellement s'ajouter beaucoup d'objets en cuivre ou d'usage récent. Ainsi, depuis que la fabrication de l'eau-de-vie de cidre s'est répandue, Villedieu a livré dans cinq ou six arrondissements normands ou bretons près de 600 chaudières à bouillir. La robinetterie pour machines a pris une grande extension; 3 fonderies avec 25 annexes sont uniquement consacrées à cette industrie et à la production des accessoires pour machines à vapeur. Naturellement on a été amené à fondre des cloches; deux usines, occupant ensemble vingt ouvriers, en obtiennent de fort belles; quelques-unes atteignent les poids respectables de 12,000 à 15,000 kilogr. Une autre usine ne produit que des plateaux de balance; pour cela il n'est guère besoin du marteau, la machine intervient. Un autre atelier fabrique des corps de pompe.

On comprend combien la vocation est facile en ce milieu. L'enfant, élevé dans le bruit et la fumée, prend part, en se jouant, au labeur paternel ; des petits bonshommes de six ans rendent déjà service en dehors des heures de classe, aussi y a-t-il un élément tout préparé pour recevoir une éducation artistique sérieuse. Une école d'art industriel dans ce milieu de Tinchebrai, Sourdeval et Villedieu serait fort utile ; elle ferait beaucoup pour le développement du goût dans la France entière en favorisant l'emploi d'objets usuels de formes pures et gracieuses.

Déjà un fabricant de Villedieu l'a compris. Il a envoyé son fils apprendre l'ornementation à Paris ; le jeune homme est revenu et a appliqué aux objets de fabrication courante les leçons qu'il avait reçues. Puis il a essayé de modeler des urnes, aiguières, etc., selon l'antique ou la Renaissance, d'après les modèles des musées ; l'effort est digne d'être signalé, d'autant plus qu'il semble réussir auprès des amateurs de plus en plus nombreux qui visitent Villedieu. L'exemple de M. Leroussel-Duclos est déjà suivi ; dans les rues de la ville, des enseignes annoncent la « chaudronnerie artistique ».

Il est assez malaisé de connaître la valeur totale des produits de Villedieu, à cause du grand nombre de petits industriels. Cependant, d'après les données d'une maison de banque, elle ne serait pas inférieure, pour la chaudronnerie seulement, à 1,500,000 fr.

Les cuivres employés à Villedieu sont achetés en Normandie, dans l'Eure, la Sarthe [1], la Seine-Inférieure et le Pas-de-Calais, où les cuivres bruts sont laminés. Le krach des métaux a été pour Villedieu une leçon d'affaires; afin d'éviter les effets d'accaparement toujours possibles, on achète les cuivres en feuille avec garantie de baisse et on s'assure contre la hausse. De la sorte, les crises sont prévenues et cette intéressante industrie peut être assurée du lendemain.

Villedieu ne borne pas son activité à la transformation par le feu et le marteau des feuilles de cuivre en ustensiles de ménage ou de luxe. La Sienne et des appareils à vapeur font mouvoir les machines d'une fabrique de toile en crin occupant de 150 à 200 ouvrières; industrie fort curieuse, dont les produits sont utilisés pour la confection

---

[1]. Voir, pour cette production du cuivre dans les hautes vallées normandes, le *Voyage en France*, 3ᵉ série, pages 30 et 108.

des tamis et des coussins de wagons, de voitures et de sièges.

D'autres ateliers travaillent la peau pour fabriquer les cribles en usage dans les fabriques de semoules et les poudreries; ailleurs on fait des cribles en peau pour passer les grains; dans un dernier atelier on produit des taquets pour filatures et des godets en peau nécessaires pour moulins et minoteries. Pour cela, on emploie en partie les peaux préparées dans les nombreuses tanneries des bords de la Sienne.

Les femmes elles-mêmes ont une industrie spéciale et élégante. La plupart se livrent à la confection de dentelles rivalisant avec celles de Bayeux et d'Alençon. Les 80 ou 100 dentellières de Villedieu produisent des mouchoirs, des châles, des dessus d'édredon et de lit, des rideaux et des garnitures de laine, soie et fil pour l'habillement de la femme. A diverses reprises, elles ont obtenu des récompenses dans les expositions pour leur habileté et leur goût. Certes, elles n'ont pas des salaires bien élevés; en travaillant six à huit heures par jour, elles gagnent à peine soixante centimes, mais elles peuvent veiller aux soins du ménage et accroître le salaire de l'homme qui, à chaudronner, gagne de 2 fr. 50 c. à 3 fr. par jour.

En un tel pays ces sommes médiocres sont l'aisance. L'ouvrier de Villedieu est sage : il se contente de ce gain, obtenu en dix ou douze heures; il a refusé le travail supplémentaire. Si quelques-uns ont pris l'habitude de fêter la Saint-Lundi et le lendemain, la plupart se contentent du dimanche, consacré à des promenades au bord de la rivière. Même en hiver, la jolie vallée de la Sienne est remplie de flâneurs les jours de repos. Il n'y a pas seulement le dimanche, les fêtes chômées sont nombreuses; elles se distinguent par l'absence de bruit dans la ville, puisque les marteaux ne battent plus sur le cuivre. La Saint-Hubert est célébrée par les chaudronniers, la Sainte-Anne est le patron des poêliers, la Sainte-Barbe est chômée par les fondeurs, enfin les parcheminiers, qui préparent la peau pour les cribles, sont en liesse le jour de Saint-Léon.

Un tel centre par sa population ouvrière[1] est naturellement un marché important pour la population agricole. Le chemin de fer, en donnant les moyens de conduire les beurres à Paris, a fait naître un commerce considérable. Chaque semaine, les jours de marché, la gare expédie de 8,000 à 10,000 kilogr. de beurre soit à Paris, soit, plutôt, à Vire et Isigny, où le beurre arri-

---

1. Villedieu, qui avait 3,000 habitants vers 1830, on compte aujourd'hui 3,500.

vant en grosses mottes informes est mis en pains pour être expédié en France et en Angleterre.

L'aspect de la ville se ressent de cette prospérité; les rues et les places qui rayonnent autour de son église de granit, œuvre fort ornée du xv° siècle, ont un air d'aisance qui fait plaisir à voir. Trois quartiers se partagent Villedieu : le pont de Pierre, au-dessous de la gare, le pont Chignon, près duquel sont les plus bruyants ateliers de chaudronnerie, et le bourg d'Envie qui tirerait son nom, dit-on, de sa situation charmante au-dessus de la rivière.

De la gare où j'achève ces notes rapides avant de prendre le train de Granville, on entend une rumeur sourde montant de la petite ville, parfois coupée par une note plus claire; nulle part, sinon à Lyon chez les canuts de la Croix-Rousse, le bruit d'une ruche humaine ne produit plus d'impression.

# II

## LES VAUX-DE-VIRE

De Fougères à Mortain. — Saint-Hilaire-du-Harcouët. — Un coin de montagne en Cotentin. — Sourdeval, ses soufflets et ses couverts. — Vire, les Vaux-de-Vire et Olivier Basselin. — La vallée de la Vire. — Torigni. — Saint-Lô et son haras.

*Saint-Lô, août 1893.*

Lorsqu'on a traversé le tunnel de Fougères et quitté la ligne de Pontorson pour s'engager sur le chemin de fer aux multiples tronçons qui conduit à Mortain, Vire et Saint-Lô, le changement de province s'affirme par l'aspect des choses ; la lande disparaît, du moins la lande bretonne, faite de plantes hautes et épaisses ; on rencontre bien encore des champs de sarrazin, mais rares, les céréales et les trèfles dominent, les forêts sont vastes, touffues, bien percées. Puis les prairies sont continues, plantureuses et grasses autour de Louvigné-du-Désert, la dernière ville bretonne, où le granit perce encore le tapis vert. A la limite des deux provinces, le paysage est d'une agreste sauvagerie. Le panorama soudain s'élargit, se fait grandiose, des chaînes de collines se dressent, très vaporeuses à l'arrière-plan, revêtues de tant d'arbres qu'on croirait une forêt. Au fond du cirque coule une des rivières du mont Saint-Michel, la Sélune ; sur ses bords apparaît une riante petite ville dont la voie ferrée fait le tour, comme pour la montrer sous toutes ses faces. Des toits bruns sont pressés autour de deux hautes flèches ; de grands faubourgs s'alignent dans la campagne où courent les fils électriques destinés à fournir la lumière. La ville est Saint-Hilaire-du-Harcouët. On l'atteint après avoir longé la Sélune qui décrit de grands méandres dans les prairies.

Le charme de Saint-Hilaire disparaît un peu en pénétrant dans les rues de la bourgade, elle est régulière et propre, mais rien n'y retient l'attention. Même ses industries, assez florissantes, sont des sortes de colonies venues du voisinage ; on y fait des soufflets comme à Sourdeval, des boutons de nacre comme à Tinchebrai, on y file la laine, on y foule des chapeaux. C'est donc un centre assez vivant, mieux placé que Mortain pour centraliser le commerce du riche bassin de la Sélune.

Mais combien Mortain rachète sa mauvaise situation commerciale par le paysage au sein duquel elle s'est bâtie ! Ses hautes collines couronnées de rochers et de bois forment au loin un véritable décor de montagnes. Le train, à partir de Romagny, escalade les pentes et pénètre dans une gorge profonde au-dessus de laquelle un rocher hardi porte une chapelle Saint-Michel. L'horizon d'ici découvert est immense, partout des collines aux belles lignes, couvertes de bois, dans lesquelles s'entr'ouvrent des vallons.

Voici la ville ; toute mignonne, elle épanche ses maisons sur le flanc d'un petit mont, dans le vert doux des prés et le vert sombre des chênes ; elle domine de hautes aiguilles de roches, des falaises moussues couvertes de constructions très vieilles ; de grands arbres escaladent les pentes ; dans le fond roulent, en écumant, des eaux claires dont le murmure couvre les hoquets saccadés du train montant à une lente allure.

A la gare, à la tombée de la nuit, le paysage est banal, mais plus loin, voici la petite rivière de la Cance : d'abord assoupie, elle accélère bientôt son cours. La route la suit jusqu'à un bouquet d'arbres et une usine, soudain le cours d'eau disparaît, on l'entend se briser au fond de la gorge. Désormais, jusqu'à Mortain, ce murmure de moins en moins distinct poursuit le promeneur. La route court à la base de hauts rochers à pic, semblant menacer de leur chute les vastes bâtiments du grand séminaire ; ces rochers sont creusés de grottes où, à cette heure crépusculaire, on voit, comme des apparitions, des statues peintes. Sur la plus haute aiguille se dresse l'image dorée de la madone. Entre de grands arbres, toujours dominant la gorge profonde, on atteint la ville : elle est d'une inexprimable placidité, c'est une longue rue plaquée au flanc de la colline, les trottoirs et la chaussée sont d'une propreté hollandaise, mais seule une petite rue dévalant au fond du ravin a conservé quelque caractère. Toutefois l'église arrête l'attention ; romane encore par les motifs de sculpture, elle a déjà les hautes voûtes et les fenêtres élancées de l'ogive. Dans le cadre étroit où elle se dresse, au-dessous de la colline verdoyante, elle donne à la rue de Mortain un peu de pittoresque et de grandeur.

La nuit est venue, Mortain s'est endormi. Après dîner je parcours une fois encore la longue artère ; personne entre ces deux rangées de maisons, on dirait une ville morte ; le palais de justice de style classique, avec ses marches, apparaît, sous la lueur laiteuse d'une jeune lune, comme un édifice pompéien. Nous sommes à Mortain cependant, en pleine Normandie.

Au point du jour, le paysage, légèrement embrumé par des nuages montant des cascades, est franchement montagneux, des crêtes de rochers, des sapins, un bruit d'eau venu des profondeurs nous transportent loin, bien loin des rivages de la Manche. Rien ne saurait rendre la splendeur tranquille de ce vallon plein de murmures. Le ravin tout entier n'est qu'un escalier de cascades, deux chutes surtout sont particulièrement belles, par les arbres et les roches qui les dominent. La plus haute reçoit ses eaux d'une filature de coton où elles ont fait mouvoir les machines.

Tout autre est le paysage à la chapelle Saint-Michel couronnant le point culminant (317 mètres) des collines de Mortain, c'est un véritable chaos de roches aux formes variées. De là on a une vue immense sur une grande partie de la Normandie jusqu'au mont Saint-Michel d'un côté, jusqu'à Domfront de l'autre; on aperçoit des collines et des bois qui sont bretons ou manceaux. C'est un des plus beaux panoramas de l'ouest.

Tout le pays est charmant; lorsqu'on a quitté Mortain pour se rendre à Sourdeval, on est surpris de la beauté des pâturages. Peu de régions pastorales, même dans le pays d'Auge, ont de plus beaux prés, un bétail plus nombreux et mieux nourri. Déjà plantureuse jusqu'à Saint-Clément, la contrée est plus riche encore au delà.

Le grand bassin où la Sée se forme, par la réunion de plusieurs ruisseaux, s'entr'ouvre ; les bois, les prés, les moissons blondes couvrent les pentes en nappes dont les nuances se fondent doucement. La Sée traversée, on gravit une belle colline pour atteindre la vallée de Sourdeval si riante avec ses bois, son ruisseau abondant et ses usines entourées de fleurs et de verdure.

Sourdeval, la capitale de ce joli coin de terre, est une petite ville de 4,000 habitants, célèbre dans le commerce par ses fabriques de soufflets et de couverts. Quand, en feuilletant le Bottin, on s'est arrêté à une page ornée de marques de fabrique et de dessins représentant des fourchettes et des cuillers, on croit volontiers qu'il s'agit d'une ville industrielle active et bruyante, noire de la fumée des usines. L'erreur est grande, rien dans l'aspect de cette bourgade cossue ne répond à cette idée. Sourdeval a bien des établissements industriels, mais ils sont loin de là, dans la « vallée ».

Toutefois, en flânant par la ville, près du carrefour orné d'une fontaine avec cette curieuse inscription :

POUR LES HABITANTS DU BOURG DE LA PAROISSE
DE SOURDEVAL, ENSUITE POUR TOUS LES ÊTRES
QUI PEUVENT AVOIR BESOIN DE MOI

on rencontre des ouvriers et des ouvrières portant des paniers pleins de choses étranges, disques de bois brunis, ornés d'un manche et gravés de dessins d'un blanc neigeux, tubes de cuivre ou de fer-blanc, morceaux de peaux teints de couleurs vives ; d'autres ont des fardeaux de soufflets faits de toutes ces pièces.

C'est que Sourdeval est, en France, le centre le plus considérable d'une industrie jadis florissante, un peu déchue depuis l'invention des poêles et l'usage du coke et de la houille, celle des soufflets. Soufflets de forge et de cuisine, soufflets de bouchers et soufflets de luxe sortent de deux ou trois maisons en quantités invraisemblables : quincailliers dans les villes, forains dans les villages, viennent s'y alimenter.

La fabrication est centralisée à Sourdeval et dans la « vallée ». Celle-ci, par la commune de Brouains, fournit les bois. C'est du hêtre découpé puis fumé dans les cheminées de façon à lui donner une belle teinte fauve tout en le séchant et durcissant. Ces bois sont ensuite apportés à Sourdeval où des femmes viennent les prendre à l'atelier pour les emporter chez elles. Là, au moyen d'un compas et d'un burin, elles gravent des rosaces, enroulent des rameaux. C'est très simple et parfois d'un gracieux effet ; on m'a montré des dessins ainsi obtenus qui dénotent beaucoup d'art

LE BOCAGE NORMAND (PARTIE OCCIDENTALE)

D'après la carte de l'état-major au $\frac{4}{320,000}$.

et de goût. Les femmes sont arrivées à une rapidité extraordinaire, il n'est pas rare de voir graver 50 douzaines par jour chez une seule ouvrière !

Faire vite est nécessaire, car le prix de vente du soufflet commun est très bas, 5 fr. 50 c. la douzaine. Le soufflet riche, en bois verni, découpé, avec peau maroquin rouge ou verte, orné de clous dorés, atteint jusqu'à 38 fr. la douzaine : il s'agit là, bien entendu, des prix du gros.

On n'est arrivé à ce bon marché extraordinaire qu'en adoptant la division du travail. Les cuirs sont teints et taillés à l'atelier principal, mais l'ajustage des différentes pièces est fait au dehors. Un ouvrier façonne le cuir, un autre place l'*embout* de cuivre ou de fer battu, un autre fixe les clous. Une cinquantaine d'ouvriers disposent le cuir en soufflet, chacun d'eux peut faire cinq douzaines par jour ; ceux qui emboutissent sont bien moins nombreux, car un seul homme abat ses cent cinquante douzaines. Naturellement, quand il s'agit du soufflet de forge ou de boucher, on ne les construit pas en un jour.

Un des fabricants, M. Levallois, m'a fait visiter ses magasins. Que de bois à soufflet, que de soufflets surtout ! Soufflets Blanchardière, Picardie, Bolbec, Caennais, Normands, Polonais, Anglais, marqueterie. Qui donc aurait cru à une telle variété d'ustensiles pour attiser le feu? on fabrique même un soufflet spécial dit de « mouleur pour fonderie » dont l'emploi est de souffler le sable dans les moules. C'est encore dans Sourdeval même que l'on fait les outils spéciaux pour tous les gens qui se servent de soufflets : chaudronniers, fondeurs, étameurs ; enfin on y fabrique aussi les chandeliers en fer et des battoirs pour blanchisseuses.

Quant au couvert, principale branche d'industrie de Sourdeval, j'ai dit que les usines se trouvent dans la Vallée. C'est une fabrication implantée ici depuis moins de soixante ans. Mais sans doute le voisinage de Villedieu avait-il fait naître une modeste industrie de couverts d'étain ou de cuivre, qui a dû amener l'installation de nouveaux procédés.

Traversons la ville et descendons à la Vallée. Par les fenêtres ouvertes, nous voyons partout le même spectacle, on mange la soupe du matin dans de petites soupières brunes, une par convive. Même chez les industriels, même à la cuisine de l'hôtel, on n'a pas d'autre service de table pour ce premier repas. Sur toute la route, dans la Vallée, on rencontre des femmes portant la soupe à leur mari dans de semblables ustensiles.

Voici une des usines, sur un ruisseau né d'abondantes sources et qui va contribuer à former la Sée. L'établissement est modeste, c'est une bâtisse très simple, une roue mue par le ruisseau sert à la mise en marche des machines. Quatre de ces petites fabriques se succèdent dans la Vallée ; le directeur de l'une d'elles, M. Bazin, veut bien m'accueillir et me faire assister au travail.

Les couverts de Sourdeval ne sont ni de l'argenterie ni du ruolz, c'est du métal blanc dit aciéré, ou anglais, ou ferro-nickel. La fourchette ou la cuiller est coulée autour d'une armature en fil d'acier, en une seule pièce pour la cuiller, en trois pièces pour la fourchette : la spatule et la tige, deux dents semblables à des épingles à cheveux un peu fortes, soit quatre dents. Cette armature, noyée dans le métal choisi pour le couvert, assure sa rigidité. En sortant du moule, l'ustensile est ébarbé par des femmes, poli à la meule et subit quelques autres manipulations d'où il sort éclatant comme de l'argent. La plupart de ces travaux se font à la campagne, les ouvriers venant chaque semaine chercher et rapporter leurs couverts.

C'est à M<sup>me</sup> Maugé-Daniel que l'on doit cette

curieuse industrie, née à Sourdeval vers 1840 et
a peu près le monopole de cette petite ville. Dans
le reste de la France, en effet, on ne trouve que
deux usines, l'une à Paris, l'autre à Hirson, près
de Fourmies.

Elle restera longtemps encore concentrée vers
les sources de la Sée, car les industriels marchent
dans la voie du progrès ; lorsque le nickel a paru,
ils l'ont adopté ; aujourd'hui le bas prix de l'aluminium leur a permis de transformer ce métal en
couverts, on obtient ainsi des cuillers, des fourchettes, des manches de couteau d'une extrême
légèreté. Même, pour les manches de couteau en
métal blanc, Sourdeval enlève le monopole aux
Allemands ; ceux-ci remplissent les manches d'une
mixture qui se dissout dans l'eau chaude, Sourdeval a imaginé une âme en plâtre sur laquelle
on coule du métal blanc ou de l'étain.

On va plus loin, des essais ont permis de fabriquer pour l'armée des poignées de sabre en
aluminium, solides et légères à la fois ; on gagnerait 15 grammes sur la seule poignée du sabre-baïonnette.

Telle est cette curieuse industrie du métal à
Sourdeval, elle emploie 800 ouvriers dans cette
ville ou dans la Vallée. Si on ajoute à ce chiffre

les ouvriers employés dans deux fabriques de serrures, une filature et deux papeteries, on verra combien ce centre industriel mérite l'intérêt. La région tout entière est du reste intéressante : un village voisin, Fresne-Forêt, fabrique des ciseaux et des romaines, des aiguilles à voiles et à matelas et des souricières ; un chef-lieu de canton près de Saint-Hilaire, Saint-James, a pour spécialité les lanternes vénitiennes. J'ai décrit Tinchebrai et Villedieu. N'est-elle pas curieuse, cette éclosion de petits métiers dans une région si éloignée des grands centres ?

La ville la plus populeuse de cette région est Vire, séparée de Sourdeval par une riche contrée agricole, insuffisante cependant pour donner un grand trafic, puisque le chemin de fer de Saint-Sauveur à Tinchebrai a été abandonné [1]. Les routes, bordées de grands arbres, sont admirables, on dirait des allées de parc.

Vire est dans un site moins grandiose que celui de Mortain, mais superbe encore. Rien ne prépare le visiteur au curieux aspect de la ville dans la longue rue, en partie sur la commune de Neuville, qui monte à la gare. Mais, sur le plateau, des rues tortueuses, de vieux hôtels, un beffroi

---

1. Voir sur Tinchebrai la 2⁰ série du *Voyage en France*, p. 68.

appelé tour de l'Horloge forment une amusante
vieille petite cité; les enseignes elles-mêmes sont
vieillottes, les marchands d'andouilles chers à
Rabelais et sans doute à Olivier Basselin y sont
nombreux; les gens doivent être économes et se
servir plusieurs fois de la même « chantepleure »
pour tirer leur cidre, car voici une inscription :
ici « on liège les robinets »; plus loin : « on remplace le liège aux robinets ». Sur une place s'élève
une statue, ce n'est point celle d'Olivier Basselin,
comme on pourrait le supposer, c'est celle d'un
botaniste nommé Castel : il aurait mis la botanique
en vers, si l'on en croit cette inscription :

> C'est moi qui le premier sur le mont poétique
> A la cour des neuf sœurs menai la botanique.

Le brave homme — qui fut du reste un grand
savant et un administrateur de premier ordre —
examine, du haut de son socle, un champignon,
de bronze comme lui.

Un petit jardin public, orné de vieilles sculptures, dont la statue funéraire du maréchal de
Matignon, due au ciseau de Coustou, dit-on, une
église d'une gravité imposante, Notre-Dame, arrêtent aussi le promeneur, mais il faut aller à la
place nationale, précédée d'une fontaine avec le
buste de Chenedollé, un poète bien oublié, pour

comprendre l'heureuse situation de Vire. Là, de grands arbres couvrent le rocher où était bâti le château dont il reste à peine un débris du donjon, formidable encore. Les pentes, très raides, regardent d'un côté la ville aux toits sombres dévalant vers la rivière; de l'autre elles sont garnies de bosquets et sillonnées de jolis chemins qui descendent dans la gorge profonde des Vaux-de-Vire.

Des rochers boisés bordent la Vire; la rivière, captée par les industriels, fait mouvoir une foule de petits établissements : fonderies, scieries qui donnent aux faubourgs une activité contrastant avec le calme de la ville haute. Mais ce quartier bas a bien perdu de son activité! Jadis, Vire était une active cité, enrichie par la fabrication des draps importée au xiv<sup>e</sup> siècle par des habitants de Coutances exilés de leur ville. La draperie a été tuée, Elbeuf s'est enrichi des dépouilles de Vire. Toutefois, il y a une renaissance; des industriels ont repris les traditions, à Vire et à Martilly de belles usines s'élèvent.

Mais où sont les foulons des Vaux-de-Vire? Là se trouvait celui d'Olivier Basselin, le joyeux chansonnier qui eut la bonne fortune de donner le mot de Vau-de-Vire, depuis vaudeville, à notre langue, en chantant au fond de son vallon fleuri et boisé. Quelle bruyante ville devait être le Vire de ce temps-là, où l'on entonnait les vaux-de-vire du foulon virois, célébrant le vin, les grandes futailles, les bouteilles bruyantes et les nez colorés :

> Beau nez, dont les rubis ont coûté mainte pipe
> De vin blanc et clairet
> Et duquel la couleur richement participe
> Du rouge et violet.

Si Vire a perdu le bruit sourd de ses foulons, certains de ses quartiers retentissent du bruit des marteaux sur le granit. La roche des Vaux-de-Vire est fort dure, donne des blocs de grande dimension et se prête admirablement à la taille et au poli. Cette matière, sous le ciseau d'excellents ouvriers, se transforme en œuvres d'art ; beaucoup des monuments érigés depuis quelques années dans nos villes sortent des carrières de Vire. Les machines modernes ont permis de travailler cette roche si dure. La Vire fait mouvoir des roues qui donnent le mouvement à tout un outillage sciant, tournant, polissant le granit pour les ouvrages les plus divers. Mais ces ateliers ne remplacent pas, pour la Basse-Normandie, les foulons qui firent, si longtemps, la fortune de ce coin de France.

Peut-être la vallée de la Vire aurait-elle repris son importance industrielle d'autrefois si un chemin de fer l'avait suivie entre Vire et Condé-sur-Vire, où la pente est forte et l'eau abondante ; il y a là bien des forces naturelles à utiliser, mais trop éloignées des voies rapides de communication indispensables à la prospérité des manufactures. De Vire à la mer, la pente est de 103 mètres. Que de chevaux-vapeur sont donc perdus ! Avant la guerre, on avait projeté de canaliser le fleuve jusqu'à Vire, mais on s'est arrêté, après la dix-huitième écluse, à Pontfarcy ; on a laissé ainsi hors de la voie d'eau la partie susceptible de donner un trafic. Aussi chalands et gabares sont-ils peu nombreux jusqu'à Saint-Lô, à 31 kilomètres de Pontfarcy. De Saint-Lô au Porribet, sur 20 kilomètres, le canal est assez actif. Les dix-huit derniers kilomètres sont maritimes par l'action des marées.

Le chemin de fer suit un instant le petit fleuve, mais afin d'éviter le grand détour par Pontfarcy, il abandonne la vallée ou plutôt la gorge profonde, pour monter sur les hauteurs du Bény-Bocage. Aux bords de la Vire, ce sont de grandes prairies où paissent de beaux chevaux, des vaches au poil lustré, à la croupe large et puissante. Les collines sont couvertes de moissons blondes. Ici, le pommier est plutôt rare, sauf autour des villages où il forme des vergers superbes. Aux abords du Bény-Bocage, le pays change d'aspect, les collines sont hautes, bien découpées, un manteau de bruyères en laisse deviner l'ossature ; entre leurs belles lignes se creusent des vallées très profondes. Celle de la Souleuvre, traversée par un des plus hardis viaducs de nos voies ferrées, rappelle les vertes régions de l'Auvergne. Les chemins de fer de Saint-Lô à Guilberville et de Caen à Vire ont ouvert là une région digne d'être explorée.

Guilberville, où se soudent les lignes, est loin de la gare, sur un plateau d'où la vue est fort étendue. Jusqu'à Torigni-sur-Vire, charmante petite ville dont le château superbe est devenu la mairie, le panorama est digne d'admiration. Au delà de cette ville commerçante, où se tiennent des foires très fréquentées, on ne tarde pas à retrouver la Vire. Le fleuve, malgré le nom de sur-Vire accolé à Torigni, ne baigne point la petite cité, il passe plus loin, à Condé, village situé, comme tous les Condé, à un confluent. La Vire canalisée est ici un chenal coulant entre de belles collines et parcouru par de grandes barques d'une construction spéciale, d'un faible tonnage et effilées aux deux bouts.

Bientôt apparaissent au loin, sur un coteau,

deux hautes tours ajourées, se détachant sur le vert profond de bois et de pâturages, des maisons se pressent autour. Au bord de la rivière, rangées en bon ordre, des cabines de bains, entourées de chalets, attirent l'attention. On pourrait se croire au bord de la mer, mais ce sont simplement des bains de rivière. Nous sommes à Saint-Lô, où l'on descend dans une gare en bois, peu digne du chef-lieu d'un riche département.

Comme dans tous les pays dotés d'un grand port de guerre, le chef-lieu n'est pas dans la ville la plus peuplée, on a voulu éviter de mettre côte à côte deux préfets, le préfet maritime et le préfet civil. Dans la Manche, Cherbourg dépasse de beaucoup Saint-Lô par la population, celle-ci, cependant, a quelque allure, ses rues animées, ses édifices, ses magasins sont dignes du rang qu'elle occupe. Elle est bien plus vaste que sa population de 10,000 habitants ne le ferait supposer.

C'est que Saint-Lô est un des grands centres de l'ouest pour l'élevage, tout en possédant une certaine importance industrielle par ses fabriques de droguets, ses fours à chaux et ses papeteries, elle est le principal centre pour l'élevage de la race chevaline. Son haras est un monument digne d'une très grande ville ; dans de larges boxes, sont les plus beaux reproducteurs de la France entière — avec ceux du haras du Pin¹. Ici, on a fait admirablement les choses et les autres haras de l'État font piètre figure à côté de ces écuries amples et majestueuses s'ouvrant sur une vaste cour gazonnée et fleurie ; cela rappelle, avec plus de lumière et de majesté, les Grandes Écuries de Versailles. L'édifice est digne de l'industrie chevaline dont il assure la prospérité : la Manche renferme près de 90,000 chevaux dont beaucoup de grand prix.

Les habitants de Saint-Lô sont bien plus fiers de leur haras que de leur cathédrale, un des plus beaux vaisseaux gothiques de Normandie et qui domine du haut de sa colline le monument élevé à Léonor Havin, le directeur du *Siècle* que sa campagne contre le second empire et ses polémiques avec Louis Veuillot rendirent célèbre. Le *Siècle*, Havin, Louis Veuillot, comme tout cela est loin de nous maintenant !

---

1. Voir sur le haras du Pin, la 2ᵉ série du *Voyage en France*, p. 129 et suiv.

## III

### LA DÉROUTE ET LES LIGNES DE CARENTAN

Paysages du Cotentin. — Coutances. — Periers et le commerce du beurre. — Lessay, sa lande et sa foire. — La Haye-du-Puits. — Les lignes de Carentan et l'isthme de Port-Bail. — Les mielles. — Carteret. — Les Écréhou et les Dirouilles. — Le kaolin des Pieux. — Flamanville, Diélette, leurs mines et leurs carrières.

*Carteret, septembre.*

J'ai fait autour de Saint-Lô d'aimables promenades dans la jolie vallée de la Vire, gaie, lumineuse, animée par une navigation active, grâce à la tangue venue de la mer, à la chaux obtenue sur place, avant de reprendre mon voyage dans le Cotentin. Tout ce pays est charmant en cette saison, bien qu'il manque un peu de variété d'aspect. En dehors des grandes vallées, ce sont toujours les mêmes herbages, complantés des mêmes pommiers, enclos des mêmes *fossés,* c'est-à-dire de ces hauts talus boisés de chênes et de frênes qu'on retrouve dans tout l'ouest. Le visiteur venu des plaines de Beauce ou de Flandre ne peut s'empêcher de regretter tant de terrain perdu ; mais il y a une explication à ces fermetures jalouses, le pommier, arbre précieux puisqu'il produit le cidre, a besoin d'être abrité contre les âpres vents de la mer qui brûleraient ou gèleraient ses fleurs et dénoueraient ses fruits.

> Il faut qu'avril jaloux brûle de ses gelées
> Le beau pommier trop fier de ses fleurs étollées,
> Neige odorante du printemps.

Les fossés, leur verte parure de houx, de genêts, d'ajoncs et de chênes forment autour des pommeraies ou plutôt des *pommages,* comme l'on dit à Cherbourg en parlant d'un cru à cidre, un rideau destiné à rompre la force ou la rigueur des vents. Ils ont d'autant plus d'effet que, dans cette contrée, la propriété est fort morcelée, il n'est pas rare de trouver un enclos d'une vergée, c'est-à-dire de 10 ares. Les propriétés moyennes, dé 20 hectares par exemple, sont fort peu nombreuses, sauf vers la côte où de vastes espaces ont été conquis sur la mer. Mais ces petits carrés ont une herbe abondante, épaisse, savoureuse où paissent les juments qui produisent le poulain de demi-sang et un peu de pur sang, vendu pour le Calvados où se fait l'élevage.

Ces caractères du Cotentin dans sa partie haute,

se trouvent surtout entre Saint-Lô et Coutances. Nulle part dans cette verdoyante contrée on ne trouve campagnes plus vertes qu'aux abords de cette dernière ville, dont le nom est resté à la province tout entière et qui, si longtemps, fut la ville maîtresse du pays. De ce passé, Coutances a gardé sa suprématie religieuse, c'est encore le siège du diocèse; aucune autre ville dans la Manche ne peut lutter avec elle pour la situation et la splendeur des monuments. Avranches, sur sa belle colline, semble une bourgade, Coutances sur la sienne, avec ses édifices grandioses, les tours de sa cathédrale et les toits de ses maisons, paraît une grande cité.

Il faut en rabattre en pénétrant dans les rues calmes et tortueuses, souvent étroites et sans grand caractère. Mais la partie monumentale est vraiment admirable, la cathédrale est une des plus belles de notre pays, si riche en grandes nefs ogivales. Les deux tours de la façade, avec leurs flèches élancées, sont parmi les œuvres les plus parfaites du moyen âge; vues de certaines rues où elles font perspective, elles produisent une impression grandiose. La belle tour centrale, dressée au-dessus de la croisée, et dans laquelle on monte par des galeries circulaires permettant de voir l'intérieur de l'église, cette tour dite le Plomb est une merveille d'élégance robuste. Du sommet, la vue est immense sur le Cotentin, la mer, la côte d'Agon, Jersey et les Chausey, les innombrables villages perdus dans la verdure. Un de ces villages, au bord de la Sienne, s'appelle Tourville ; là est né le grand marin dont je retrouverai bientôt le souvenir sur la néfaste grève de la Hougue.

Coutances n'a pas seulement sa cathédrale. Saint-Pierre, un noble édifice où la Renaissance est venue se greffer sur l'art ogival, Saint-Nicolas, basse et petite, mais charmante encore, entourent le grandiose monument qui domine de si haut le reste de la ville.

Les remparts, leurs créneaux, les toits aigus des tours devaient jadis compléter à ravir le site. Il n'en reste rien, de beaux boulevards ombragés ont été tracés à leur place ; de ces promenades on a sans cesse une vue riante sur le pays voisin ; le panorama devient grandiose lorsqu'on parcourt les terrasses du jardin public, tracé à la française, où les camélias fleurissent en pleine terre à côté des arbousiers et autres arbres verts. Peu de grandes villes ont une promenade aussi bien entretenue et dessinée.

Et quels beaux horizons ! les débris de l'aqueduc qui alimentait Coutances et restent encore debout dans le vallon du Bulsart seraient dignes d'inspirer un Claude Lorrain. La vallée de l'Airon, que l'on remonte jusqu'à Cérences, est exquise ; avec son cours d'eau sinueux, ses beaux pâturages, ses grands moulins, les pommiers vigoureux de ses herbages, elle semble incarner la Normandie grasse et plantureuse.

Tout autre est le paysage au nord de Coutances, il se modifie peu à peu à mesure qu'on avance. A Saint-Sauveur-Landelin et à Periers, il est déjà moins opulent, cependant le pays est riche encore. Periers est le vrai type des petites villes agricoles : de vastes halles entourées d'auberges et de cafés sans nombre, une large place faite à souhait pour l'installation des baraques foraines. Les filatures de laine de Gouville et de Hyenville ont loué de petites boutiques pour la vente de leurs produits les jours de marché. C'est là, d'ailleurs, une coutume générale dans tout ce pays où l'humidité persistante des hivers obligeant de porter de la laine, les femmes tricotent sans cesse. La ville, avec ses longues rangées de boutiques, de belles maisons, une promenade plantée d'ormes séculaires offre un grand air d'aisance ; à en juger par l'étendue et la beauté de son église, cette prospérité date de loin.

La richesse de Periers lui vient aujourd'hui de la vente des beurres; plus encore que Valognes ou Isigny, moins que Carentan, elle est le centre de ce commerce[1]. Dans tout le Cotentin on ne dit pas beurre d'Isigny mais bien beurre de *Prie*, on prononce ainsi le nom de la ville.

Ce riche terroir agricole de Periers confine à l'un des plus tristes pays de landes de toute la France. A peine a-t-on dépassé Millières, village voisin de Periers, et l'on pénètre sur un plateau morne, couvert d'une herbe rabougrie; partout où un sentier est tracé, où un pas s'est imprimé, cette végétation a disparu et l'on voit un gravier d'un blanc de neige; très peu de bruyère et d'ajoncs, partout au printemps cette herbe à peine verdoyante est aussitôt desséchée. Cependant, çà et là, des bois de pins forment des bosquets sombres; beaucoup, hélas! ont été détruits par des incendies. Les bergers et les gardeurs d'oies troublés dans leur parcours auraient-ils mis le feu aux forêts naissantes?

La lande perd chaque jour du terrain. Ce vaste désert de plus de 5,000 hectares a tenté un homme de cœur, M. Galuski, il a créé de toutes pièces, dans ce sol infertile, le domaine du Buisson.

---

[1]. Periers voit chaque semaine 7,000 kilos de beurre sur son marché.

Toutes les parcelles où la terre avait un peu d'épaisseur sont devenues des champs et des prés, le reste a été boisé et forme un paysage heureux et inattendu. L'exemple a porté ses fruits, presque partout des plantations, parfois considérables, rétrécissent le domaine des graminées et des bruyères. L'œuvre accomplie est merveilleuse, car le sol est ici plus aride encore qu'en Sologne ou dans les landes de Gascogne.

Chose curieuse, les abords du gros bourg de Lessay, dominé par la superbe tour carrée, coiffée d'un dôme, de son ancienne abbaye, sont restés nus et déserts. C'est que l'existence de la lande est ici liée à la prospérité de Lessay; sur le plateau morose dominant le bourg et la vallée de l'Ay, on voit pendant trois jours, du 12 au 14 septembre, accourir toute la population du Cotentin. Les éleveurs de la Hague et de la Hougue y conduisent leurs chevaux; les habitants de l'Avranchin amènent des bœufs et des vaches, ceux de la côte y poussent les troupeaux de moutons qui paissent l'herbe succulente des grèves, des dunes et des mielles; les pêcheurs d'Agon apportent des crevettes, des homards et des langoustes, ceux de la Hougue accourent avec les huîtres. Et les oies de Lessay et d'Avranches alimentent d'innombrables rôtisseries en plein air.

Les habitants des îles normandes viennent en foule ces jours-là; les Guernesiais débarquent à Cherbourg pour descendre par le chemin de fer à Lessay, les bateaux de Jersey à Port-Bail et à Carteret sont bondés, beaucoup de bateaux à voiles doivent concourir au passage. Depuis que le service par Carteret est quotidien, les Jersiais débarquent plus nombreux pour aller acheter à Lessay des chevaux et des moutons. Quant au bétail proprement dit, une loi de l'État de Jersey interdit de l'importer à l'état vivant, dans la crainte de modifier la race.

Les chevaux sont donc le grand objet de trafic à Lessay. Il en vient chaque année plusieurs milliers sur la lande de Hotot, portion de la grande lande qui avoisine le bourg. Naturellement des baraques de forains et de marchands s'installent à ce moment et la rumeur est grande où le silence était complet la veille. Toutefois ce Beaucaire du Cotentin est en décadence, jadis il y avait une véritable ville temporaire où l'on vendait de tout, les chemins de fer, là comme ailleurs, ont détruit cette forme de commerce. N'est-il pas étrange que la foire persiste après huit siècles d'existence?

De Lessay à la Haye-du-Puits, le paysage redevient vert et riant. Une route absolument droite et longue de 9 kilomètres relie les deux centres, elle aboutit au grand carrefour formé par les rues de la Haye-du-Puits, placide villette aux maisons propres, aux rues bordées de trottoirs et qui conserve de beaux restes de ses châteaux; c'est encore un grand marché pour les beurres.

Après la Haye-du-Puits commence ce qu'on peut appeler l'isthme de Port-Bail. En réalité, le Cotentin septentrional est une simple presqu'île reliée par un pédoncule très étroit — 6 kilomètres à peine du fond des marais aux mielles de Denneville. — Un bras de mer remplissait jadis tout l'espace entre les Fosses, à l'ouest de Saint-Sauveur-de-Pierrepont, et la baie d'Isigny. Cet espace s'est peu à peu comblé et a formé une vaste vallée marécageuse que parcourent la Douve, la Seye, le Merderet, la Sève, la Taute, la Vire et autres rivières dont la pente est si faible que toutes voient refluer le flot lorsqu'on ouvre les écluses. Sans ces écluses, établies à Carentan, cette immense plaine et les vallées adjacentes seraient envahies par la mer aux grandes marées. Napoléon avait commencé un canal pour relier ainsi la mer de Caen à celle de Jersey, et éviter de doubler les caps de la Hougue et de la Hague. Le projet a été abandonné, mais on voit, près de

Carentan, l'amorce du canal. En 1871, lorsqu'on voulut faire de Cherbourg un des réduits suprêmes de la défense nationale, on ferma les écluses de Carentan et les eaux, refluant dans les marais, formèrent un vaste lac traversé par le chemin de fer et une seule chaussée. L'isthme de Port-Bail émergeait entre la Manche et l'immense golfe intérieur. On comprend donc l'importance militaire de cette étroite langue de terre ; depuis longtemps on y a projeté un fort puissant qui maîtriserait le passage, soit contre un ennemi venu du sud, soit contre un ennemi débarqué à Vauville ou Carteret. A la suite d'articles que j'avais publiés dans le *Temps*, le ministre de la guerre d'alors, le général Mercier, avait annoncé à la Chambre le commencement des travaux, mais rien n'a été entrepris, la défense continue à être prévue par les soins de la garnison de Cherbourg; les chemins de fer de Cherbourg à Coutances et de la Haye-du-Puits à Carteret ont été reliés par un raccordement permettant aux trains militaires d'aller directement de Cherbourg à Carteret.

Cet isthme de Port-Bail est une jolie contrée, couverte de hameaux et de villages, parcourue par des ruisseaux clairs. On n'y fait guère que de l'élevage, mais les habitants ont su tirer parti des vastes dunes de la côte de Pirou, près de Lessay, jusqu'à Carteret. Entre ces dunes couvertes d'une herbe dure que paissent les moutons, s'étendent de petits vallons, des creux, analogues aux lèdes des landes de Gascogne. L'herbe y est fine et savoureuse, aussi les moutons y donnent une chair réputée. Ces lèdes, appelées *mielles* en Cotentin, ont été mises en culture ; entourées de hauts talus plantés de peupliers et de tamaris, où y fait du blé, des pommes de terre, des choux, du chanvre et du melon, celui-ci devient fort gros mais peu parfumé. Les prairies artificielles de trèfles et de luzernes y sont prospères. Cette fertilité des mielles est due à l'emploi, comme engrais, du varech ramassé sur le rivage où la mer le jette abondamment.

Cette mise en valeur des mielles n'a pas été obtenue sans peine, il a fallu, sur plus d'un point, construire des digues pour empêcher l'invasion de la mer remontant par les vastes « havres » de Surville, de Port-Bail et de Carteret. Ces havres sont les estuaires de petits ruisseaux aux noms poétiques : l'Olonde à Port-Bail, la Gerfleur à Carteret, démesurément élargis par le flot. A basse mer ce sont des nappes de sable fauve.

Port-Bail est au fond de son havre ; ce gros bourg fut toujours important, à en juger par ses

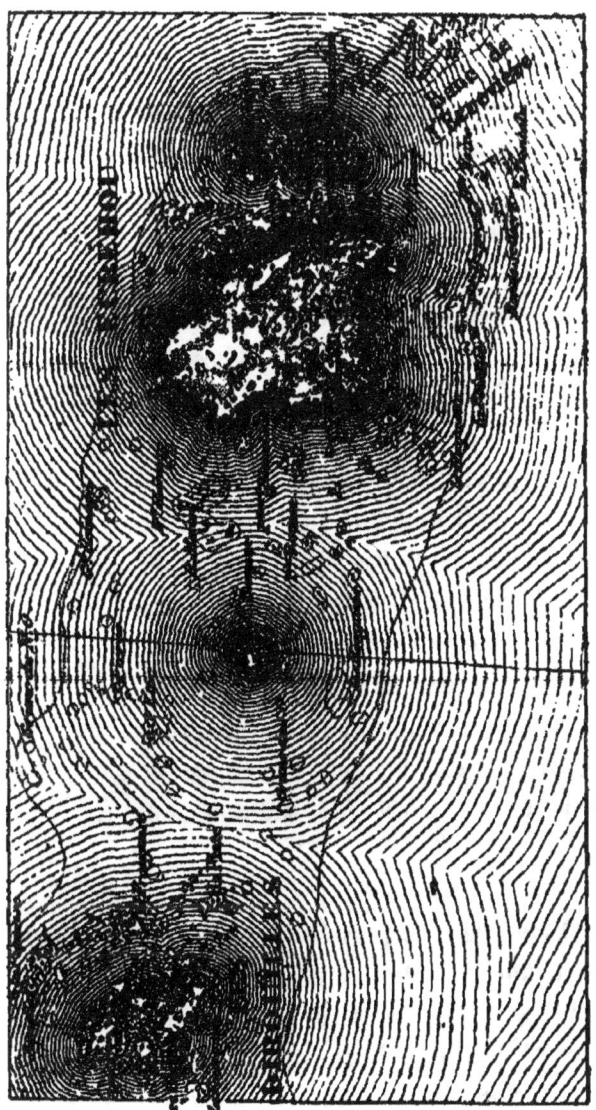

deux églises, sa place ombragée de tilleuls et quelques belles maisons. Jusqu'à ces dernières années, elle avait une sorte de monopole pour le transport, entre Jersey et le continent, des voyageurs craignant le mal de mer, car la traversée est la plus courte. Mais le bourg est relié au port par une chaussée déserte, traversant le havre sous les vents âpres pendant 1,000 mètres ; le port lui-même est au fond d'un long chenal accessible seulement à haute mer et pendant quelques instants. La création d'une jetée à Carteret où les navires à vapeur peuvent plus longtemps et sûrement aborder, l'installation d'un service de beaux vapeurs entre Carteret et Gorey, d'où un chemin de fer conduit à Saint-Hélier, a porté un coup sensible à Port-Bail. Cependant le port, plus vaste que celui de Carteret, lui assure un mouvement plus important de voiliers ; à Port-Bail surtout les bateaux jersiais viennent embarquer le fourrage dont leur île n'est pas suffisamment pourvue.

La plage est bien belle de Port-Bail à Carteret, les mielles sont intéressantes à parcourir, mais charmant aussi est le pied des collines de Saint-Georges, de Saint-Jean et de Barneville. Villages et hameaux sont florissants, Barneville avec sa jolie place et son église romane dont la tour ressemble à un donjon est un bourg très riant, en vue de la mer, abrité des vents du nord par les collines des Moitiers-d'Allonne et les énormes dunes de Carteret. Le fuchsia y est superbe, le chêne vert et le figuier ombragent les chemins. Cette richesse de la végétation est plus sensible encore à Carteret, abrité par son beau cap, sur les flancs duquel les riches villas d'une station balnéaire naissante sont enfouies dans les arbres et les fleurs. La vieille église est à demi masquée par les fuchsias, les corcorus et les hortensias géants. Le cap domine les ruines du vieux Carteret, une église et des débris informes et s'appuie à de hautes dunes (62 mètres) sans végétation, faites d'un sable blanc et fin, au pied desquelles, vers le continent, ruissellent des sources abondantes, formant un ruisseau dont le rapide courant ramène à la mer les sables descendus de la dune ; sans ce ruisseau, il est probable que les dunes auraient marché et englouti Carteret.

Le cap est une belle colline, aux formes sévères, découpé en falaises creusées de grottes, ces falaises seraient célèbres si elles n'étaient pas à proximité de Paris. Même après les roches tragiques de Penmarc'h et de Jobourg on peut aller voir celles de Carteret.

Du sommet du cap, où se dressent un phare et un sémaphore, la vue est de toute beauté, depuis les falaises de Flamanville jusqu'à Granville dont, par les temps clairs, on aperçoit le rocher. En face, la Manche ; Jersey présentant la côte de Saint-Martin, la plus sauvage de l'île. Parfois des éclairs brillent au delà, c'est le soleil qui se reflète sur les innombrables serres de Guernesey, consacrées à la culture de la vigne. Entre Jersey et le continent, des rochers noirs, changeant de forme selon la marée, ce sont les Écréhous et les Dirouilles, ces fameux îlots dont les Anglais nous disputent la possession. Les Écréhous sont à 10 kilomètres du cap Carteret et à 6 de Jersey, les Dirouilles à 17 kilomètres de Carteret et 6 de Jersey. D'après les jurisconsultes, le droit de la France sur les Écréhous, au moins, est indéniable. En 1884, cependant, les Anglais en ont pris possession, ce qui ne nous a pas empêchés de revendiquer ces écueils dont un seul, la Maîtresse-Ile, a un peu de végétation. Je devais y aller avant-hier, mais en ce moment tout Carteret est en rumeur, les Anglais viennent de saisir une barque de Carteret qui mouillait des casiers à homards ; ils prétendent que ce bateau pêchait dans les eaux anglaises. Résultat pour moi : aucun pêcheur ne voulut me mener dans les îles. Faut-il en gémir? j'aurais le droit, en vertu des consultations juridiques, de mettre les Écréhous et les Dirouilles dans ce Voyage en France!

Le vallon des Dunes, à Carteret, est une fort curieuse chose. D'un côté les dunes, semblables à un rempart blanc tant la pente est escarpée, au pied le ruisseau vagabond, encombré de cresson, souvent barré par les sables et courant sans vergogne sur le chemin ; de l'autre côté des collines vertes, où la roche schisteuse perce le sol, jamais contraste ne fut plus grand. Au-dessus de la source principale est le grand hameau de Hauteville, rempli d'oies et de canards.

La côte est déserte, les dunes ont empêché les villages de s'y établir ; par contre, dans l'intérieur, à moins d'une demi-lieue, les hameaux sont très nombreux, aucun bourg considérable, mais une foule de maisons éparses dans les herbages remplis de chevaux superbes. La vallée de la Seye, que l'on suit entre Bobigny et Saint-Germain-le-Gaillard, est le vrai type de la vallée normande. La petite rivière a ses sources à trois kilomètres à peine de la côte occidentale, elle va cependant à la mer par la Douve et l'estuaire de la Vire. Le faîte des eaux entre les deux mers est donc ici presque au rivage ; la colline de Hauteville, haute de 84 mètres, baigne d'un côté la mer de Jersey et de l'autre regarde le bassin de la mer de Caen.

Ce n'est pas cependant le point le plus intéressant de la contrée, le plateau ondulé des Pieux a plus encore le caractère de *toit des eaux*. Au point culminant de ce plateau qui, de toutes parts, s'abaisse vers la mer ou les vallons, une jolie bourgade très propre, avec de nombreux magasins indiquant un centre agricole important, couvre le dôme; ses rues s'abaissent au-dessous de la place principale. C'est le bourg des Pieux, bâti à 128 mètres au-dessus de la mer dont quatre kilomètres le séparent. Pour toute cette partie du Cotentin, les Pieux sont une sorte de capitale.

Aux abords mêmes du bourg est une intéressante exploitation de kaolin, donnant une terre très blanche et très pure. Aucune fabrique de porcelaine ne s'est créée là, on est trop loin du chemin de fer, la gare la plus proche, Couville, est située à 17 kilomètres, mais le kaolin des Pieux alimente l'importante porcelainerie de Bayeux.

La contrée est fort agreste, c'est surtout un pays d'élevage où les constructions de granit annoncent l'aisance. C'est aussi un curieux et pittoresque pays dont une partie, entre le Rozel et Diélette, renferme des sites grandioses. Les dunes et les vastes plages ont fait place à de hautes falaises, dominant de 85 mètres la surface des flots. Hardiment taillé, le promontoire forme un immense massif circulaire appelé cap de Flamanville. Au point le plus élevé, où les Celtes avaient construit un dolmen avec d'énormes roches arrondies, est un sémaphore dominant au loin la mer et les îles. Aurigny montre ses maisons et ses moulins, Guernesey apparaît moins distincte, mais bien en vue encore, précédée de Sercq qui masque l'îlot d'Herm, puis Jersey dans un lointain vaporeux. Entre la terre et les îles une mer superbe, mais déserte, les navires ne s'engagent pas volontiers dans ces passages dangereux du Ras-Blanchard et de la Déroute, où les courants sont violents et les écueils terribles, ils passent au delà de cet archipel si incontestablement français par sa situation et ses habitants et qui, aux mains de l'Angleterre, demeure une menace pour le Cotentin.

Non loin du sémaphore, de grands arbres courbés et arasés par le vent de mer, abritent des tempêtes le beau château de Flamanville, jadis propriété d'un grand seigneur, le marquis de Flamanville, épris des idées révolutionnaires de Jean-Jacques Rousseau au point d'avoir fait construire dans un coin retiré de son parc un asile pour ce misanthrope. Aujourd'hui cette belle demeure a appartenu à un riche financier parisien jouant un rôle dans la politique avancée. Rien ne change en ce monde, l'homme semble aussi immuable que les falaises de Flamanville.

Les ruines s'accumulent cependant. Au pied même des plus hautes et plus sauvages falaises de Flamanville, parmi des roches déchiquetées, dressées en aiguilles, contre lesquelles vient battre la mer furieuse, on trouve de hautes constructions, un treuil immense, une voie ferrée abandonnée, une locomotive et des wagons lamentablement rouillés, au milieu d'amas de minerais. Ce sont les mines de fer de Diélette, exploitées sous la mer même par un puits et des galeries. Pour leur permettre d'expédier leurs produits, un petit port, bordé de môles énormes, avait été construit à l'embouchure de la Diélette. Tout cela est abandonné. Le petit chemin de fer borde toujours de ses deux lignes de rails le rivage où la mer a roulé et modelé des blocs de granit semblables à des œufs monstreux, mais il ne fonctionne plus. Cependant l'activité est grande ici, le granit de Flamanville est de qualité excellente, facile à exploiter et à tailler, d'un grain fin. Des mines à Diélette, ce n'est donc qu'une carrière où, sans cesse, on entend le marteau et le ciseau transformant en pierre de taille, en marches, en vases, le beau granit de Flamanville. Les blocs roulés de la côte sont eux-mêmes exploités, ils sont naturellement arrondis de telle sorte qu'on les croirait sortis des mains du tourneur — un tourneur géant. On les ramasse pour les placer à l'entrée des maisons, au-dessus des piliers de portail, on les range sur les murs. Ces pierres rondes ou ovales se rencontrent partout dans le pays ; à Carteret, les propriétaires de villas ont adopté ce mode d'ornementation. On peut puiser longtemps, les blocs arrondis sont là par dizaines de mille et la mer en façonne sans cesse de nouveaux.

Diélette est un petit village déserté en partie depuis que les mines sont abandonnées, mais les carrières lui conservent encore une population assez nombreuse, entre ses deux môles s'abritent des bateaux de pêche et même de petits navires qui viennent chercher des pierres taillées. Le site est fort sauvage, des falaises de Flamanville à celles de Jobourg, ce ne sont que des rives sévères, cependant la belle courbe de l'anse de Vauville et sa grève blanche, éclairées l'après-midi par le soleil, mettent un peu de gaîté dans cet ample panorama.

Autant la côte est austère, autant la vallée de Diélette est riante et calme. De l'embouchure à la source du ruisseau, on traverse des herbages plantureux ; les maisons sont propres, entourées de fleurs, les haies, au lieu de couronner des « fossés », sont de charmilles et d'aubépine bien taillées, Tréauville, Benoistville, Grosville, Rauville-la-Bigot sont des villages enrichis par l'élevage. On voit que l'exemple donné par le beau haras de Martinvast a porté ses fruits.

## IV

### LE DUCHÉ DE COIGNY

Bricquebec, sa trappe et ses fromages. — Saint-Sauveur-de-Pierrepont et la vallée de la Douve. — Les marais de Gorges. — Coigny et son duché. — Châteaux de Coigny et de Franquetot. — Une famille de soldats. — L'école d'agriculture de la Manche.

*Carentan, septembre.*

Dans toute cette partie de la Normandie il n'est pas de dîner sans un morceau de bricquebec; c'est un excellent fromage digne de sa réputation, mais il n'est autre que le port-salut de la Mayenne et de la Flandre. Il a suffi cependant pour jeter un peu de lustre sur cette petite ville de Bricquebec aujourd'hui oubliée, sauf par les Cherbourgeois pour qui elle est une sorte de Fontainebleau ou de Chantilly, *l'ultima Thule* des promenades citadines.

Cette prédilection des gens de Cherbourg pour les environs de Bricquebec se conçoit, la campagne est fort riante. Beaucoup de bois et d'eaux courantes, des chemins creux ombragés, des talus où mûrissent en abondance les fraises et les airelles. Depuis Carteret c'est un enchantement que cette région verte, fraîche, tranquille, même grandiose dans la vallée de la Seye où les collines sont hautes et bien découpées. La ville est un marché agricole, assez curieuse par ses vieilles maisons à perron, quelques-unes ayant encore gardé les fenêtres basses et les petits carreaux de l'ancien temps. Au cœur même de Bricquebec, se dressent les restes superbes d'un château dont le donjon, les tours et les remparts sont bien conservés. Dans ces ruines un hôtel s'est installé, sa cuisine, sa salle à manger, plusieurs chambres ont conservé leurs voûtes sombres, la remise a gardé les piliers d'une ancienne salle des gardes. L'hôtel, à l'époque où il n'était sans doute qu'une auberge, a reçu la reine Victoria et le prince Albert, venus en France pour visiter Louis-Philippe. Une inscription rappelle ce passage au loyalisme des touristes anglais.

Une inscription déjà lue sur quelques boutiques de village signale des dépôts des farines de la Trappe. Il y a en effet un couvent de trappistes près d'ici, de là sort le fromage de Port-Salut, appelé bricquebec en Normandie[1]. Comme tous

---

[1]. On trouvera dans la 2ᵉ série du *Voyage en France*, page 86, un chapitre sur la trappe de Port-du-Salut (Mayenne) qui a donné son nom à ce fromage.

les établissements de cet ordre, la trappe de Bricquebec est une sorte d'usine, un moulin à vapeur produit de la farine, une fromagerie produit le port-salut. Industriellement outillé, le couvent joue ainsi un grand rôle économique dans le Cotentin.

Pour se rendre à la Trappe, on peut traverser la promenade publique de Bricquebec, probablement unique au monde par la beauté de ses ombrages, quatre rangées de chênes plusieurs fois centenaires forment une perspective profonde. Cette avenue, le château, un vieux logis seigneurial font de ce coin de bourgade normande un ensemble fort pittoresque.

Le couvent est de grand et sévère aspect, au fond d'un vallon couronné de bois.

L'intérieur du Cotentin renferme ainsi nombre de petites villes commerçantes et peuplées, jadis forteresses qui eurent à supporter bien des assauts. Au sud de Bricquebec voici encore Saint-Sauveur-le-Vicomte, dont le château, ruines superbes, domine un des golfes de la mer desséchée du Cotentin. L'estuaire n'est plus qu'une prairie marécageuse où se traîne la Douve. Grâce à la faible pente du terrain, le riant torrent de Sottevast, si bruyant en amont, ici petit fleuve, est navigable au moyen d'une seule écluse placée près de Carentan; celle-ci retient les eaux à basse mer et fait pénétrer le flot marin aux mers hautes.

Cette vallée de la Douve est donc comme un golfe où l'eau serait remplacée par des prairies, et fort accru, au delà de Saint-Sauveur-le-Vicomte, par sa jonction avec la vallée du rû de Saint-Sauveur-de-Pierrepont, de même origine, qui s'étend à l'ouest jusqu'à l'isthme de Port-Bail. Cet ancien bras marin donnerait encore l'illusion de la mer sans les innombrables vaches et chevaux qui y paissent, les rivages bordés d'arbres se terminent en collines qui semblent surgir des flots.

La vallée s'étrangle entre les Moitiers et Etienville, on en a profité pour jeter une chaussée sur la Douve et le Marais, aussi s'est-il créé au débouché, au nord, un gros bourg qui est en quelque sorte le centre de ce pays. Pont-l'Abbé, cependant, n'est pas le chef-lieu d'une commune, il dépend administrativement de Picauville, insignifiant hameau. Mais la presque totalité des 2,600 habitants, la poste, le télégraphe, le pharmacien, les magasins, les auberges sont ici, à l'issue de cette chaussée où passe la voie la plus directe de Coutances à Cherbourg. Le marché est, par l'importance des transactions, le sixième du Cotentin ; 4500 kilos de beurre y sont amenés chaque semaine. Le port est sans doute le plus considérable de ce petit réseau navigable creusé par les petits cours d'eau au sein de la grande dépression des lignes de Carentan ; nombreux souvent sont les bateaux chargés de tangue, de tourbe, de bois ou de foin, gabarres qui atteignent parfois 18 mètres de long et près de 4 mètres de largeur.

Sur la rive droite de la Douve, le pays s'exhausse, il y a beaucoup de bois, beaucoup de landes aussi jusqu'à la belle et historique colline du mont Castre, couverte d'une jeune forêt. Ce coteau, qui tire son nom d'un camp (*castrum*) de César, commande l'immense étendue des marais de la Douve et le marais moins long mais bien plus large de Gorges, sorte de lac de verdure où, par milliers, pâturent les chevaux. Vaste de 1,800 hectares, le marais est traversé par plusieurs cours d'eau dont l'un, la Sève, prolonge, par sa vallée, la dépression jusqu'à la hauteur de Periers ; de là à la dépression de Lessay, sur la rive occidentale du Cotentin, il n'y a pas trois kilomètres. C'est donc un isthme plus étroit que celui de Port-Bail.

Le marais est une immense tourbière ; les collines riveraines contiennent de la houille ; un moment, vers 1831, on crut pouvoir l'exploiter, un puits fut creusé près du Plessis ; le ruisseau de Mauloire, régularisé, devint un canal long de 4,600 mètres, prolongé par la régularisation du chenal de la Madeleine jusqu'à la Douve, près de Carentan ; le canal du Plessis devait amener la houille dans le port de cette ville. Les espérances ne se sont point réalisées : la mine est abandonnée, le canal se comble, et sans les barques qui vont chercher la tourbe, il serait complètement déserté.

Les marais, entre Baupte et Auvers, se rétrécissent au point de n'avoir que 400 ou 500 mètres de largeur. Un pont pour le chemin de fer, un autre pour la route, franchissent l'émissaire du marais, c'est-à-dire la Sève, près d'un petit port. Vue de là, cette immense zone marécageuse de Gorges est d'une mélancolie profonde. Les canaux, pleins de nénuphars, font une traînée lumineuse dans la plaine basse couverte de bétail, les collines riveraines se perdent dans un lointain confus.

J'étais venu à Baupte, ce matin, sur une invitation d'aller visiter les châteaux de Coigny et de Franquetot. Le jour même où je me mettais en route pour ce petit voyage, me parvenait du département de la Meuse une lettre me donnant le résumé d'un vieux manuscrit, retrouvé à Metz et qui contient de curieux détails sur un grand raid de cavalerie, effectué par un général autrichien, le comte de Grœvenstein, acte de guerre peu connu et qui mérite de prendre place parmi les expéditions de cavalerie les plus hardies.

Dans ce récit figurait le nom du comte de Coigny, c'est-à-dire d'un des généraux de talent qui ont illustré la famille dont j'allais parcourir le domaine ; cette coïncidence était curieuse, elle le devint bien davantage pour moi lorsque je pus visiter les galeries, abandonnées aujourd'hui, du château de Franquetot, où les ducs de Coigny ont séjourné jusqu'à la mort du dernier d'entre eux.

La trace de cette famille aujourd'hui éteinte, ou du moins représentée seulement par les petits-fils du dernier duc, qui appartiennent à la haute aristocratie anglaise, est restée très vivace entre Carentan et Valognes. Le grand domaine, encore presque entier, s'appelle le *duché*, personne ne dit la terre ou la propriété : c'est le « duché de Coigny ». Lorsque le représentant de la famille anglaise du « duc de Coigny en France » vient toucher les fermages, une circulaire annonce l'arrivée de l'intendant du « duché de Coigny ». Nulle part ailleurs, sans doute, sur les terres qui furent duché-pairie, cette dénomination féodale a persisté ainsi.

Lorsqu'on arrive à Coigny par la route de Carentan, on voit s'ouvrir, à un kilomètre de Baupte, une avenue vraiment royale, bordée de chênes centenaires alignés sur quatre rangées et conduisant, à plus d'une demi-lieue, au château de Franquetot. Elle a été plantée par le premier maréchal et duc de Coigny, vers le milieu du xviii° siècle. C'est l'orgueil du domaine ; le dernier duc de Coigny a imposé par son testament que chaque arbre devrait être remplacé lorsqu'il viendrait à périr et qu'on ne pourrait jamais aliéner la plantation. Grâce à cette prévoyance, ce coin de Normandie, placé à la racine des lignes de Carentan, possède une des plus merveilleuses routes que l'on puisse voir. Les herbagers voisins n'ont pu comprendre encore la passion du duc.

— Savez-vous, me disait l'un d'eux, que, si l'on abattait tous ces chênes, on aurait pour plus de 200,000 fr. de bois ?

Le village de Coigny est à mi-chemin, séparé du vieux château par l'avenue. Celui-ci ne comprend que des débris, restaurés pour abriter l'intéressante école pratique d'agriculture et de laiterie du département de la Manche. Des tours blanchies, des traces de corbeaux et de mâchicoulis, dans le petit musée une admirable cheminée, des douves profondes permettent de se rendre compte de ce qu'était le castel féodal de Coigny ; il devait être fort délabré lorsqu'il devint le chef-lieu d'un duché, car la famille de Coigny, devenue illustre, alla s'installer un peu plus loin, à Franquetot.

Le fief de Franquetot était d'ailleurs le berceau de la race : pour un Franquetot, Jean-Antoine, compagnon d'armes de Turenne et de Condé, fut érigée en comté la terre de Coigny. C'est le nom porté par tous les membres de la famille jusqu'au dernier duc de Coigny, le général Augustin-Louis-Joseph-Casimir-Gustave de Franquetot, mort en 1865.

Le château de Franquetot est un bel édifice du xviii° siècle, de simple et noble ordonnance, entouré d'arbres superbes, frênes et platanes, et ouvrant sur l'avenue par une grille. Inhabité depuis la mort du général de Coigny, il est cependant soigneusement entretenu aux abords ; ses allées sont sablées, ses pelouses émaillées de corbeilles de fleurs comme si l'on attendait le maître. A droite, une vaste construction fut destinée aux écuries, mais elle est déserte. Quarante-quatre chevaux y séjournaient jadis ; au-dessus de chaque stalle est une tête de cerf surmontée de magnifiques andouillers; la rangée produit un effet grandiose. En face court un cordon de têtes de chevreuils. Ce sont les dépouilles des chasses qui, jusqu'à ce siècle encore, eurent lieu en cette contrée de gras et opulents herbages, où l'on chercherait en vain aujourd'hui la moindre trace d'animaux sauvages.

Le château, sauf quelques parties, est désert. Mais on a conservé dans l'état où ils étaient au temps du dernier duc les appartements du rez-de-chaussée et la chapelle où reposent plusieurs membres de la famille. Les portraits d'ancêtres sont encore aux murs, peints dans cette allure pompeuse du grand siècle où tous les hommes de guerre font flotter la perruque sur une cuirasse ciselée et, le poing sur la hanche, se tournent de côté pour se faire admirer par le visiteur. Voici dans cette pose hiératique, le comte de Coigny, lieutenant-général des armées du roi. Ce fut un général de cavalerie réputé, qui rendit les plus grands services à Louis XIV pendant la guerre d'Espagne, où, en 1696, il détruisit presque entièrement la cavalerie du prince de Darmstadt, ce qui lui valut le titre de directeur général de la cavalerie. Pendant la campagne de Flandre, en 1701, il eut un moment le commandement en chef.

Dans un salon voisin, au-dessus d'une belle cheminée de marbre rouge ornée des armes de Coigny avec la devise : *post prælia præmia,* voici le portrait du grand homme de la maison, le fils du commandant en chef de l'armée de Flandre : François de Franquetot, maréchal de France, duc de Coigny. Les éclatants services de son père lui permirent d'avancer rapidement. Né le 16 mars 1670, il était colonel général des dragons en 1704. Trente ans plus tard, lorsque Villars, glorieux mais vieilli, dut abandonner l'armée d'Italie, François de Franquetot le remplaça et fut nommé maréchal de France. C'avait été jusqu'alors un intrépide officier ; il se montra généralissime habile. A peine avait-il reçu le bâton de maréchal qu'il gagnait la bataille de Parme ; de nouveau vainqueur à Guastalla, il reçut le commandement de l'armée royale en Allemagne, où ses dispositions furent telles que le prince Eugène n'osa accepter la bataille qu'il lui offrait. Dans toute cette campagne de 1785, il réussit à user son adversaire, à le tenir en haleine, sans jamais lui permettre d'engager une action décisive ; la cession des duchés de Lorraine et de Bar, notamment, fut le fruit de cette tactique habile ; c'est donc par le maréchal de Coigny que la Lorraine est devenue française. Ce Coigny bâtit le château de Franquetot, où il se créa une sorte de petite cour littéraire plus que militaire ; le secrétaire du maréchal était Gentil-Bernard.

Un autre portrait montre un officier général de grande mine, Antoine-François de Franquetot, colonel général des dragons. C'est le fils du maréchal. L'attaque des lignes de Wissembourg, qu'il commandait en chef sous les ordres de Louis XV, le siège de Mons, la bataille de Raucoux lui valurent rapidement la faveur royale. Comme son père, il serait parvenu à la dignité de maréchal sans le duel qui lui coûta la vie.

Le général de Coigny partageait les passions de Saint-Simon contre les princes légitimés, fils de Louis XIV. Un jour, témoin des gains faits au jeu par le prince de Dombes, il s'écria à demi-voix :

— Il a plus de bonheur qu'un enfant légitime !

Rapporté au prince, le propos amena une rencontre. La nuit, sur la route de Versailles, alors couverte de neige, le fils de Louis XIV et le fils du maréchal de Coigny se battirent à l'épée ; le colonel général des dragons fut tué, on replaça le corps dans la voiture, celle-ci fut renversée dans le fossé, et, pour tout le monde, il fut officiellement victime de cette chute de carrosse.

Son fils aîné, Marie-François-Henri, avait alors onze ans, il venait d'être fait gouverneur de Choisy ; quatre ans après, il servait aux mousquetaires et, en 1754, à dix-sept ans, il était mestre de camp général des dragons. Le portrait de ce Coigny est aussi au château de Franquetot ; il porte l'habit et les épaulettes des officiers généraux des dernières années de la monarchie. Ce fut un des lieutenants du maréchal de Richelieu dans la conquête du Hanovre. Il était lieutenant-général lorsque éclata la Révolution. En 1791, il émigra et alla servir avec Condé en Portugal, où le roi le fit capitaine-général. Il ne rentra en France qu'à la Restauration, et fut, presque aussitôt, nommé gouverneur des Invalides et maréchal de France.

Voici encore d'autres portraits : le général marquis de Coigny, mari de la spirituelle Louise de Conflans ; le lieutenant-général comte de Coigny et, à côté, un admirable portrait de femme, dont le gardien du château ignore le nom ; par le costume, c'est une grande dame de l'Empire ou de la Restauration, peut-être cette belle et adorable mademoiselle de Coigny, qui fut aimée d'André Chénier, l'héroïne de la *Jeune captive* ; elle devint plus tard duchesse de Fleury. Non loin de là un beau portrait de fillette, dans le goût de Boucher. C'est une enfant de cinq ou six ans, tenant dans son tablier une brassée de roses. Cette fillette est encore une Coigny, la petite-fille du dernier maréchal ; elle épousa le général, depuis maréchal Sébastiani. Ce dernier affectionna Franquetot. Un grand nombre d'eaux-fortes représentant des vues de Constantinople, sous lesquelles la légende écrite en caractères fermes est peut-être de la main du maréchal Sébastiani, rappellent son ambassade auprès du sultan ; il ramena de Turquie trente chevaux arabes, qui prirent place dans les écuries de Franquetot et servirent à améliorer la belle race chevaline de Carentan.

Les derniers portraits sont de ce siècle ; ils représentent le général duc de Coigny. Celui-ci, rentré en France au lieu d'accompagner son grand-père en Portugal, s'engagea à dix-sept ans dans les armées impériales (1805) et, comme la plupart des fils de l'ancienne aristocratie, avança rapidement. A Smolensk, il eut un bras emporté ; la Restauration le fit colonel, Louis-Philippe le nomma aide de camp. Ce duc de Coigny épousa Henriette Dundas Dalrimph Hamilton, dont le père avait commandé sous Nelson plusieurs navires anglais, notamment le *Camperdown*.

Le général duc de Coigny avait eu un fils et deux filles : le fils fut enlevé à l'âge de quelques mois, les deux filles moururent à dix-neuf ans, à une année d'intervalle. Les corps sont dans la

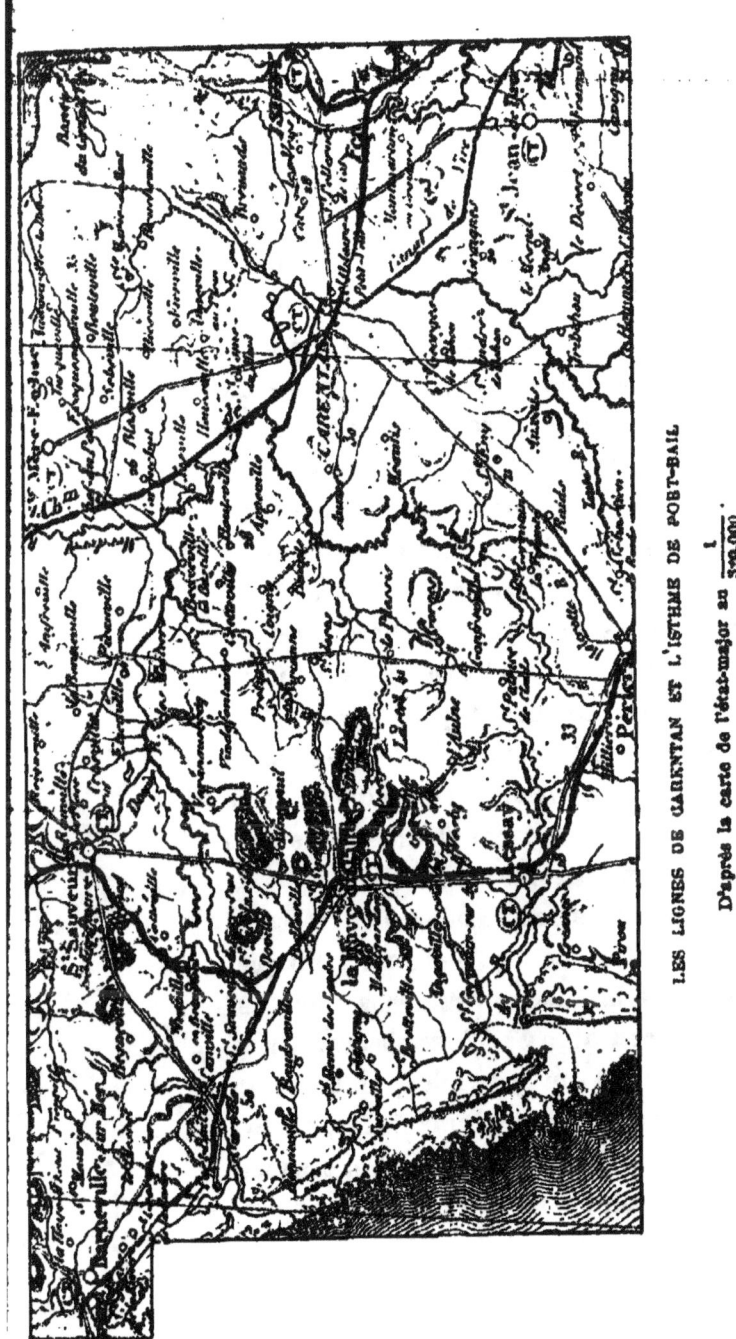

LES LIGNES DE CARENTAN ET L'ISTHME DE PORT-BAIL.

D'après la carte de l'état-major au $\frac{1}{320,000}$.

chapelle sous laquelle le général avait voulu être enterré, mais son vœu n'a pas été rempli ; il repose avec sa femme au cimetière Montmartre.

Le souvenir du dernier duc est resté vivace dans le pays. J'ai dit qu'il avait demandé par testament l'entretien de l'avenue ; il avait la passion des arbres. Il allait lui-même portant, de la seule main qui lui restât, un pot de goudron et un pinceau ; il badigeonnait les plaies, faisait élaguer. Pour éviter la moindre blessure à ses chers arbres, il avait interdit de chasser les corbeaux qui gîtaient dans les platanes du château ! Aujourd'hui, ces platanes sont immenses, les colonies de corbeaux y sont innombrables ; chaque soir, elles arrivent de tous les points de l'horizon gîter dans les vieux arbres. L'autre passion du duc était pour les **ouvriers du domaine** : « Je ne sais pas, m'a dit une bonne vieille, s'il ne nous aimait pas encore plus que ses chênes. »

Ce n'est pas sans mélancolie qu'on parcourt ces salles désertes, asile d'une race héroïque, qu'on rencontre les débris d'écussons rappelant les victoires des Coigny : Wissembourg, Guastalla, Parme. Dans un petit salon, un coffre octogonal, recouvert en cuir, bardé de fer, a attiré mon attention. Au-dessus du couvercle, ces mots frappés dans le cuir : TER DE POR. Comme j'examinais ce coffre, la gardienne l'a ouvert devant moi ; il renferme, entre des bandes de molleton vert, un admirable service de porcelaine de Saxe, plats, soupière, assiettes. C'est celui qui accompagnait partout le maréchal pendant ses campagnes. Il s'en servit le soir de la bataille de Parme.

Sur l'un des côtés, une vieille étiquette porte cette adresse : « M. le comte de Moleyne, rue du Temple, n° 36. » Sans doute un officier chez qui le précieux service fut un moment déposé.

Le duché de Coigny n'est plus que la ferme-école de laiterie, fondée en 1886 par les comtes Stair et Mauvers, fils de l'héritière du nom de Coigny. L'établissement est plutôt modeste pour ce riche département, mais les agriculteurs du Cotentin, enrichis par l'élevage, éprouvent peu le besoin de modifier leurs procédés ; ils auraient cependant beaucoup à apprendre pour tirer parti de leur sol et obtenir en lait et beurre tout le rendement qu'ils pourraient espérer. L'école de Coigny est suffisamment installée, elle possède 66 hectares de prairies dont 6 de prairies artificielles et 14 hectares de terre de labour aptes à toutes les cultures de céréales ou de racines. 5 chevaux, 67 têtes de gros bétail, 27 moutons permettent d'apprendre la culture et l'élevage.

Cette école, dirigée au début par un agent sans

connaissances agricoles, est aujourd'hui aux mains d'un praticien, M. Etienbled, qui s'efforce de la développer. Jamais tâche ne mérita mieux d'être encouragée, car la culture raisonnée du sol et la production scientifique du lait et du beurre doubleraient rapidement la fortune de ce pays si prospère déjà.

# V

## LA HOUGUE

Carentan. — Une idée de Napoléon Ier. — Les polders des Veys. — Isigny. — Montebourg. — Valognes. — Un Versailles provincial. — Saint-Vaast. — La Hougue et les vaisseaux de Tourville. — Visite aux îles Saint-Marcouf. — Le val de Saire. — Barfleur. — Le naufrage de la *Blanche-Nef*. — Le phare de Gatteville.

Barfleur.

Carentan est une de ces villes dont la destinée un moment brillante s'est soudain obscurcie. Placée à la racine du Cotentin, près de la mer, au sein de ces terres basses qui se prolongent sur presque toute la largeur de la péninsule, elle prendrait une importance considérable si l'on complétait artificiellement l'œuvre de la nature en traversant les marais par un canal profond et en coupant l'isthme bas de Port-Bail. Alors les navires passeraient de la mer de Caen à la mer de Jersey en évitant les parages dangereux de la Hougue, de la Hague et de la Déroute.

Ce plan faillit se réaliser, Napoléon rêva ce canal à travers les lignes de Carentan. Le travail fut même entrepris, nos désastres de 1812 à 1815 arrêtèrent le creusement, il ne fut jamais poursuivi, de cette idée il n'est resté qu'un large chenal, comblé par place, allant de la Taute à la Sève, sans utilité aucune. On ne reprendra sans doute jamais ce projet, la vapeur ayant fort diminué le nombre des naufrages.

Si l'on avait pu mener à bonne fin cette œuvre d'ailleurs modeste, Carentan, située au centre d'un petit réseau navigable, serait devenue sans doute une grande ville. Elle est restée un gros chef-lieu de canton ; classée place de guerre jusqu'au milieu du siècle parce qu'elle est à la tête des inondations des « lignes », elle a pu raser ses fortifications démodées et son château. De beaux boulevards remplacent ces défenses, formant une ceinture à la vieille cité, curieuse encore par ses maisons à arcades, semblables à celles de La Rochelle. L'ancien couvent, devenu le collège, et l'église méritent un instant l'attention.

Cette dernière est malheureusement trop badigeonnée, ses lignes délicates disparaissent sous le lait de chaux. On a voulu tirer gloire de ce nettoiement, car on peut voir sur la muraille intérieure cette inscription en gros caractères :

Cette église a été blanchie en 1825 par LACOLLEY

Jamais le vandalisme n'a fait montre de plus d'inconscience.

Carentan possède un petit port sur la Taute canalisée et formant un bassin à flot où se fait, avec l'Angleterre, un commerce assez considérable de beurre, d'œufs, de volailles et de légumes. Un yacht à vapeur sert au remorquage sur le chenal du port de Carentan, estuaire régularisé de la Taute. Mais le tirant d'eau est faible, $2^m,50$ seulement pendant les basses mers de morte-eau.

L'importance de Carentan tient d'ailleurs moins à son port qu'à son marché. C'est le plus grand centre de transactions pour les beurres, de toute la Normandie, 18,000 kilogrammes de beurre y sont apportés à chaque marché. Quant au marché au bétail, il est fort bien aménagé, on y amène par centaines les bœufs et les chevaux. On est ici dans la contrée où ces animaux sont en plus grand nombre ; les marais, les herbages, les polders de la baie des Veys sont célèbres dans le monde entier par leurs chevaux et par les beurres d'Isigny.

Isigny est voisine en effet. L'excursion de l'une à l'autre ville est fort intéressante, à condition de pouvoir jeter un coup d'œil dans les enclos. Tous les herbages sont entourés de hautes haies d'aubépine dominées par des frênes et des ormes. Il faut se pencher sur des barrières pour découvrir les grasses prairies remplies d'un admirable bétail. Sur la route un joli petit castel à tourelles porte le nom de Banville. Cette charmante retraite, perdue dans la verdure, serait-elle le berceau du poète Théodore de Banville ? Il naquit, il est vrai, à Moulins, mais son père était officier de marine, sans doute originaire d'un pays maritime, et ce nom de Banville est bien normand.

Autour du petit castel s'étendent les herbages remplis du même bétail, dont la vie entière s'écoule dans le même enclos. Sauf les chevaux et les jeunes génisses, tous ces animaux passent l'hiver en plein air ; dans ce doux et humide climat la neige est rare ; si elle tombe, on porte du foin aux vaches. Le lait d'animaux ainsi tenus hors des étables est meilleur, car il ne s'imprègne pas d'odeurs ; il est plus abondant aussi, chaque fois qu'on a voulu rentrer les vaches à l'étable on a vu diminuer la quantité et la qualité.

La valeur des herbages est telle dans cette région, que l'on a tenté la conquête de la baie des Veys, vaste golfe découvert à marée basse où se perdent la Taute et la Vire. La compagnie qui a si heureusement créé les polders du mont Saint-Michel a également essayé de reprendre à la mer les vastes bancs des Veys. L'entreprise, commencée en 1856, se poursuit encore, près de 450 hectares sont transformés en herbage. Mais tandis qu'au mont Saint-Michel on ne peut enclore des polders qu'après la naissance d'une végétation caractéristique, la baie des Veys donne d'excellents polders au moyen de terrains nus dès que leur exhaussement est arrivé à un certain degré. Par contre le sol est moins régulier, des criques profondes s'y sont creusées, il faut donc des travaux plus considérables; le prix de revient de l'hectare enclos est de 700 fr. au mont Saint-Michel ; ici il atteint 2,000 fr. Le sol gagné dans la baie des Veys, peu propre à la culture, donne des herbages de première qualité ; dès les premières années l'hectare se loue 100 fr. par année, il atteint près de 300 fr. aujourd'hui. La valeur de l'hectare est de 5,000 fr. On peut donc prédire un bel avenir à la mise en valeur du reste de la baie, où 650 hectares restent encore à conquérir.

Ici pas de grandes fermes comme dans la baie du mont Saint-Michel, puisque ce n'est qu'un pays d'élevage. Deux ou trois maisons ont été édifiées pour les travailleurs, des eaux douces, soigneusement captées dans les collines, alimentent le bétail et la population. Au fur et à mesure des gains la canalisation avancera. On peut prévoir l'époque à laquelle cet immense golfe des Veys sera une plaine de pâturages, parcourue par les chenaux rectilignes conduisant aux ports d'Isigny et de Carentan.

L'herbe est très belle, le bétail abonde dans les polders. Les femmes s'y rendent des villages voisins : Brévands, Catz, les Veys ; elles conduisent des ânes portant sur leurs bâts des vases de cuivre pansus dans lesquels elles feront la traite. Ces belles « canes » polies et éclatantes sont l'orgueil des femmes du Cotentin.

Près du village des Veys on traverse la Vire et l'on entre dans le Calvados. Bientôt une belle avenue de peupliers, des maisons coquettes, de beaux jardins très fleuris de roses et de bégonias, annoncent l'approche d'une ville. Voici Isigny : rues propres, jolis magasins, un air de prospérité répandu partout. C'est aujourd'hui le marché aux veaux : l'animation est vive sur la petite place où sont amenés ces animaux, déjà forts et gras. Près de là, devant une vaste pelouse sillonnée d'allées, se dresse la masse monumentale de l'hôtel de ville, ancien château du siècle dernier. Le port maritime est voisin, deux goélettes et un vapeur sont amarrés aux quais, longés par une voie ferrée. Sur l'Aure, affluent de la Vire qui forme le port, sont amarrés des bateaux de pêche et des bateaux de rivière de forme singulière, presque pointus au bout ; le petit bassin où ils stationnent est fort vivant.

Telle est cette petite ville dont le nom a été donné à tous les beurres de cette partie de la Normandie, de Bayeux à Barfleur et à Coutances ; bien qu'Isigny ne vienne qu'au cinquième rang pour le marché, on y apporte 5,000 kilogrammes par semaine et les exportations de beurres par le port s'élèvent à 1,500,000 fr. seulement, tandis que Saint-Vaast en expédie pour 5 millions et Cherbourg pour 50 millions.

Du reste, le commerce du beurre, comme en Bretagne, a bien perdu de son caractère de centralisation ; des maisons d'achat se sont installées dans un très grand nombre de villes. Valognes, par exemple, où je suis venu passer l'après-midi d'hier, est un marché considérable de cette denrée : chaque semaine 8,000 kilogrammes entrent en ville ; elle fait vivre à elle seule, ou à peu près, le petit chemin de fer qui, de Montebourg et de Valognes, se dirige sur Barfleur par Saint-Vaast-la-Hougue, d'où un service régulier de vapeurs porte en 6 heures les beurres au Havre. Montebourg, le centre le plus vivant de la contrée, a également des marchés très importants.

Valognes a bien besoin de cet afflux des paysans pour trouver un peu d'animation. A l'heure où je l'ai traversée, c'était une ville morte, personne dans les rues trop larges, bordées de vieux hôtels aristocratiques comme les villes parlementaires du siècle dernier. Le visiteur est surpris de trouver tant de maisons opulentes dans une cité de moins de 6,000 âmes. Il paraît que jadis la noblesse du Cotentin avait rêvé de faire une sorte de Versailles de cette humble ville de province ; chacun se piquant d'honneur, s'était construit un hôtel de belle allure. Une centaine de hobereaux ou de riches bourgeois furent pris de cette fièvre ; le train de vie était en rapport avec le luxe des logis ; les fêtes ne cessaient pas. Mais on ne put longtemps tenir un tel rang ; un à un les hôtels perdirent leurs hôtes, Valognes se dépeupla au profit de Cherbourg. Les beaux édifices sont silencieux. Dans la cour de l'un deux, j'ai relevé une inscription signalant la naissance de Marcel de Courcy, gouverneur de Valognes, qui, en 1708, à la tête des milices repoussa les Anglais, maîtres de Tatihou, qui voulaient s'emparer de la ville.

Le chemin de fer de Barfleur a donné à Valognes un peu plus de vie ; la côte de la Hougue, si belle, commence à être connue et Valognes, point de départ de l'excursion, y gagne d'être visitée.

Les campagnes de Valognes sont très vertes, mais sans grand caractère. Au contraire le rivage, grâce aux pittoresques ouvrages militaires de la Hougue, est d'un grand aspect.

Lorsque, à partir de Quinéville, on voit ainsi surgir de la mer le donjon et les remparts de la for-

teresse de Vauban, on ne peut se défendre d'une émotion profonde. Ces édifices guerriers ne virent point le grand désastre de la flotte de Tourville, puisqu'ils ont été construits plus tard pour défendre la rade et empêcher le retour d'une telle catastrophe, mais là-bas, entre le donjon de la Hougue et les lignes régulières des forts de l'île Tatihou, reposent encore les carcasses des superbes vaisseaux qu'un ordre de Louis XIV envoya périr.

La petite ville de Saint-Vaast-la-Hougue, qui vit le grand désastre, n'est qu'une commune du canton de Quettehou ; le chef-lieu, il est vrai, est moins peuplé et moins vivant. Le port, fermé par des jetées, fait face à l'île de Tatihou ; il est à sec à mer basse, mais à l'heure du plein il est très joli avec ses nombreux bateaux de pêche, son môle, ses phares et l'heureuse opposition des fortifications de ce siècle avec les tours d'il y a deux cents ans[1].

A mer basse, le paysage change : d'immenses grèves relient entre eux les forts et les récifs, l'île Tatihou tient alors à la terre par l'étendue vaseuse des parcs à huîtres découverts[2]. J'en ai profité pour aller le parcourir ; ce n'est qu'un plateau recouvert de gazon où paissent quelques chevaux et presque en partie occupé par une citadelle déclassée. La forteresse sert aujourd'hui d'asile au laboratoire de zoologie marine, dirigé par M. Périer, de l'Institut. Dans ces vastes bâtiments, l'or-

---

1. En 1894, 111 navires jaugeant 6,372 tonneaux sont entrés dans le port de Saint-Vaast ; 116, jaugeant 6,594 tonneaux, sont sortis ; 69 grandes barques font la pêche.

2. Il y a 72 hectares de parcs à huîtres à Tatihou, où l'on n'élève point l'huître ; on se borne à parquer et à engraisser les huîtres achetées dans le Sud-Ouest. 23 millions en 1894.

ganisation a été facile. Sur un autre îlot, appelé l'Illette, se dresse un second fort, également abandonné.

La défense de ces rades a été concentrée à la Hougue. Tous les forts de la grande côte rectiligne, depuis Morsalines jusqu'à Carentan, ont été abandonnés et remplacés par des batteries basses à Morsalines, Belle-Croix, Quinéville et Ravenoville, dont les puissants canons portent jusqu'aux îles Saint-Marcouf, situées à 10 kilomètres au large. A la Hougue on a conservé le haut donjon accolé d'une tourelle élancée plus haute encore ; mais il sert plutôt pour guetter ; au pied du donjon, entre des talus verts, comme accroupies, sont les puissantes pièces modernes. Les canons à tir rapide, disposés sur pivot, menacent tous les points de l'horizon, prêts à faire feu sur les torpilleurs ennemis.

Dans les grandes basses mers, entre la Hougue et Tatihou, on voit d'informes écueils, couverts d'algues et de coquillages, surgir parmi les autres récifs, ce sont les débris de la grande flotte de Tourville qui, après avoir glorieusement combattu à la Hague, vint en partie se réfugier à la Hougue (31 mai 1692). La rade était alors sans défense, Tourville, bloqué par des forces infiniment supérieures, fit échouer ses navires ; les

Anglais envoyèrent des canots armés qui livrèrent aux flammes les vaisseaux abandonnés, parmi lesquels l'*Ambitieux*, vaisseau amiral. Ce désastre ne porta en rien atteinte à la gloire de Tourville, qui avait lutté contre son gré, sur les ordres formels du roi, mais il réduisit pour longtemps à néant la marine française.

Les habitants de Saint-Vaast, pendant les basses mers d'équinoxe, vont sur les débris de cette flotte arracher des morceaux de bordage, des débris d'ancres, de chaînes, de boulets. L'un d'eux m'a fait cadeau de deux morceaux de bois de chêne rongé par les tarets, noir comme l'ébène, et d'un débris d'ancre tellement rouillé qu'il a perdu presque tout son poids. Pauvres reliques qu'on ne peut contempler sans une émotion poignante!

Ces vaisseaux perdus sont devenus des écueils qui trouvent leur place sur les cartes [1].

De la Hougue on distingue nettement, au large, les îles Saint-Marcouf, semblables à de grands rochers bas. La péniche de la douane, *Marie*, qui allait en tournée dans ces parages m'a pris à bord avec mon fils Maurice. Au départ, le vent était fort et amenait de la pluie, mais le calme plat est

---

1. On peut les voir sur le petit croquis emprunté à la carte de l'état-major qui accompagne ce chapitre, page 85.

bientôt survenu. De bouée en bouée, profitant des moindres souffles, la *Marie* a louvoyé pendant deux heures sans cesser d'être à portée du donjon de la Hougue, nous en étions réduits à attendre le jusant lorsque nous avons vu une fumée noire sortir de Carentan, c'était le yacht remorqueur *Écureuil*, attendu à Saint-Vaast pour remorquer une goélette chargée de sable. L'*Écureuil* est bientôt passé près de nous, l'équipage de la *Marie*

a manœuvré de façon à se trouver sur son passage à son retour et, quand le convoi est arrivé, a demandé la remorque. Une amarre nous a été lancée, nous avons pu alors, après trois heures d'attente, gagner le large, en passant rapidement devant la jolie côte de Quinéville à Saint-Marcouf. A hauteur et à un mille des îles, l'amarre a été rendue. Une brise fraîche soufflait alors de terre, bientôt nous avons pu accoster dans le petit débarcadère, près de la porte donnant accès dans le fort circulaire qui couvre à peu près toute l'île du Large à haute mer. C'est une tour immense, en blocs énormes de granit, les murs ont une épaisseur de plusieurs mètres. A l'intérieur, sur une vaste cour circulaire, s'ouvre l'entrée des casemates. Pour pénétrer dans le fort, il faut passer dans un chemin de ronde également bien défendu. Ce fort est d'origine récente, il a été construit sous le second Empire. Délaissé depuis quelques années à cause des progrès de l'artillerie, les mêmes progrès qui rendent difficile la défense de la rade ont fait décider une occupation nouvelle ; on se propose de réduire la hauteur de la muraille et d'y installer des plates-formes pour des canons à grande portée.

Longtemps ces îles furent abandonnées, les habitants de la côte en avaient fait un pâturage pour leurs moutons, ils venaient y brûler le varech pour en tirer de la soude. Le 27 décembre 1783, un paysan nommé Trohel, étant venu avec son fils conduire des moutons, se vit entraîné par le courant alors que le fils seul avait pris pied, il essaya de lui jeter un pain, celui-ci tomba à l'eau. Trohel se vit obligé de revenir à Saint-Vaast ; pendant cinq jours la tempête empêcha d'aborder aux îles, enfin le 1er janvier 1784, par un froid vif et une neige épaisse on put débarquer ; le jeune homme sans feu, sans abri, n'ayant trouvé à manger que deux bécassines mortes, était sur le point de mourir.

Ces îlots furent occupés par les Anglais en l'an III (juillet 1795). Ils s'y installèrent à demeure : dans l'île du Large ils construisirent un fort ; dans l'île de Terre, ils firent un camp, les baraques et les magasins formaient une rue. Jusqu'à la paix d'Amiens (1802) leurs escadres appuyées sur ces rochers arrêtèrent toute communication entre le Havre et Cherbourg. Le 17 floréal an VI, on avait tenté une expédition pour chasser les Anglais de ce petit Gibraltar de la Manche, le manque d'entente entre les chefs la fit échouer.

Dès la reddition des îles, au lendemain de la paix d'Amiens, on se décida à les fortifier. Le premier commandant des nouveaux forts, J.-B. Mayeux, a publié sur elles une brochure fort curieuse que j'ai trouvée à la bibliothèque du ministère de la marine. Il en vante le climat doux en hiver, très chaud dès le milieu de l'été. Les îles n'avaient aucune culture, mais Mayeux, officier dont la tournure d'esprit est fort idyllique, dit à propos de l'île du Large :

> Dans les batteries, sans nuire au service des bouches à feu, chose qui ne serait pas tolérée autrement, il y a des parterres consacrés à Flore : aussi voit-on

la capucine légère présenter avec confiance ses guirlandes au canon, la tendre rose chercher dans l'âme du mortier un abri contre les aquilons, l'œillet s'appuyer avec orgueil sur la bombe, et la timide violette offrir au boulet son doux parfum, en échange de la protection qu'il accorde à sa frêle existence.

….. « *Quel contraste!* » ajoute-t-il en italique.

Sur les talus extérieurs un peu de gazon, où s'asseyaient les visiteurs du continent venus en pique-nique :

« C'est pour le presser mollement que nos charmantes Néréides s'empressent de quitter le char d'Amphitrite. »

Cela sent bien son temps. Aujourd'hui, quelque désir en ait-on, on ne saurait être aussi enthousiaste: la grande mauve et deux ou trois œillets cultivés par le gardien du phare de l'île du Large ne sauraient enlever à ce séjour sa tristesse profonde. Sauf quelques lapins de choux, le gardien, sa femme et son fils n'ont pas un compagnon.

L'île de Terre est absolument déserte ; c'est un plateau très accidenté au milieu duquel est un fort carré, entouré d'un fossé plein d'eau, abandonné comme les batteries voisines dont les vieux canons gisent dans l'herbe haute et drue. L'abordage dans cette île est très difficile, il faut grimper sur des roches de varech glissant. Dans l'herbe une infinité de sentiers larges à peine de cinq centimètres se dessinent, on croirait les chemins d'un pays de Lilliput. Ce sont des coulées faites par les rats dont le nombre est prodigieux. Ces animaux sortent de leurs terriers pour aller, à mer basse manger les débris laissés par le flot. Ils sont toute la faune de l'île, où ils ont exterminé jusqu'au dernier lapin.

Les matelots de la *Marie* s'impatientent, un bon vent souffle du large, il faut en profiter pour gagner Saint-Vaast avant la basse mer, nous disons adieu au gardien à qui j'ai commandé du café pour tout l'équipage. Il me l'a fait payer deux sous la tasse « parce qu'il y a du sucre, vous savez ». Je crois que le brave homme ne fera jamais fortune !

En une heure, poussés par un bon vent, nous étions devant Saint-Vaast ; hélas ! le flot s'est trop retiré ; c'est porté sur les épaules d'un matelot que nous débarquons à Tatihou, d'où nous revenons à pied par les parcs asséchés.

Le train allait partir pour Barfleur, nous en avons profité. Le soleil était clair, aussi ce petit voyage par les campagnes ombragées de pommiers du val de Saire fut-il charmant. Oh ! le gracieux et doux pays, que l'on devine plus aimable encore lorsque, au delà d'Anneville, on abandonne le val pour monter vers Barfleur! Peu de coins en Normandie ont un charme plus intime

Barfleur n'est qu'une rue, mais large, bien bâtie, dont les maisons de granit, bordées de trottoirs, ont une robustesse étonnante pour qui vient de Saint-Vaast aux constructions basses et blanches. Un joli port, bien fermé, éclairé par plusieurs feux, offre un abri précaire aux petits bateaux menacés par la tempête dans le raz de Barfleur[1].

Ce raz, ou cap, est un des plus tragiques passages de la Manche. Il est à trois kilomètres au nord du village de Gatteville. On s'y rend par un chemin puis un sentier qui longent la mer, ici bordée de roches énormes et de grèves d'un gros sable. Partout des écueils farouches, partout des débris de navires. En ce moment il y a six ou sept grandes épaves autour de cette pointe, les courants sont violents dans le raz, tout navire désemparé est jeté à la côte. Que de désastres se sont produits ici!

L'un d'eux est resté fameux. Voyez-vous cette roche sur laquelle la mer déferle avec fureur? c'est Quillebœuf: là vint se briser, il y a 675 ans,

---

[1]. Barfleur a reçu, en 1894, 202 navires, jaugeant 5,946 tonneaux; les sorties ont atteint 219 navires et 6,698 tonneaux.

un des plus grands navires du moyen âge, la *Blanche-Nef*; elle portait la famille de Henri I" d'Angleterre, avec 300 personnes de sa suite ; tout le monde périt, sauf un seul homme. L'impression produite par cette catastrophe a été si profonde qu'aujourd'hui encore, sur la côte où les détails de la tragédie furent apportés par le survivant, le boucher Bérold, on parle de la *Blanche-Nef*; la carte d'état-major, peu soucieuse cependant de détails historiques, désigne ainsi l'écueil :

Quillebœuf, où naufragea la *Blanche-Nef*.

Un phare a diminué les dangers. C'est peut-être le plus élevé du globe, car la tour ne mesure pas moins de 71 mètres de hauteur. On n'a pas cessé de l'améliorer ; il a succédé au phare primitif, construit avec le goût parfait du siècle dernier, mais haut de 27 mètres seulement et devenu sémaphore. Lorsque le phare neuf fut construit, on trouvait sa portée merveilleuse : elle atteignait 23 milles ; on a modifié récemment le système, l'éclairage est fourni par une dynamo et la portée de la lumière atteint 50 milles, soit 90 kilomètres ; elle dépasse donc la largeur de la Manche. Le feu est parfaitement visible de la côte anglaise (de la galerie du phare on distingue les feux de l'île de Wight). Malgré cela, les naufrages sont encore trop nombreux dans le raz.

Du haut de la tour, la vue est merveilleuse sur toute la côte, sur Barfleur, le val de Saire, les hauteurs de Saint-Pierre-Église, sur tout ce riant paysage de la presqu'île de la Hougue. Mais ce qui attire le regard ce n'est point cette douce contrée : on revient toujours à la côte frangée de récifs, à la mer farouche où tant de vies humaines se sont tragiquement terminées.

## VI

### CHERBOURG ET LA HAGUE

Le Haut-Cotentin. — Martinvast et son haras. — La vallée de la Divette. — Cherbourg, sa rade et sa digue. — Le monument de J.-F. Millet. — Gréville. — Le Hague Dick. — L'extrême pointe de la France. — Le cap de la Hague. — Le Nez de Jobourg.

Après les crayeuses collines de la plaine de Caen, les vertes plaines de Bayeux, les pâturages à demi lacustres ou maritimes des lignes de Carentan, le pays se transforme bientôt. Doucement ondulé autour de Valognes, il prend après Sottevast un caractère montagneux. Les collines se haussent, couvertes de chênes et de beaux pâturages; la Douve prend des allures de torrent au fond de son gracieux vallon ; c'est la Bretagne avec moins d'âpreté.

Le chemin de fer gravit par de fortes rampes la ligne de faîte entre la Douve et la Divette et atteint le plateau central du Cotentin, véritable toit d'où les eaux s'écoulent à la fois face à l'Angleterre, aux îles Normandes, à la rade tragique de la Hougue et à l'estuaire de la Vire. Le pays, sans cesse frôlé par les nuées venues de tous les points de l'horizon, est humide et doux à la fois; aussi la végétation a-t-elle une grande vigueur, nulle part on ne voit campagne plus verte; le vaste bassin où coule la Divette est une corbeille de bois et de prairies.

L'herbe y est égale à celle des bons pâturages du Merlerault et du Perche, aussi est-elle très favorable à l'élevage des chevaux. Sur un des points culminants, au-dessus de Martinvast, est le haras fameux de M. le baron de Schickler d'où sortirent tant de triomphateurs de nos champs de courses.

Martinvast est un domaine de royale allure. Le château rappelle par son architecture, son site, les pelouses verdoyantes et les massifs fleuris qui l'entourent, les habitations des grands seigneurs anglais. Les eaux abondent, s'amassent en étang, ruissellent en cascades au milieu des rochers couverts de hêtres et de chênes. De belles allées vont de clairières en clairières tapissées d'herbages, les meilleurs du Cotentin. Là paissent de beaux étalons, les admirables juments que M. de Schickler prépare pour les courses et qui descendent de *The Nabab*, importé d'Angleterre il y a trente ans. Ces chevaux forment une race superbe qui a beaucoup contribué à améliorer l'élevage en Cotentin et dans le reste de la Normandie. *Fitz-Roya, Ragotzky, Dolma-Bagtché*, qui ont gagné chacun le grand prix de Paris, *Chêne-Royal*, vainqueur du Derby, *Fra-Angelico, Krakatoa* et *Fousi-Yama* sont sortis de Martinvast.

D'ample qu'elle était, la vallée de la Divette se rétrécit en approchant de la mer. Elle devient une pittoresque gorge bordée de roches rougeâtres, revêtue de bruyères et de fougères ; le site est sauvage mais charmant, il s'anime bientôt : de petites usines, des tanneries, des lavoirs disputent à la route, au chemin de fer et à la rivière le thalweg de la Divette. Le vallon s'élargit soudain, on aperçoit des rochers, des mâts de navires couronnés de forts, et le train entre dans le hall de la gare de Cherbourg.

L'aspect de cette grande place maritime est fort calme. Comme pour nos autres ports de guerre, l'enceinte a été conçue pour une ville de quatrième ordre ; elle n'a bientôt plus suffi à contenir les ouvriers de plus en plus nombreux de l'arsenal. Ils sont allés au dehors chercher des logements à prix modérés et le jardinet qu'ils travaillent eux-mêmes. Il s'est formé de la sorte de gros faubourgs qui élèvent à près de 60,000 habitants la population de l'agglomération, alors que le centre principal n'en a pas 40,000[1]. Le même fait s'est produit à Brest, à Lorient, à Rochefort et à Toulon, où, si l'enceinte englobait les communes bordant les routes d'accès, les chiffres du recensement montreraient des villes bien plus considérables que ceux affirmés par les statistiques[2].

La santé générale gagne à cette dissémination d'une population ouvrière qui trouve l'air et l'espace; mais les ruches populeuses y perdent l'animation des grandes cités. Sauf aux heures de l'entrée et de la sortie des ouvriers de l'arsenal, qui jettent un moment des rumeurs dans la ville, Cherbourg est d'une extrême placidité.

L'arsenal est donc la vie de ce grand centre, c'est l'établissement le plus complet et le mieux ordonné que nous possédions. Si Toulon est plus puissamment outillé, il n'a pas l'avantage de Cherbourg d'avoir été conçu d'un seul jet et poursuivi sur un plan régulier. Les bâtiments, magasins et ateliers se groupent ici, autour des bassins, dans un ordre normal. Les travaux y gagnent en rapidité et en économie. Cette régularité même de l'arsenal, sa situation à l'écart de la ville, for-

---

[1]. Cherbourg, 38,554 hab.; Acheville, 3,028; Équeurdreville, 5,420; Tourlaville, 7,832.

[2]. Il y aurait plus de 100,000 âmes à Brest et à Toulon et près de 60,000 à Lorient.

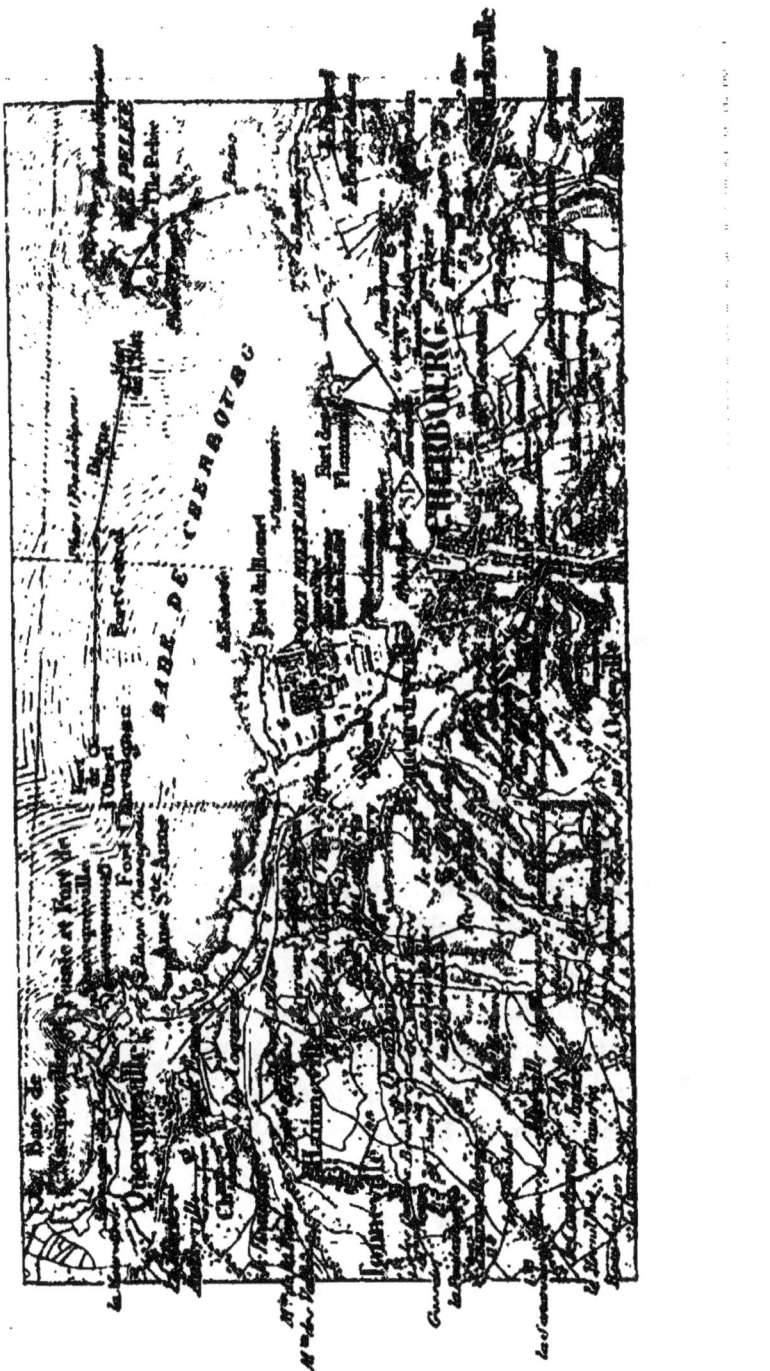

mant une seconde cité très ample et majestueuse, enlèvent à Cherbourg l'animation que donne aux autres ports de guerre le mélange des villes bourgeoises et militaires. L'arsenal de Brest, au fond de son fjord de la Penfeld, se présente en entier aux yeux de l'observateur placé sur le pont tournant ; à Toulon, l'arsenal se confond presque avec le port, partie bruyante de la ville ; à Lorient, les chantiers du Scorf et du Blavet s'ouvrent aux regards. Mais à Cherbourg, comme à Rochefort, l'arsenal est à part de l'existence ordinaire. Même une grande partie des ouvriers[1] habitant les communes d'Acheville, Équeurdreville, Hainneville et Querqueville ne traversent jamais la cité, ils vont directement chez eux ; or, ce sont les plus nombreux.

Cela explique la tranquillité de Cherbourg, la ville est cependant assez commerçante, son port a un mouvement important, il sera bien plus animé lorsque le chemin de fer aura ses voies doublées de Sottevast à Caen, les trains pourront alors être beaucoup plus rapides ; les voyageurs des paquebots, assurés de communications faciles avec Paris et la France centrale, prendront une route qui leur évite une partie de la traversée. Déjà une

---

1. L'arsenal de Cherbourg occupe 9,938 personnes.

ligne de paquebots allemands fait escale à Cherbourg, d'où partent en outre des lignes pour Southampton et Guernesey[1].

Mais Cherbourg sera surtout, et avant tout, un port de guerre. Sentinelle avancée de la France dans la Manche, abri pour nos flottes, c'est le point de relâche pour les navires de guerre étrangers qui franchissent le canal. Toutes les marines militaires connaissent Cherbourg, où l'on trouve presque toujours un navire-école de pays ami ou même une escadre. Grâce à la digue, la rade offre un abri sûr contre les grosses mers, bien que la portée nouvelle des canons ait fort réduit la valeur militaire de ce gigantesque ouvrage.

Ce n'est point de la rade, ni même de la digue qu'on peut juger de l'énormité des travaux entrepris pour faire de l'ancien havre d'échouage, formé par l'embouchure de la Divette, un grand port de guerre. Il faut monter au fort du Roule, bâti sur un beau rocher à pic, dominant immédiatement à une hauteur de 112 mètres la gare, la ville et le port. De là on découvre un immense horizon de

---

1. Le mouvement du port de Cherbourg a été de 2,751 navires et 348,509 tonneaux en 1894. Dans ce chiffre qui ne comprend pas les bateaux de pêche et pilotes, le pavillon français entre pour 130,459 tonneaux, le pavillon anglais pour 195,782 ; quant aux mouvements des grandes barques de pêche, il a été de 6,085 à l'entrée et 6,086 à la sortie.

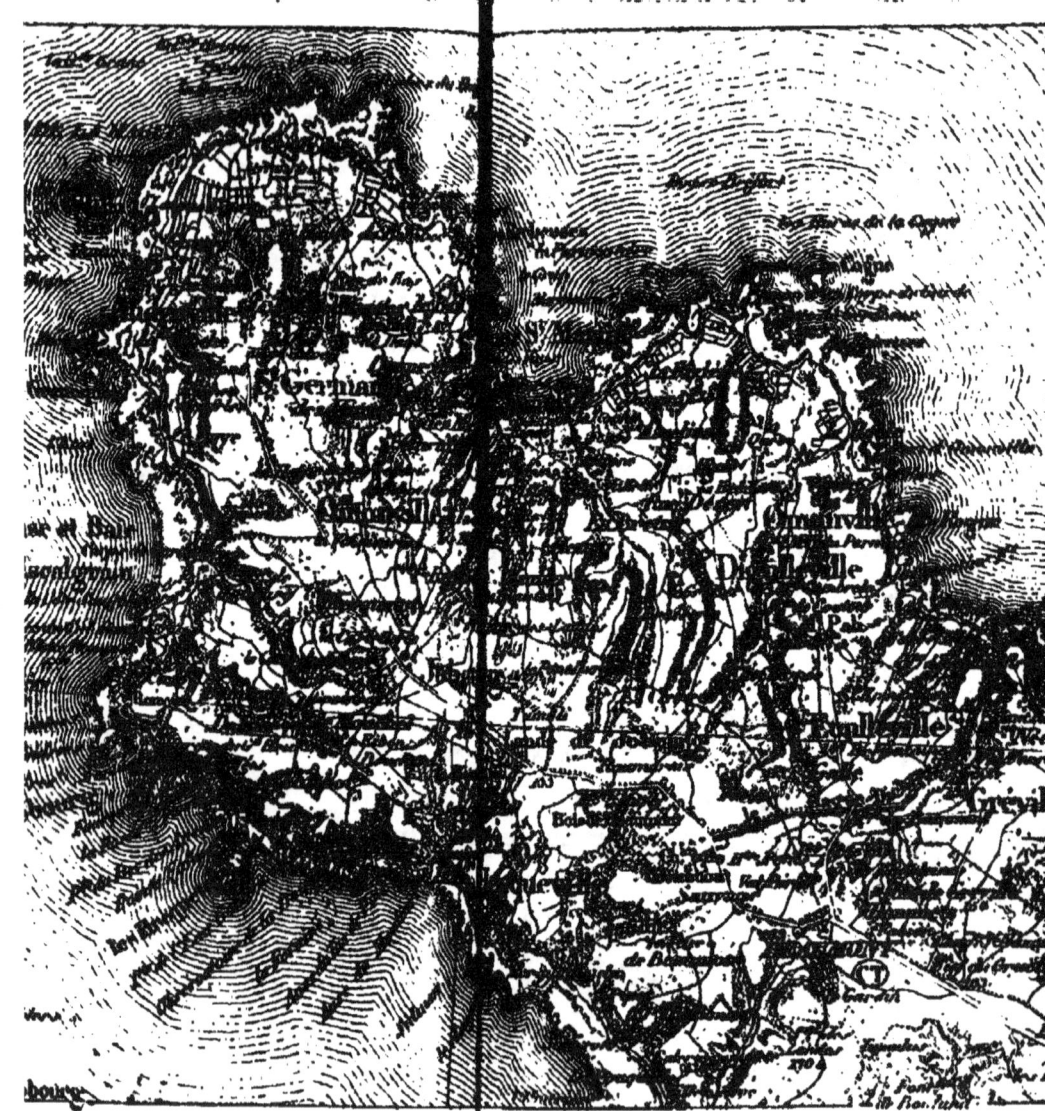

PRESQU'ILE DE LA HAGUE ENTRE LE HAGUE DICK ET LE CAP

PRESQU'ILE DE LA HAGUE ENTRE LE HAGUE DICK ET LE CAP

mer et toute la ligne des côtes, de Barfleur à la Hague, mais on est moins frappé par le panorama lointain que par le tableau immédiat.

La presqu'île du Cotentin se creuse en un immense croissant, trop vaste et trop peu profond pour être appelé un golfe et ne présentant pas d'abri naturel ; on ne pouvait donc songer à placer à Cherbourg une flotte permanente, exposée à la fois aux tempêtes et aux coups de l'ennemi. Vauban eut l'idée de créer une rade factice en construisant au large une digue qui séparerait de la haute mer un espace suffisant pour permettre à une flotte d'évoluer à l'abri des vagues. L'œuvre passerait pour formidable avec les moyens dont dispose aujourd'hui la science de l'architecte, elle était bien plus difficile encore au temps de Vauban. Celui-ci, d'ailleurs, ne put achever les travaux, on les reprit avant la Révolution ; souvent arrêtés, ils furent enfin terminés sous Napoléon III, au moment même où l'invention des navires cuirassés et de l'artillerie rayée les rendaient moins efficaces. Cette immense jetée, longue de 3,600 mètres, bordée de batteries, avec trois forts, dont un à chaque extrémité et un au centre, n'a plus la valeur militaire qu'elle eut jadis. En outre, la création des torpilleurs a démontré que les passes étaient désormais trop larges, ces petits navires pouvant facilement pénétrer dans la rade. Pour remédier à ce danger, on achève en ce moment à l'ouest la construction d'une jetée qui reliera l'île Pelée à la côte. A l'est, le fort de Querqueville sera prolongé en mer par une jetée terminée par un nouveau fort, celui de Chavaignac, qui ne laissera entre la digue et lui qu'un étroit passage. De la sorte les passes deviennent faciles à fermer par des barrages mobiles. Les forts et la digue seront renforcés par des ouvrages bétonnés, leur artillerie est remplacée par les pièces les plus puissantes ; il sera donc malaisé d'enlever Cherbourg de vive force, mais un ennemi audacieux pourra lancer des projectiles par-dessus la digue et atteindre l'arsenal et la ville, qui sont à deux et cinq kilomètres en arrière de l'immense jetée.

On a peine cependant à comprendre ces dangers. L'énorme muraille, les forts qui la couvrent, ceux qui barrent maintenant les anciennes passes, sont d'un aspect militaire si puissant ! Tant d'autres forts couvrent les hauteurs ! Hélas ! ces forts sont sans valeur aujourd'hui. Même le fort du Roule, sur sa haute falaise au pied de laquelle verdoie le jardin public orné du buste de J.-F. Millet, ne tiendrait pas contre un seul projectile moderne. D'ailleurs Cherbourg peut être facilement pris à revers, car à l'intérieur il n'est en aucune façon protégé[1].

Malgré tout, Cherbourg a un aspect militaire exclusif. Dans les rues, soldats de la ligne ou artilleurs, « mathurins » ou « marsouins », forment le principal élément d'animation. Sur les hauteurs, des forts ; au large, des forts encore ; en rade, des garde-côtes, des cuirassés, des torpilleurs. Cependant ce cadre guerrier a été choisi pour abriter le monument de ce pacifique esprit à qui nous devons l'*Angelus* et les *Glaneuses*. C'est une haute stèle de granit gris de Cherbourg. Au sommet, encadré de rameaux de chêne, se détache le buste de Millet, en marbre blanc. Quand les arbres, jeunes encore, auront formé rideau, la figure du vieux maître apparaîtra douce et reposée dans ce décor intime des collines de la Hague.

Au pied de la stèle, une paysanne debout, tenant dans ses bras un enfant, élève vers le buste une gerbe de fleurs. Ce groupe de bronze est d'une belle envolée : la femme en sabots, les reins ceints du tablier, est une des figures familières de Millet.

---

[1]. Nous ne voulons pas aborder ici cette grosse question de la défense du Cotentin, nous l'avons déjà traitée dans un autre livre : *Les Grandes Manœuvres navales et militaires de 1892*. Paris, librairie Rouan.

Elle semble sortir de l'imagination même du grand artiste. De l'autre côté de la stèle, une palette de bronze repose sur une saillie tourmentée de la roche. Une seule inscription :

A. J.-F. MILLET

1814-1875

SES AMIS — SES ADMIRATEURS

1892

Le monument avait été rêvé par Chapu ; celui-ci est mort avant d'avoir pu l'achever ; le sculpteur Bouteiller est l'auteur du groupe.

J.-F. Millet n'était pas de Cherbourg même, il est né à trois lieues de là, au village de Gréville, sur la route de la Hague, au-dessus des plages immenses d'Urville et de Landemer, dans un paysage des plus agrestes.

C'est à Gréville qu'il faut venir chercher le souvenir du pauvre grand artiste. Ici, au moins, on ne voit pas uniquement en lui l'auteur de l'*Angélus*, ce tableau millionnaire, dont les obsédantes reproductions en chromo sont le cauchemar des salles d'auberge. Et cependant, chez les paysans de Gréville, on sent encore percer cette admiration pour l'homme qui a fait manier tant d'argent. Au moment de l'inauguration du monument de

Millet à Cherbourg, je me rendis à Gréville. Je demandai :

— Où est la maison de Millet ?

— La maison de « monsieur » Millet, rectifia-t-on. Tournez à droite.

J'ai tourné à droite. La maison, maintenant restaurée, avec son toit d'ardoises, son pignon récrépi, sa façade bien nette, n'a rien pour évoquer le souvenir du peintre. Elle devait, jadis, ressembler à ses voisines : maisons basses, en granit d'un gris sinistre, percées de rares ouvertures, aux toits de chaume où poussent les mousses et la joubarbe. Mais un rosier noisette croît dans un angle de muraille et, sur la porte, une plaque de fonte nous apprend qu'

ICI EST NÉ

LE PEINTRE JEAN-FRANÇOIS MILLET

LE 4 OCTOBRE 1814

Ce coin de hameau est triste, presque lugubre, tant les maisons ruinées et les murs couverts de lierre donnent la sensation des choses mortes. Mais, au delà de l'étroite ruelle, le paysage est d'une grandeur sublime. Ces hautes terres du Cotentin, coupées par de profonds vallons que surplombent des roches énormes comme celles de

Castel-Vendon, ces ruisseaux clairs qui babillent de roche en roche, ces herbages bordés de murs couverts de frênes, de chênes, de charmes et de coudriers, ces beaux troupeaux de bœufs au poil lustré, ces femmes qui vont traire les vaches, en portant sur leur tête de grands vases de cuivre étincelant à la panse rebondie, ces paysans qui battent le sarrasin et en brûlent les tiges égrenées pour recueillir la cendre, ces autres qui fouillent le sol à la houe pour arracher les pommes de terre, puis la mer, en cette saison sombre et houleuse, cette vie rustique dans cette immensité, c'est tout J.-F. Millet.

On le retrouve plus encore ici, à Gréville, près des vastes et mélancoliques landes de la Hague, en face de cette humble église, grise et terne, couverte de feuilles de schiste d'un vert de mer, trapue comme pour mieux résister aux assauts du vent de *noroi*, si troublante dans son isolement au milieu du petit cimetière envahi par les herbes folles. Cette église de Gréville, devenue un pèlerinage pour les admirateurs de Millet, vous la retrouverez au Louvre, car elle a inspiré au peintre un de ses chefs-d'œuvre.

Le nom de Millet restera inséparable de cette admirable presqu'île de la Hague, où les grâces de la Normandie se mêlent aux aspects tragiques ou rêveurs. Il lui a valu la colonie de peintres installée près de Gréville, en vue d'un des plus beaux horizons de la côte, chez le frère de l'artiste, à Landemer.

Sur ce versant de la Manche qui regarde le nord, le vent d'ouest, arrêté par la haute presqu'île de la Hague, ne peut dévaster le pays, aussi la campagne est-elle fraîche et plantureuse jusqu'aux rochers de la côte. Mais plus loin, vers l'extrémité de la presqu'île, rares sont les points abrités ; cette partie de la Hague[1] est très étroite ; de mer à mer, dans la partie la plus rétrécie vers Beaumont, il y a six kilomètres à peine. Les Normands en avaient fait une sorte de forteresse absolument fermée, en y élevant un puissant retranchement dont les restes, aujourd'hui encore fort apparents, portent le nom scandinave de Hague Dick.

Ce retranchement a été fort habilement établi. A l'est de Gréville, il avait pour fossé la ravine profonde appelée rivière de la Sabine et se prolongeait par la crête de la presqu'île jusqu'au dessous d'Herqueville. C'est un talus haut de 6 à 7 mètres sur lequel une végétation arborescente

---

1. La Hague serait fermée à peu près par la vallée de la Divette, de son embouchure à la source, et par un ruisseau dont la source avoisine celle-ci en débouchant du côté opposé dans l'anse de Vauville.

a crû, faisant paraître le relief plus accentué encore. Ainsi retranchés, les pirates du Nord étaient à l'abri de toute surprise et pouvaient préparer en paix leurs expéditions ; de nombreuses anses abritaient leur flottille. Sur le territoire transformé de la sorte en un camp retranché analogue, mais bien plus vaste, à Calais et à Gibraltar aux mains des Anglais, huit communes se partagent aujourd'hui le sol[1].

La capitale de la Hague est en dehors du Hague Dick ; cette bourgade, qui a l'allure d'une petite, bien petite ville, s'appelle Beaumont-Hague. C'est une unique rue, large, bordée de maisons de granit assez propres. De là des routes se dirigent sur toute la péninsule. Beaumont est à 163 mètres au-dessus de la mer; des abords on commande une immense étendue de flots, mais la brume couvre fréquemment le plateau. En vue des îles anglo-normandes, le pays est dénudé, les rares bouquets d'arbres qu'on rencontre sont uniformément arasés et couchés par le vent d'est. Du côté opposé, dès qu'on a atteint la croupe appelée mont Pali, on descend en de charmants vallons, remplis d'eau courante et de prairies complantées de pommiers. Les criques sont autant de ports où s'abritent les

---

1. Voir la carte de la Hague, pages 104 et 105.

pêcheurs. Omonville est la plus importante de ces petites rades par le nombre de bateaux qui s'y réfugient. Plus vaste, bien arrondie, sauvagement belle avec sa grève de gros sable, ses hautes roches, ses récifs, est l'anse Saint-Martin. Cinq ou six vallons s'ouvrent sur ce petit golfe, tous ont un ruisseau bordé de hameaux. Il y a d'ailleurs beaucoup de maisons dans ces parages, de l'anse Saint-Martin à Auderville, c'est une immense rue.

Auderville est le dernier village. Il s'élève sur une colline dominant une verdoyante plaine de culture qui se termine vers la Manche par une ceinture de rochers prolongés en mer par d'autres récifs. C'est l'extrême pointe du Cotentin et de toute la Normandie, le cap de la Hague, annoncé à l'ouest par un phare superbe; son fût blanc se dresse sur la roche presque toujours ruisselante appelée le Gros du Raz. Au delà du phare surgit une île escarpée, dont le village central, les moulins et les hameaux se distinguent nettement. C'est une des îles anglaises de la Manche : Aurigny, portion perdue de la patrie française.

D'Auderville le grand chemin de la Hague monte en pente régulière jusqu'au village de Jobourg, mélancolique hameau bâti au milieu d'une lande haute de 180 mètres au-dessus de la mer ; le site serait lugubre sans le prodigieux panorama de la mer, des îles lointaines et de la côte harmonieusement dessinée qui relie le Nez de Jobourg au cap de Flamanville. Le « Nez » et le cap surgissent des flots comme des bornes colossales.

Le Nez de Jobourg est d'une grandeur tragique. Pour l'atteindre on traverse de pauvres hameaux, des champs séparés par de hautes murailles de pierre sèche, de profonds ravins, des débris de retranchements romains. On se trouve alors à 128 mètres au-dessus du flot, grondant au pied de roches déchiquetées, parfois surplombantes. Au sommet des falaises court un chemin vertigineux tracé par les douaniers. De là on voit la vague se briser contre le roc d'un noir livide ou fuser sur d'innombrables récifs à fleur d'eau. Parfois une lame pénétrant dans une cavité produit un bruit sourd comme une canonnade lointaine. De la crête au rivage descendent des sentiers d'une pente effrayante. Sur ces chemins s'ouvrent des grottes profondes, dans lesquelles les habitants du pays conduisent les visiteurs.

Mais ces cavernes, si curieuses soient-elles, n'auront jamais pour le promeneur l'attrait terrifiant du Nez de Jobourg aux jours de tempête, quand le flot, accouru de l'Océan par le raz Blanchart, vient se briser contre les rochers sombres et couvrir d'embruns la péninsule entière. C'est à ces heures-là qu'il faut visiter la lande et les falaises de Jobourg : elles atteignent alors en beauté sinistre les sublimes horreurs du raz de Sein et d'Ouessant.

# VII

## BAYEUX ET LE BESSIN

Bayeux. — La cathédrale. — La tapisserie de la reine Mathilde. — Campagne du Bessin. — Les pertes de l'Aure. — Port-en-Bessin. — Le champ de bataille de Formigny. — Trévières et ses beurres.

*Bayeux, février.*

Quand, après une excursion aux grandioses falaises de la Hougue, on revient dans les terres basses de Carentan et les prairies opulentes de la vallée de l'Aure, on a peine à croire qu'un si petit nombre de lieues sépare les deux régions. Cependant, on est toujours dans la même province, on n'a pas quitté la Normandie.

Les villes elles-mêmes diffèrent. Il y a loin entre Cherbourg à l'activité intermittente et Bayeux sans cesse endormie. Mais Bayeux, plus que toute autre ville normande, est le type de la cité religieuse, épiscopale et monacale. Elle semble comme figée à l'ombre de sa cathédrale. Rares sont les voitures et rares les piétons, aussi les petites industries s'exercent-elles à même la chaussée ; ce matin, dans la rue principale, des bûches d'ormes s'empilaient et les scieurs procédaient au débitage de ce bois en couvrant presque tout le pavé. Lentement, les magasins s'ouvraient.

Ce calme a bien sa douceur, il s'harmonise avec les vieux hôtels sculptés, sobres et sévères comme il convient à des survivants du grand règne, et les maisons de bois plus pittoresques dans leur fantaisie un peu débraillée, qui s'en vont de jour en jour. Mais le calme est saisissant surtout sur une petite place voisine du chevet de la cathédrale, où de vieux édifices délabrés et mornes à plaisir : le palais de justice et l'hôtel de ville, semblent enclore un platane gigantesque dont la ramure couvre la place. Au-dessus de l'arbre puissant monte la forêt de pierre de la cathédrale, les aiguilles de l'abside et la grande tour fouillée comme une pièce d'orfèvrerie. Des vols de corneilles jettent des cris rauques dans cette solitude. On a la sensation d'un monde à part, bien vieux déjà. Il y a dans Dickens plus d'une description évoquant un tel coin de ville.

La cathédrale est superbe ; à l'intérieur surtout, où l'effet est heureux des arcades romanes de la nef, ciselées, supportant les hautes fenêtres ogivales. Le transept a des colonnettes d'une grâce exquise.

Le chœur, avec ses grilles et ses stalles sculptées, est un des plus beaux de Normandie. Mais, dans ce vaisseau admirable, la lumière tombe trop blanche et crue : Notre-Dame de Bayeux ne possède pas de vitraux coloriés.

Les abords de l'église sont d'une impressionnante tristesse. Sur les trottoirs de l'évêché l'herbe pousse entre les pierres, les maisons voisines sont basses et sans apparence. En face du palais épiscopal, à la base de la grande tour, de beaux caractères gravés en creux au XIII° siècle, de nos jours peints en rouge, sont une épitaphe latine au moins étrange, celle, dit-on, d'Isabelle de Douvres, sœur d'un archevêque d'York, et dont la vie fut assez accidentée. Elle a été traduite ainsi :

> La vieille femme à maître Jacques
> Trépassa le beau jour de Pâques.
> Pour la fourrer ici dedans,
> En ce temps de réjouissance,
> Il nous fallut, malgré nos dents,
> Tronquer un repas d'importance ;
> Onc ne le pûmes achever,
> Dont deuil plus cuisant nous opile
> Que si nous avions vu crever
> Toutes les femmes de la ville.

Cette inscription, une des plus curieuses que nous ait léguées le moyen âge, est, en ce genre, unique à

Bayeux. Les autres, que l'on rencontre çà et là, sont de brèves notices consacrées aux gloires locales. Bayeux a le culte de ses morts et n'a laissé sans souvenir aucun de ses enfants parvenus à la notoriété.

Par les rues on remarque avec surprise de nombreuses enseignes anglaises. On ne le comprendrait pas, si l'on ignorait que Bayeux est un pèlerinage national pour nos voisins. La ville possède un monument historique du plus haut prix : la tapisserie ou plutôt la broderie de la reine Mathilde, longue bande de fine toile de lin sur laquelle la femme de Guillaume le Conquérant et les dames de sa cour ont retracé toute l'expédition qui fit tomber l'Angleterre aux mains des Normands. Cette histoire, plus glorieuse pour les chevaliers français de la suite du duc que pour les Anglais, est cependant devenue pour ceux-ci la véritable épopée nationale. A leurs yeux, la tapisserie de Bayeux est un document sacré, aussi accourent-ils chaque année, au nombre de 5,000 ou 6,000, visiter les salles du musée et la bibliothèque.

La tapisserie est longue de 70 mètres et haute de 50 centimètres ; mais les personnages, entre les bandes, n'ont guère plus de 25 centimètres de hauteur. C'est d'un art bien naïf et fruste, il n'y a aucune proportion entre les êtres et les choses ;

cela rappelle la conception primitive des enfants dans leurs tentatives de dessin, mais les figures sont très expressives. On apprend davantage ici en quelques minutes sur la construction, l'art naval, l'art militaire, les costumes, etc., de cette époque lointaine, qu'en de gros livres. Les nobles ouvrières ont mis une vie intense dans ces scènes en raccourci, on devine qu'elles étaient encore sous l'impression de cette conquête quasi fabuleuse.

La tapisserie de la reine Mathilde est malheureusement trop à l'étroit ; elle fait, à plusieurs reprises, le tour de panneaux où elle n'est pas toujours suffisamment éclairée.

Le musée où elle est installée est sur une vaste place plantée de beaux arbres et ornée d'une jolie fontaine ; il y a plusieurs coins de ce genre à Bayeux, où la municipalité s'efforce d'améliorer l'aspect général de la ville. Tout auprès est la fabrique de porcelaine dont j'ai parlé à propos des Pieux[1]. C'est une belle usine installée depuis tantôt un siècle et produisant uniquement la porcelaine dure allant au feu et les ustensiles de laboratoire. 80 ouvriers travaillent dans cet établissement, placé si loin des fabriques similaires.

---

1. Voir page 54.

Malgré la nature assez prosaïque des objets fabriqués, il y a une grande recherche d'art dans ces petits vases décorés de bleu.

En somme, on peut passer quelques heures agréables dans cette ville calomniée et présentée comme ennuyeuse — peut-être par sa faute, car elle n'a pas su tirer parti de sa situation en reliant la gare à la cathédrale par une large avenue traversant les prairies; elle semble perdue et boudeuse au voyageur qui l'aperçoit en passant.

La vogue lui viendra quand un chemin de fer la reliera à la côte de Port-en-Bessin aux tragiques falaises. On pourra plus facilement alors pénétrer dans une campagne simple mais heureuse, pays de petits vallons et de grandes prairies, où l'on rencontre cependant une des grandes curiosités géologiques de la France : les pertes de la rivière d'Aure.

Déjà les visiteurs sont assez nombreux chaque été, mais l'esprit non prévenu trouverait difficilement à s'émerveiller. Pourtant les « gouffres » sont plus impressionnants que ceux de la Tardoire et du Bandiat en Angoumois, rivières plus abondantes.

On s'y rend par la route de Port-en-Bessin, plantée de grands arbres, courant au milieu de vastes pâturages entourés de « fosses », complantés d'ormes et de frênes dont les rangées successives finissent par donner au pays tout entier l'aspect d'une forêt sans fin. Cette route ne suit pas l'Aure, elle se dirige vers la vallée de la Dromme et l'atteint près de Sully. Elle court à mi-coteau, parmi de vastes cultures et de plantureux herbages ombragés de pommiers. Brusquement on tourne pour prendre un chemin bordé d'ormes centenaires et conduisant au village de Maisons, près d'un beau château. Le pays tout entier est semblable à un parc.

La Dromme atteint l'Aure, dont elle triple le débit, et, presque aussitôt, par d'invisibles fissures, dans des bassins où l'eau tournoie lentement, l'eau de la rivière s'enfuit sous le sol. Le phénomène se produit sans bruit ; peu à peu les eaux diminuent, deviennent un mince ruisseau, puis un filet imperceptible et, soudain, plus rien...

Ces pertes de l'Aure s'appellent « fosses ». Elles s'ouvrent au sein d'une solitude étrange : la rivière en ses crues a fouillé le sol, l'a coupé en ravins, en cirques, en petits abîmes. Ces fissures et ces cuvettes, en ce moment remplies de débris de paille, de feuilles sèches et de brindilles apportés par les eaux, sont autant de gouffres, de « bétoires », comme on dit ici, par lesquels fuit la rivière. Une herbe épaisse croît dans ces bétoires, en cherchant bien entre les touffes, on découvre la roche fissurée.

De grands arbres, des roseaux, d'autres plantes aquatiques, des broussailles épaisses bordent tous ces canaux et ces bassins, en ce moment sans emploi, mais qui absorberont l'eau des prochaines crues. L'Aure conserve encore un peu d'eau dans le chenal principal, elle roule sur un fond de sable où elle disparaît avant d'avoir atteint l'extrémité de la fosse, sorte de vaste bassin au-dessus duquel se rencontrent les routes de Trévières et de Port-en-Bessin. Dans le fond on distingue fort bien les orifices où s'engouffrent les courants d'inondation. Ces « fosses de Soucy » produisent une impression plus grande que celles des rivières d'Angoumois dont j'ai parlé tout à l'heure. Ces fissures ouvertes dans des roches apparentes paraissent naturelles, mais dans ces grasses campagnes normandes, la perte d'un cours d'eau abondant semble une traîtrise.

L'Aure souterraine forme deux bras : l'un, peu abondant, renaît dans les prairies à moins d'un quart de lieue. L'autre, le plus considérable, coule sous terre pendant trois kilomètres pour aller former d'abondantes sources au pied des falaises de Port-en-Bessin.

Je vais à la mer pour voir sortir la rivière après sa promenade mystérieuse. La route, maintenant, monte sur un coteau couronné par le hameau

d'Escures et redescend dans une campagne cultivée, en vue de collines aux pentes douces finissant en falaises sur la Manche. On gagne ainsi une rue droite, bordée de maisons sans caractère, et l'on aboutit près d'un étroit bassin rempli d'embarcations de pêche. C'est Port-en-Bessin.

Le village, tapi au fond d'une coupure des falaises, fait face à un port fermé de puissants môles de granit et ouvert sur une fissure, la « Boucle-de-Port », large de 120 mètres, longue de 400 mètres, creusée à travers les rochers plats de la côte. C'est un bel ouvrage offrant un excellent abri aux petits navires, mais assez peu fréquenté. Les quais sont larges et commodes.

Des jetées on a une vue étendue sur le rivage formé de gros galets et dominé par de noires falaises. Celles-ci manquent de beauté, les coulées de terres gazonnées qui se dessinent sur leurs flancs escarpés les rendent hargneuses et tragiques. Il en est peu de plus sauvages.

Hélas! la mer est haute, les fissures par lesquelles s'échappe l'Aure souterraine sont invisibles, la mer monte au-dessus. Cette mer, aujourd'hui, sous le vent froid et humide, est triste et grise. Elle doit être mauvaise au large, car les pêcheurs sont presque tous là, groupés sur le port. Les enfants reviennent de l'école, les garçons se bourrant, les petites filles poussant des cris perçants. Les grands-pères et les papas, qui sont rarement à terre à cette heure, vont à leur rencontre. Un vieux marin au visage basané, orné d'anneaux d'or aux oreilles, tient par la main deux fillettes roses et frêles. Le brave homme paraît ravi de ramener ainsi les enfants à la maison.

Par ce temps morose, Port-en-Bessin est vite visité ; la côte où siffle le vent âpre n'inspire guère le désir de la parcourir. Je voulais cependant gagner Formigny par le sommet des falaises : je reprendrai la vallée de l'Aure.

Il ne faut pas regretter d'avoir changé mon itinéraire, je n'ai point vu les valleuses de Colleville et les plages de Vierville, mais j'ai parcouru un exquis pays pastoral. On retrouve la fosse de Soucy et bientôt, entre des prairies très vertes, on voit de nouveau se former l'Aure par des sources et par des ruisseaux descendus des coteaux. La vallée est bien dessinée et creusée, ses flancs sont couverts de cultures, le fond est de prairies entre lesquelles se tord un cours d'eau étroit et lent : l'Aure inférieure. Dans les prés les vaches sont nombreuses ; des ânes y descendent portant, entre deux *canes* de cuivre, une jeune fille ou une femme allant faire la traite, d'autres rapportent au village le lait recueilli.

La vallée se fait de plus en plus plantureuse, les prés sont plus verts, le bétail plus abondant. Autour d'Étreham, village minuscule, c'est de l'opulence. Le site est rendu fort beau par l'église dont la flèche est une des plus belles du Bessin.

Les hautes baies de gothique normand sont ici d'une grâce idéale. Cette église d'un village ignoré est une pure merveille.

Maintenant l'Aure décrit de multiples contours au milieu d'un large bassin, bien cultivé, couvert de pommiers. A mi-côte, dans les arbres, le village de Russy domine ce riant paysage. L'Aure inférieure est encore peu abondante, c'est un étroit fossé bordé de saules; la prairie est marécageuse, coupée de canaux d'où sortent des filets d'eau qui, peu à peu, grossissent la rivière.

Le chemin se tient à mi-coteau; de là on juge fort bien le Bessin: pays de culture sur les parties hautes, très herbu dans les parties basses. Cependant, même sur le plateau, il y a de grasses prairies, mais plantées de pommiers. Le système de culture est encore barbare: il n'y a pas un champ où le blé ait été semé au semoir et les tigelles naissantes sont peu fournies.

Certaines parties de la vallée, plus sinueuses et profondes, avec leurs petits ravins remplis d'arbres, forment un joli décor; les animaux qui paissent dans les prés, les petites caravanes de trayeuses, revenant des herbages, donnent beaucoup de vie au tableau. Ces grosses filles rougeaudes montent fort lestement sur leur âne en se servant d'une borne ou d'un talus.

Une haute et belle église apparaît, une tour lance deux étages d'ogives au-dessus d'une porte à arcature romane. C'est encore le pur style normand d'une grâce si puissante, mais ces deux étages superposés n'ont pas l'élégance des hautes baies d'Étreham. Nous sommes à Formigny, un des plus illustres villages de France : il vit, le 15 avril 1450, la dernière bataille de l'interminable guerre livrée à la France par l'Angleterre. Le bourg même de Formigny n'a conservé aucune trace de cette journée glorieuse. A une courte distance, au bord d'un ruisseau, à l'entrée d'un pont franchi par la route de Cherbourg, est une charmante petite chapelle gothique, érigée à « Monsieur Sinct Loys, chef et protecteur de la couronne de France », en 1486, c'est-à-dire 36 ans après la bataille, par Jean, duc de Bourbon, comte de Clermont, qui avait dirigé les troupes françaises sous les yeux du connétable de Richemont ; ce jeune prince n'était pas encore chevalier, il fut armé sur le champ de bataille après sa victoire. Le précieux petit édifice est fermé, aucune inscription n'en indique l'origine. Un peu plus loin, sur la route, une borne haute de 2 mètres, très massive, a été érigée par le grand archéologue normand Arcisse de Caumont ; une inscription rappelle cette glorieuse journée où l'Anglais fut définitivement expulsé du sol national, mais la pierre est de mauvaise qualité, elle s'effrite et l'on a peine à retrouver quelques mots. On ferait bien de rétablir ces inscriptions rappelant au passant oublieux une des plus grandes journées de notre histoire.

Rien de guerrier dans le site où s'élève l'humble monument, des herbages clos, des haies, la vue bornée. L'aspect des lieux a dû bien changer depuis le moment où le connétable vit engager sous ses yeux les « batailles » de l'amiral de Coitivy, de Jacques de Chabannes, du bâtard de la Trémouille et d'autres chevaliers qui tuèrent ou prirent 6,000 Anglais. Les Français qui venaient d'achever l'œuvre de Jeanne d'Arc couchèrent sur le champ de bataille à Formigny et à Trévières.

Ce dernier bourg est à une petite distance. J'y suis allé déjeuner. Le chemin traverse des champs cultivés où paissent de nombreux moutons, mais par têtes isolées; il n'y a point de troupeaux dans cette contrée. Bientôt on descend rapidement; la vallée de l'Aure est ici profonde et l'on atteint la rivière au point même où les collines s'écartent pour former l'immense plaine de pâturages de l'Aure inférieure aboutissant à Isigny. L'Aure, accrue par tant de fontaines, est claire, limpide et abondante. Aussitôt commencent les maisons de Trévières, entourées de hauts bûchers de bois d'ormes en forme de tourelles, c'est le combustible du pays ; en cette saison on abat presque partout les arbres des fossés ou *hauts-bords* pour faire du bois d'œuvre, les souches et les grosses branches seront brûlées.

Trévières n'a pas grand caractère, c'est un gros bourg, propre et riche ; les magasins les plus vastes sont des quincailleries où brillent les flancs rebondis des canes de cuivre destinées à recevoir le lait. Devant une boutique de rétameur il y a par douzaines des canes bosselées, mais luisantes, où l'étain de soudure a mis des taches d'un blanc mat. Nous sommes ici dans la capitale du beurre : Isigny en est le port.

Les fermières du Bessin sont justement fières de leurs beurres ; elles apportent à sa confection une propreté et des soins minutieux auxquels elles attribuent pour une grande part la qualité du produit. Aussi ont-elles refusé énergiquement l'emploi des écrémeuses centrifuges pour s'en tenir à la vieille méthode de l'écrémage sur les vases de terre brune fournis par les poteries du Tronquay. Elles semblent bien avoir raison, puisque leurs beurres délicats et parfumés obtiennent toujours un prix supérieur à celui des beurres produits par les machines qui font monter la crème en faisant faire au lait 6,000 tours à la minute.

L'industrie n'en reste pas pour cela stationnaire ; par un choix de bons reproducteurs empruntés surtout à Jersey, par la création d'un *Herd-book* donnant la généalogie de tous les animaux de race, on arrive à obtenir des vaches laitières de premier ordre. Certes on n'a pas poussé les choses au même degré qu'à Jersey, où l'on interdit absolument le mélange des races, au point que tout animal de race bovine introduit dans l'île doit être abattu dans les 24 heures ; on ne cite pas de taureaux du Bessin vendus de 6 à 8,000 fr., même 30,000 fr. en Australie, comme en signalent avec orgueil les Jersiais, mais peut-être verra-t-on des animaux de choix, inscrits au *Herd-book*, atteindre les prix de 2,000 à 2,400 fr., obtenus par Jersey pour certaines vaches laitières.

Dans le Bessin tout l'effort a donc porté sur l'amélioration de la race des vaches laitières, on a conservé les méthodes de préparation. De même qu'on repousse les machines, on n'a pas voulu adopter le système de refroidissement du lait en usage dans les pays scandinaves, qui donne un beurre de conservation plus facile, mais moins aromatique et partant bien moins savoureux.

Trévières est au cœur même des grands herbages; des abords de son église, dont la haute tour est fort belle, on a une vue ravissante sur les grands prés remplis de vaches rousses ou blanches tachetées de roux. Ces animaux ne vivent pas à l'étable, les arbres des hauts-bords et les talus des fossés les abritent l'hiver contre les vents froids, l'été contre le soleil. On vient les traire dans ces beaux herbages où se passe leur ruminante vie.

Malgré la saison, il fait un clair soleil; la température, si âpre ce matin à Port-en-Bessin, s'est adoucie. C'est une joie de rentrer à Bayeux par les campagnes verdoyantes. Déjà, à l'abri des fossés, des violettes et des primevères ont fleuri. Autour des maisons de la route, encadrant les jardins, d'épaisses haies de buis bien taillées, ayant la forme et la hauteur d'un mur, parfois 3 mètres d'élévation, abritent des vents. Les clôtures de buis sont la caractéristique du paysage jusqu'aux abords de Bayeux.

Partout on abat des ormes. Ces arbres des herbages sont d'un grand produit et jouent un rôle considérable dans l'économie domestique du pays. Sur 20 affiches relevées sur les murs ou sur le tronc des gigantesques peupliers bordant la route, 15 annoncent la vente d'arbres sur pied ou de bourrées. C'est d'ailleurs le pays des arbres d'alignement, les châteaux ont des avenues merveilleuses.

Les maisons isolées et les villages sont fleuris. A toutes les fenêtres des plantes vertes et de grands géraniums remplissent parfois la baie ; en de minuscules parterres, près des portes, des pervenches, des crocus et des anémones chantent le printemps prochain. Toute cette richesse, cette joie, ce confort et cette gaîté sont dus aux belles vaches rousses alignées dans les herbages où elles élaborent le lait riche en crème qui, converti en beurre, donne 70 millions chaque année au Calvados.

## VIII

### LA CAMPAGNE DE CAEN

Caen. — L'Athènes normande. — Monuments et commerce. — L'élevage. — Visite dans la plaine de Caen. — La splendeur du colza. — Éleveurs et militaires. — Les foires à chevaux.

*Caen, février.*

Caen est une de ces cités où l'on revient toujours avec plaisir. Il en est de plus vastes, il en est peu de plus noble aspect, où l'on devine davantage l'intensité de la vie intellectuelle et de la vie matérielle. J'ai relevé pendant mes passages successifs, depuis un mois, les noms d'Yves Guyot, Brunetière et Larroumet comme conférenciers appelés à entretenir le public d'élite de cette petite Athènes normande. Sur le port j'ai vu un incessant mouvement de marchandises : navires à voiles et à vapeur, trains de charbons et de minerais, piles de céréales, fûts de vin et d'eau-de-vie donnent aux bassins une activité bien faite pour surprendre ceux qui ignorent le rôle commercial de Caen.

Malgré le percement de rues et de boulevards réguliers, la ville ne s'est guère modifiée. Les anciennes voies où le Moyen Age, la Renaissance et le grand siècle ont successivement créé des édifices civils, pittoresques ou majestueux, sont demeurées l'âme même de la cité. Tout le mouvement s'y porte, les rues Saint-Jean et Saint-Pierre surtout sont particulièrement animées ; la plupart des constructions ont conservé le caractère des siècles passés, hauts pignons, sculptures malicieuses, lignes d'une élégance sévère. Ce n'est pas une médiocre surprise de trouver à la base de ces maisons les luxueux magasins modernes et de voir circuler la foule un peu terne de cette fin du xix° siècle.

A chaque pas apparaît un monument digne d'admiration. Les églises de Caen forment, dans cette Normandie si riche en beaux édifices religieux, un véritable musée architectural. L'abbaye aux Hommes, si triomphale dans sa gravité élégante, avec ses hautes et sveltes flèches ; l'abbaye aux Dames, malgré ses tours découronnées ; Saint-Pierre, où l'art normand, un peu austère, s'est assoupli au contact de l'ogive flamboyante, dressant sa forêt de pyramidions dentelés et sa tour ajourée ; Saint-Jean, Saint-Gilles, en partie détruite ; l'église du faubourg de Vaucelles ; Saint-

Nicolas, au chœur roman, seraient partout considérés comme des chefs-d'œuvre. Et que d'au-

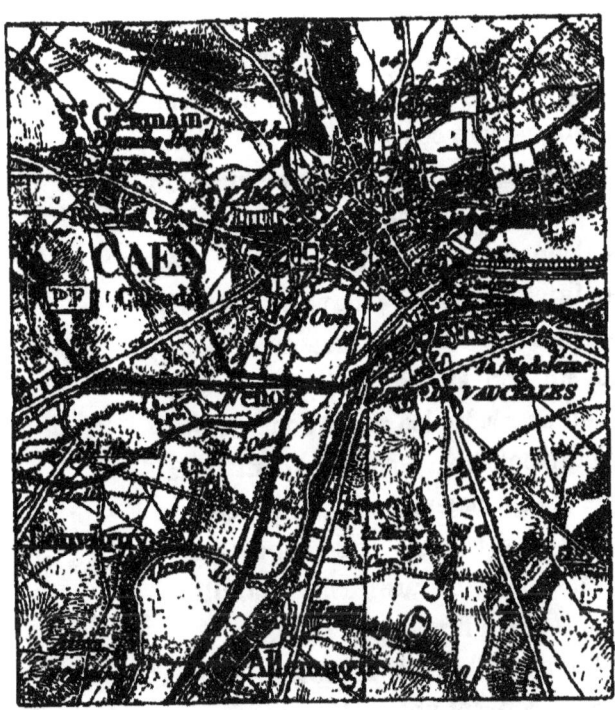

tres édifices dont les débris méritent encore l'attention !

A ses monuments, à ses hôtels particuliers, à la fantaisie même de la voirie, Caen doit le charme qui ramène le voyageur. Jusque dans les quartiers modernisés les édifices publics et privés ont un caractère artistique assez rare de nos jours. On devine ici un goût sûr, puisé dans les traditions séculaires d'une ville universitaire et active. Dans le partage des attributions administratives d'une grande et riche province, Caen a conservé son rôle intellectuel. Sa vieille université, si florissante jadis et dignement continuée de nos jours, a conservé son influence, malgré le voisinage de Paris; même elle subit un mouvement ascendant qui assure à Caen une prospérité nouvelle, c'est un des foyers intellectuels les plus puissants de la province. L'Université de Caen, rajeunie et florissante, dont un écrivain caennais, M. Guerlin de Guer, a bien su rendre les aspirations[1], a pris possession d'un palais bien aménagé, dont la façade est digne de la majestueuse cité; c'est un des monuments modernes de France qui méritent des éloges, et ils sont rares dans nos villes. Peut-être n'est-il pas suffisamment isolé.

Le site de Caen serait plutôt monotone sans la rivière d'Orne, découpant une vallée très large et très verte au sein de la plaine immense et sèche. Ses eaux et celles de l'Odon vivifient d'immenses prairies entourées d'allées superbes et sur lesquelles l'œil se repose avec plaisir. Ces prairies,

---

1. Préface du volume *Caen et le Calvados*, publié pour le Congrès de l'avancement des sciences.

ou plutôt « la » prairie de Caen, sont un peu l'âme de la ville comme elles en sont la gaîté. Là, chaque année, ont lieu les courses célèbres dont le rôle est si considérable pour ce pays d'élevage. Elles attirent à Caen un public plus passionné et plus nombreux que ne peuvent le faire les monuments et les collections cependant remarquables de la vieille cité.

Caen n'est pas une ville industrielle. Rares sont les cheminées d'usines au-dessus de la masse de ses toits ou dans ses faubourgs, mais elle tend de plus en plus à devenir une ville maritime ; sa position à l'intérieur des terres, à une faible distance du bassin de la Loire, dans le voisinage de centres manufacturiers dont elle est le port naturel : Falaise, Le Mans, Condé-sur-Noireau, Flers, La Ferté-Macé, Laval et Mayenne, au cœur d'une vaste région agricole, lui assure un rayon d'action dans lequel elle ne peut être concurrencée. Sa prospérité tient, d'ailleurs, à une bonne fortune bien rare en France : Caen possède un fret de retour assuré dans des mines de fer très riches situées à peu de distance dans la vallée de l'Orne. Ces mines envoient annuellement 120,000 tonnes sur les quais de Caen, dont 10,000 de Saint-Rémy. L'Angleterre, l'Allemagne, le nord de la France viennent s'approvisionner dans le Calvados. Ce simple fait que l'on a su chercher et trouver des débouchés pour les minerais indique un sens réel des affaires.

Ces minerais et les charbons venant d'Angleterre sont pour le port de Caen le principal élément d'activité.

Caen atteint déjà un mouvement de 500,000 tonnes, moins par l'Orne, simple rivière à marée, navigable seulement à haute mer, que par le canal maritime débouchant à Ouistreham. Mais ce canal, bien suffisant lorsqu'il a été construit il y a cinquante ans, ne peut plus faire face aux besoins de la navigation moderne dotée de grands navires à vapeur. La profondeur de 5$^m$,50 interdit une progression plus grande. Aussi, va-t-on entreprendre bientôt des travaux assurant un tirage constant de 6 mètres. Caen possédera alors des avantages presque semblables à ceux de Rouen ; mais il lui manque encore une voie navigable la reliant au bassin de la Sarthe et de la Mayenne, où la navigation s'est maintenue.

Cette prospérité de Caen est due à sa « campagne », c'est-à-dire à la vaste plaine comprise entre Falaise et la mer, les vallées du pays d'Auge et les herbages plantureux du Bessin, terroir agricole d'une richesse énorme, moins par ses productions que par l'élevage du cheval entrepris avec une science parfaite et pour lequel on a aménagé le sol en faisant de la culture la collaboratrice de l'élevage.

Bourguébus, février.

Je suis venu dans la plaine près de la minuscule bourgade de Bourguébus, chef-lieu d'un canton, pour étudier cette organisation si particulière de l'industrie agricole.

Doucement le jour se lève sur des champs sans fin, où la teinte fauve des guérets se détache en damier sur le vert profond des moissons naissantes. Peu d'arbres ; çà et là des bouquets d'ormeaux sous lesquels s'abritent les maisons de villages petits et rares, maisons de pierre d'un jaune grisâtre, couvertes de pannes d'un rose passé, dominées par les flèches élégantes de belles églises. Ce paysage sans prairies, sans ruminants, sans pommiers, c'est pourtant la Normandie, mais on se croirait plus près de la Beauce que des verdoyantes vallées du Bessin et du pays d'Auge.

Les routes allongent tout droit, vers de confus horizons, leur sillon rouge, le grès dont elles sont empierrées prend une teinte de brique. Elles s'animent par l'arrivée des attelages conduisant les charrues et les herses sur les terres. Une vieille jument ou un solide percheron, un ou deux jeunes chevaux, superbes de vigueur, de santé et d'ardeur, forment un groupe assez disparate, mais c'est la raison d'être de ces champs dégarnis d'arbres où s'étendent sans cesse les labours et les blés verts, ou, l'été, les damiers jaunes de colza, blonds de moissons ondulantes et roses de sainfoin au tendre incarnat.

Cette « campagne de Caen », malgré son manque d'eau courante et de fontaines, n'est cependant pas rebelle à la végétation herbagère ; elle eut jadis de belles prairies complantées de pommiers ; des haies d'ormes, de chênes et de frênes ont surmonté, là aussi, les hauts talus appelés « fossés » ; mais peu à peu les arbres ont disparu, les fossés ont été nivelés, les herbages ont été remplacés par les cultures qui permettaient d'élever et de dresser les jeunes chevaux. Il fallait à la fois donner à ces animaux un travail facile, incapable de les blesser, et leur assurer en été la nourriture verte. L'ameublissement annuel du sol, pour la culture du colza et des céréales, et la culture du sainfoin, ont résolu le problème.

Le colza surtout. Avant la découverte et l'emploi du pétrole, avant la mise en valeur des richesses oléagineuses de l'Afrique occidentale et l'utilisation de la graine de cotonnier, le colza était en possession d'un véritable monopole. On pouvait donc le cultiver avec des chances de rémunération superbe; il ne demandait que des labours peu profonds et un hersage, c'est-à-dire le travail sans grand effort pour les jeunes chevaux de trait léger. Il nécessitait un assolement qui assurait la culture du sainfoin indispensable à la mise au vert des animaux. Toute la plaine de Caen, de Falaise à la mer, s'est vouée à cette culture; pour lui faire place, les arbres et les prairies ont disparu. La « campagne » est devenue le pays monotone qui environne la noble ville de Caen. Ce fut une époque de prospérité sans pareille. On parle encore avec admiration et regret de l'année 1854, où l'on cultiva en colza 30,000 hectares qui produisirent 1,200,000 hectolitres, valant de 38 à 40 fr. 50 millions entraient alors dans la poche des fortunés habitants de la plaine. Mais les huiles minérales d'Amérique et du Caucase, et les huiles végétales exotiques sont venues sur le marché; le colza a été abandonné; même dans la campagne de Caen le pétrole l'a supplanté. Aujourd'hui le colza vaut à peine 17 fr. l'hectolitre; il ne paie pas la culture, on l'a abandonné pour le remplacer par le blé. Mais cette céréale n'est pas une plante sarclée et ne permet pas de préparer aussi bien le terrain pour les semailles du sainfoin ; elle demande des labours plus profonds, c'est-à-dire, pour les chevaux, une dépense de force qu'on ne saurait exiger des animaux de demi-sang dont l'élevage est la grande industrie de la plaine.

Il y a donc malaise profond et persistant dans ce riche pays ; la main-d'œuvre trouve moins à s'employer ; en même temps la dentelle mécanique de Calais enlève aux femmes du Calvados un travail jusqu'alors assez rémunérateur, en supprimant à peu près la dentelle à la main. Cependant, l'élevage du cheval a permis à la contrée de supporter cette diminution dans sa fortune ; ce n'est plus la richesse puissante d'autrefois, mais c'est encore l'aisance pour les éleveurs.

Or, cette aisance, les éleveurs la croient menacée. Ils ont tout sacrifié à l'élevage du demi-sang, ils ont en quelque sorte approprié le sol aux besoins de l'animal. Si l'on cultive la terre sous un climat où l'humidité ambiante suffit à donner de plantureux herbages, c'est pour pouvoir peu à peu, par les façons à donner au sol, accoutumer l'animal au travail. Ils le livrent ensuite soit à la carrosserie, soit, pour une grande part, à l'armée où cette race de trotteurs fait cependant un cheval de guerre excellent, résistant et rapide.

Jusqu'ici la remonte s'en était contentée, mais

un vent nouveau souffle de ce côté; le demi-sang ne suffit plus, on réclame sinon déjà le pur-sang, au moins un trois-quarts de sang.

Le signal de la croisade a été donné à Caen par un rapport du colonel de Witte, commandant la circonscription de remonte, adressé au conseil général. Cet officier supérieur, après avoir constaté les merveilleuses qualités du sol normand pour l'élevage, « produisant la taille, les os et les muscles », lui reproche de rendre le cheval un peu lymphatique et surtout, par éducation et par atavisme, plus enclin à trotter qu'à courir. Or, selon le colonel, « il faut désormais à la cavalerie un cheval de galop, un cheval type de selle avant tout, avec cette triple obligation à remplir, qu'il doit être tout à la fois un animal apte à résister, apte à porter, apte à courir... »

Et M. de Witte précise ainsi le type du cheval de guerre à *fabriquer* : « Une machine de vitesse, d'un maniement facile, apte à résister, apte à s'alimenter rustiquement et apte en même temps à fournir sans essoufflement 5 à 6 kilomètres de galop soutenu sous un poids d'environ 120 kilogr. et à raison de 400 à 500 mètres à la minute. »

Pour obtenir ce résultat, il faut, selon le colonel, établir des courses de demi-sang au galop. Il laisse deviner surtout qu'il faut modifier la race en changeant les producteurs. C'est là ce qui a soulevé en Normandie une émotion profonde, non seulement chez les éleveurs de la plaine de Caen, mais aussi chez les producteurs de poulains de la Manche, du Bessin, du pays d'Ange et du Merlerault. Dans ce pays si calme, l'agitation est grande à cette heure. On se l'expliquera par le chiffre des achats de la remonte : sur 12,000 chevaux demandés chaque année par l'armée, 6,000 sont fournis par l'Ouest, dont 2,000 à 3,000 par le seul Calvados. Le département a une telle importance à ce point de vue que l'administration alloue chaque année une somme de 74,900 fr. à titre de subvention aux courses sur les hippodromes de Caen, Deauville, Cabourg, Pont-l'Évêque, Vire, Courseulles et Lisieux et aux concours de pouliches et de poulinières. De son côté, la Société du demi-sang prélève sur son budget, dans le même but, 86,600 fr.

Tout avait donc tendu jusqu'ici à produire le demi-sang ; pendant ces vingt dernières années surtout, on s'était efforcé d'amener la plaine de Caen à fournir cette race. Aujourd'hui on vient dire aux éleveurs : Il y a erreur ; ce n'est pas ce cheval que nous demandons, il faut un type nouveau : le trois-quarts de sang, plus apte à galoper qu'à trotter.

Il est bien évident que, pour ce produit nouveau, il faudra une éducation nouvelle ; le petit éleveur qui emploie pendant deux ans le jeune cheval à ses travaux des champs craint de ne pouvoir élever un animal à qui l'on demande des qualités s'accommodant mal avec le labour de la ferme. Le travail paie la nourriture de l'élève ; si celui-ci cesse d'être utilisé, il faudra le nourrir sans compensation ; même en le vendant plus cher à la remonte, rentrera-t-on dans les débours ?

Voilà le fond de l'agitation soulevée par le rapport du colonel de Witte; il m'a paru intéressant d'interroger à ce sujet les éleveurs. J'en ai vu quelques-uns dans cette excursion ; mais combien il est difficile d'obtenir des renseignements ! Le paysan normand est madré et réservé, il faut l'observer et deviner ce qu'il pense ou ce qu'il cache derrière ses réticences.

J'ai eu la bonne fortune d'être accrédité auprès d'un des hommes qui connaissent le mieux ces questions, ses succès dans l'élevage du demi-sang font autorité : M. de Basly, dont les écuries de Cresserons sont célèbres dans la plaine de Caen. Il m'a montré des animaux comme *Opérateur* ou

*Obole*, le trotteur le plus célèbre du monde entier. Oh! l'admirable bête, fine, bien découplée, pleine de feu! On comprend que les Normands soient fiers de tels produits et les croient capables de rendre à notre cavalerie des services au moins égaux à ceux des animaux de pur sang. D'ailleurs ne citent-ils pas *Kiolo*, ce trotteur vendu 1,020 fr. parce qu'il était fatigué et qui est arrivé premier dans vingt steeple-chases militaires?

M. de Basly n'a pu me montrer les chevaux au piquet. Ce spectacle, trait caractéristique de la campagne de Caen, se voit seulement en mai, juin et juillet. Alors les jeunes chevaux n'ayant plus à travailler sont attachés par des chaînes dans les champs de sainfoin, de trèfle ou de seigle et, régulièrement alignés, chacun tond du pré la longueur de sa chaîne; le lendemain on donne un autre emplacement et ainsi, pendant trois mois, jusqu'au moment où l'on aura besoin de l'animal pour transporter les moissons à l'aire, il vit dans les prairies artificielles, grâce à l'absence de taons qui rendent si dure l'existence des chevaux dans certaines contrées, l'Est par exemple.

Un dixième des éleveurs produisent le cheval de grand prix; une partie de leurs produits vont à l'administration des haras, d'autres sont vendus comme chevaux de luxe pour le trait léger, une dernière partie de cet élevage est destinée à fournir les chevaux de troupe.

Ces derniers sont élevés par les neuf dixièmes des cultivateurs de la plaine de Caen. On les achète tout jeunes, à six ou huit mois, et, dès deux ans ou deux ans et demi, on les fait travailler. Jadis, tous les achats se faisaient dans les foires, surtout à la Saint-Floxel, à Montebourg et à la Saint-Côme, à Carentan. D'autres foires étaient fréquentées : Argences, Le Pin, Saint-Lô, Avranches, Le Mesle ; Brix, entre Valognes et Cherbourg ; Gavray, Bayeux, Saint-Denis-au-Pin, Mortagne, où la foire aux poulains pour le « troupier » est encore courue ; mais les facilités de communication par voie ferrée ont beaucoup réduit l'importance de ces grands marchés, les éleveurs vont directement chez les producteurs pour faire leurs achats.

Ce cheval « troupier » élevé dans la plaine étant en âge d'être vendu, est alors offert à la remonte. Ici naissent les plaintes. Si l'on en croit les éleveurs, les officiers refusent trop de chevaux, il faut accepter les offres des maquignons. Et — c'est toujours l'éleveur qui parle — ce même cheval est pris par les officiers à très bon prix.

On devine les insinuations et les clignements d'yeux. Pour l'éleveur, il n'y a pas de doute :

l'officier et le maquignon s'entendent, moyennant un pot-de-vin le cheval est vendu. C'est une injure absolument gratuite. Quelques éleveurs me semblent plus près de la vérité en accusant du mal l'indifférence du propriétaire pour la toilette de l'animal et la tendance des officiers à juger les chevaux sur l'état de leur robe et de leurs crins. Un paysan en veine de confidence disait à ce sujet dans le compartiment de chemin de fer où nous voyagions de conserve, près de la Délivrande.

— Voilà : j'amène mon cheval au trottoir (remonte), l'officier acheteur me le refuse. Je vais voir le maquignon dans la plaine, il me paie la bête 800 ou 900 fr., et le surlendemain j'apprends qu'il l'a revendue 1,400 fr. au même officier.

Dame, j'étais pas content; je suis allé voir l'officier.

— Et que vous a-t-il dit?

— Aussi, vous m'amenez un cheval en mauvais état, bourru, payant pas de mine! Bouchonnez-le, étrillez-le, *avoinez-le* et nous le paierons ce qu'il vaut.

— Ça c'est de la plaisanterie, que j'ai dit : On vous donne un pourboire.

Mon Normand ne nous a pas fait connaître la riposte de l'acheteur.

En réalité, les brillants officiers détachés aux achats ne semblent pas toujours des connaisseurs pour ces animaux encore jeunes dressés aux légers travaux de la ferme et n'ayant point subi la selle. Ils ont comme type idéal le cheval de vitesse dressé, soigné, brillant d'allure, ils ne peuvent le deviner sous la chrysalide sortie de la plaine. Le maquignon le sait, il leur présente le cheval de leurs rêves. Un fonctionnaire qui a étudié de près ces mœurs commerciales voulut un jour connaître l'avis d'un marchand de chevaux sur un nouveau commandant de remonte :

— Qu'est-il votre nouveau colonel ?

— Oh ! c'est un parfait honnête homme !

— Ça, je le sais ; mais connaît-il les chevaux ?

C'était une question trop précise à l'adresse d'un Normand, aussi le maquignon reprit-il :

— Oh ! c'est un bien brave homme !

Le fonctionnaire insista :

— Enfin, connaît-il les chevaux ?

Et l'autre, tout bas :

— Non !

Par là, évidemment, le marchand faisait allusion au cheval non dégrossi, et ne voulait pas parler de la bête dressée que le cavalier sait apprécier.

On comprend maintenant, étant données les

méthodes d'achat, d'élevage et de vente qui ont cours dans la plaine de Caen, combien serait inquiétant pour le pays l'abandon du cheval de demi-sang et son remplacement par le trois-quarts de sang ou le pur-sang.

Éleveur et producteur sont d'accord : l'éleveur craint de ne pas vendre ses demi-sang si on modifie le recrutement des chevaux ; s'il ne vend rien, il n'achètera pas d'autres poulains ; le producteur ne vendant pas ses poulains vendra les juments qui les produisent. Il lui faudra quatre ans pour élever une poulinière de pur sang et les poulains obtenus ne seront aptes à la selle que quatre ans après. Si on entrait dans la voie des partisans du sang, notre cavalerie serait donc menacée d'être privée d'animaux pendant un temps assez long.

Je donne cette dernière raison comme accessoire dans les plaintes entendues. En réalité, l'éleveur craint surtout de se voir refuser des produits qu'il entretient depuis longtemps. Ce serait un coup terrible. Déjà la fin de la prospérité du colza l'a fort éprouvé.

— Autrefois, m'a dit l'un d'eux dans un moment de franchise, tout le monde avait un cabriolet; on ne se rendait pas à la ville sans dépenser 10 ou 12 fr. ; maintenant, on y va en chemin de fer et l'on rentre dîner chez soi. Faudra-t-il aller à pied et vivre de pain sec?

Celui-là exagérait un peu, mais il n'en est pas moins vrai que ce changement radical dans la race des chevaux à demander à la Normandie entraînerait dans les mœurs agricoles des transformations bien graves. On ne pourrait atteler des bêtes de sang pour les travaux de la ferme. La vie entière d'une population se trouverait bouleversée.

# IX

## LA FOIRE DE GUIBRAY

Falaise. — La ville et le château. — La fontaine d'Arlette. — Guibray : sa foire et ses bonnetiers. — Ussy et ses pépinières. — Une idée de Turgot. — Le château de Bons. — La Brèche-au-Diable. — Le tombeau de Marie Joly.

**Falaise, février.**

La nuit venait hier quand le train de Caen a quitté Mézidon ; au delà de Saint-Pierre-sur-Dives l'obscurité est devenue profonde. Il ne fallait pas trop le regretter : dans cette partie de la vallée le paysage est assez banal, ce ne sont point les mélancoliques horizons de la plaine de Caen, ni les opulents herbages de la vallée d'Auge. Les coteaux sont bas, leurs pentes très adoucies.

Après l'indispensable transbordement à Coulibœuf, quelques minutes suffisent pour atteindre Falaise. La gare est à mi-côte, entre le faubourg de Guibray et le cœur de la ville. Une rue descend rapidement vers les quartiers du centre.

Malgré la nuit, l'animation est grande. On se presse devant des boutiques de boucher brillamment éclairées, où pendent, fleuris et enrubannés, des bœufs entiers. Toute la soirée, jusqu'à une heure tardive, on ira ainsi, ouvriers et bourgeois, dames et servantes, admirer les étaux. C'est le vendredi gras, ce jour-là il est de règle de faire une promenade gastronomique ; elle continuera samedi.

Le lendemain fut un jour maussade, venteux, humide et froid, prédisposant peu à admirer les villes et les paysages. Et pourtant, dès les premiers pas à travers Falaise, on est intéressé. La ville est d'aspect florissant, les magasins sont nombreux, bien fournis et témoignent d'un certain luxe. Le mouvement est assez considérable, mais c'est aujourd'hui marché et foire, les paysans arrivent en foule par les routes de Guibray et de Caen.

La place centrale est assez vaste, de vieilles maisons l'entourent, sur une des faces l'église Saint-Gervais, masquée par des maisons, montre quelques détails heureux. En partie romane, elle est, par là, d'une sobre élégance ; remaniée plus tard, elle est, ailleurs, d'un gothique très fleuri. La grande tour est fort belle.

Sous le porche une inscription en lettres lapidaires, du siècle dernier, est restée intacte ; elle nous en dit long sur les mœurs de ce temps :

PAR ORDO - NNANCE DE - POLICE - DÉFENSE

DE - MANDIER

AU DEDA - NS DE CE - TTE ÉGLI

SE A PEINE - DE - PRISON

Les rues voisines, au-dessus desquelles courent les câbles de l'éclairage électrique, montrent devant chaque porte des balles de coton ou des tricots chargés sur des brouettes ; nous sommes ici au milieu des bonnetiers. Falaise est un des centres les plus actifs pour leur industrie. Et cependant la ville fait peu de « bonnets », mais beaucoup de tricots.

Le marché, devant Saint-Gervais, perd à cette absence d'une coiffure jadis nationale ; le bonnet de coton serait pittoresque au milieu des formidables amoncellements de carottes, parmi les pommes reinettes à odeur douce et les choux entassés en piles régulières. Le marché se prolonge aujourd'hui par la rue de la Trinité où, de chaque côté, au bord des trottoirs, s'alignent les innombrables chars à bancs des paysans accourus. Au bout de cette rue, derrière un pâté de maisons qui la masque, est l'église de la Trinité, bien belle malgré un horrible clocher moderne. Cette église ogivale était dans un navrant état de vétusté ; déjà, à la Renaissance, on avait reconstruit certaines parties de l'édifice dans le goût du temps. On procède à une restauration complète ; le chœur a été rétabli dans sa grâce légère, on a conservé la balustrade plaquée au xvi⁰ siècle au-dessus des voûtes, elle est élégante mais contraste fort avec les fines nervures des grandes fenêtres et des voûtes. Cette église présente un détail assez curieux : au-dessous passe une rue faisant communiquer deux parties de la ville.

L'abside donne sur la place Guillaume-le-Conquérant, à laquelle l'hôtel de ville et surtout une statue équestre du célèbre duc impriment un grand caractère. Cette statue est une des belles œuvres de la statuaire moderne. Le conquérant, plus grand que nature, coiffé du casque, revêtu de la cote de mailles, sur laquelle flotte un manteau, brandissant sa bannière, est monté sur un admirable cheval debout sur ses deux pieds de derrière. Il semble appeler à lui la noblesse et lui prédire la victoire. Aux angles du piédestal, les statuettes des autres ducs de Normandie manquent par trop de proportion avec le groupe principal. A Falaise, plus encore qu'à Bayeux ou à Dives, le souvenir du terrible duc est resté vivace. Les Anglais viennent chaque année en pèlerinage à ce berceau de l'homme qui les a asservis. Le château natal du héros est visité par des milliers d'entre eux.

Ce château de Falaise est une admirable ruine, moins encore par l'imposant aspect de ses remparts et de ses tours découronnés que par le site merveilleux dont il est le dominateur. Le vaste plateau de l'Hiémois a été creusé profondément par la petite rivière d'Ante, elle a mis à nu, a désagrégé les énormes masses de grès du sous-sol et les a taillées en falaises ou accumulées en formidables éboulis de roches cyclopéennes. Sur la plus haute de ces falaises se dressa le château des ducs de Normandie. Ainsi protégé par la gorge profonde de l'Ante, la forteresse prit bientôt une importance considérable. Robert le Diable en fit sa résidence.

Ce n'est plus qu'une ruine grandiose. Les toitures et les voûtes se sont effondrées, les tours sont des abîmes, on ne peut aller à travers les salles écroulées que par de frêles passerelles accrochées aux murailles. Mais des remparts et des parties de tour où l'on peut encore s'aventurer, la vue est superbe sur la ville aux toits en amphithéâtre, la profonde vallée d'Ante, les petites collines rocheuses décorées du nom de Mont-Mirat et les lointaines campagnes. La femme du concierge, qui me conduit dans ce dédale de couloirs, d'escaliers et de débris, montre une fente dans la muraille du rempart, — ce serait la brèche par laquelle monta le roi Henri lors d'un siège fameux — le cachot où Arthur de Bretagne fut enfermé par ordre de son oncle Jean sans Terre, et la chambre où Arlette donna le jour à Guillaume le Conquérant. D'une des fenêtres, elle indique la fontaine où la jolie fille du pelletier de Falaise fut distinguée par Robert le Diable. Robert le Diable avait de bons yeux, car la tour est bien haute!

En dehors de ces souvenirs chers au cœur des miss d'outre-Manche, le château n'offre au visiteur qu'un intérêt restreint. Combien il est plus beau vu du dehors, de la vallée de l'Ante surtout! Une partie des remparts se dresse au-dessus d'un mail planté d'arbres touffus, sous lesquels se tient aujourd'hui la foire au bétail. Les paysans sont quelconques : casquette de drap, blouse bleue, pour quelques-uns une veste en peau de bique.

Un sentier descend vers l'Ante au pied des rochers supportant le donjon carré et la tour Talbot. D'ici, les ruines prennent un caractère saisissant ; des vols de corneilles s'échappent à grands cris des fenêtres vides. Comme écrasé sous la gigantesque masse, le faubourg du val d'Ante suit les rives du ruisseau ; c'est une succession de petites tanneries, occupant parfois des demeures jadis élégantes. Ces tanneries remontent au temps de Robert le Diable, elles étaient la fortune de la ville, aujourd'hui encore elles entrent pour beaucoup dans sa prospérité. Tout à l'heure, au château, la concierge, pour me montrer la profondeur du puits y jeta, enflammé, un numéro de la *Halle aux cuirs*; c'est un organe fort lu par les descendants des pelletiers dont fut issu, par Arlette, le vaillant duc Guillaume.

Près d'une de ces usines, dans une muraille, s'arrondit la niche qui protège le lavoir d'Arlette, *Arlette's Well*, comme le dit une inscription à l'usage des pèlerins insulaires. C'est une source assez peu abondante, mais tout autour bouillonnent d'autres fontaines ; toutes ensemble, elles vont alimenter des lavoirs ; leur eau, d'une limpidité admirable, réfléchit les piliers et les auvents, abris des lavoirs dont les charpentes originales doivent remonter bien haut.

*Arlette's Well* va grossir les eaux de l'Ante qui, gaîment, courent d'usinette en usinette, faisant tourner des roues d'où elles s'échappent en cascades de perles, bordant de misérables maisons déjetées, moussues, lépreuses, mais ornées d'un gé-

L'HIÉMOIS, L'HOULME ET LE BOCAGE NORMAND

D'après la carte de l'état-major au $\frac{1}{320,000}$.

ranium ou d'un fuchsia. Par les fenêtres ouvertes, vient le bruit des métiers circulaires où l'on tisse le coton pour les fabricants, le produit est très simple, c'est un immense tuyau de tricot de coton dans lequel d'autres ouvrières découperont l'encolure et placeront les manches. Ce faubourg d'Ante, d'où l'on sort par une porte restée debout de l'ancienne enceinte de la ville, est bien plus curieux que la cité supérieure.

Les bonnetiers fabricants sont assez rares à Falaise même, la plupart des comptoirs de réception, des ateliers de coupe et des bureaux sont au delà de la gare, dans le vaste faubourg de Guibray, véritable ville dont l'importance économique est considérable. Le chemin de fer et un beau parc public séparent les deux quartiers réunis par une rue montueuse très animée. Presque chaque maison a son comptoir. Par les fenêtres, on distingue de grandes tables sur lesquelles les « tuyaux » de coton sans couture — je ne trouve pas d'autre terme — sont livrés aux coupeuses qui taillent, préparent l'ouverture des manches, elles-mêmes découpées dans le tissu circulaire. Ces pièces ainsi préparées sont livrées à des ouvrières qui feront les coutures et les ourlets et placeront les boutons.

La division du travail a permis au tissage à domicile de se maintenir ; l'article classique de Falaise ne se fait guère qu'à la main sur le métier dit « circulaire ». Le tissu obtenu sert à fabriquer indifféremment les jupons de femme, les caleçons, les gilets marins, les gilets de chasse et les bonnets de coton.

Bien que les Normands et les Normandes aient presque entièrement abandonné cette singulière coiffure, on en fabrique encore autant qu'il y a cinquante ans. D'après un des industriels à qui je me suis adressé, le Midi est le grand débouché du bonnet de coton. Il trouve une place importante dans tous les trousseaux. Dans le Midi et en Bretagne il a un emploi macabre : on en coiffe les morts. En dehors de l'article courant on fait un bonnet fin pour les environs de Caen et de Bayeux.

Le métier circulaire date seulement de 1830 ; depuis plus de cent ans, le tricot se faisait au moyen d'un métier carré ; lorsqu'on a voulu transformer l'outillage il y eut une véritable émeute. Maintenant le métier circulaire est entré dans les mœurs, mais le nombre est resté assez stationnaire depuis l'enquête faite par Louis Reybaud, il y a trente ans. Il évaluait alors à 1,200 ou 1,500 le nombre des métiers dans l'arrondissement de

Falaise ; 10,000 femmes et enfants et près de 400 employés achevaient la fabrication par la couture et la doublure ; chaque métier utilisait de 20 à 22 kilogr. de coton par semaine. Aujourd'hui les salaires atteignent à Falaise de 3 fr. 50 c. à 4 fr. par jour, les femmes gagnent 2 fr. 50 c. à 3 fr., c'est un accroissement sensible sur les chiffres relevés par Louis Reybaud.

Il semble que le nombre des fabricants de Guibray ait diminué depuis ce temps, en parcourant le Bottin, je ne trouve guère qu'une cinquantaine de maisons et Reybaud en signalait 70.

Quant aux ateliers mécaniques, ils sont encore peu nombreux ; Falaise a laissé à Troyes le monopole de cette fabrication. Cependant on cherche des produits nouveaux ; un industriel, qui m'a fort agréablement accueilli, M. Cliquet, s'est mis à fabriquer des tissus de couleur, jusqu'ici monopole des Anglais et connus sous le nom de vigogne et de mérinos. D'importants ateliers de teinture et d'apprêt, dont les couleurs sont d'une grande vivacité, ont permis d'entreprendre la lutte contre nos concurrents. Falaise, depuis dix ans, tend à acquérir le monopole de ces produits dans nos colonies et les pays tropicaux. Madagascar vient de lui offrir de nouveaux et importants débouchés dans toutes les mers du Levant, mais en Algérie et dans le reste de l'Afrique surtout, où le tricot remplace la chemise, on s'approvisionne exclusivement en produits de Falaise. Dès maintenant, m'a dit M. Cliquet avec une satisfaction bien légitime, on ne craint plus la concurrence de l'Allemagne.

Ce n'est pas tant à cette industrie, pourtant florissante, que Guibray doit sa réputation; le village primitif, qui a conservé une belle église romane, a été doté au xi° siècle d'une foire devenue rapidement la plus considérable de l'Ouest, comme Beaucaire dans le Midi. Elle a naturellement beaucoup diminué, mais elle est considérable encore pour son marché aux chevaux. La foire se tient en août; à ce moment, Guibray n'est pas assez vaste pour recevoir la foule accourue de toute la Basse-Normandie, du Merlerault et du Perche.

Aujourd'hui, en dehors de la rue où sont les bonnetiers, le faubourg est d'un calme profond; c'est un gros village entourant une vaste place et possédant encore quelques vieilles maisons ayant conservé leurs boutiques anciennes avec les grands bancs de pierre servant d'éventaires.

Une vieille eau-forte, dessinée par François Chauvel en 1658 et dont il a été fait une reproduction vendue chez les libraires de Falaise et de

Caen, nous a conservé l'aspect de ce grand rendez-vous commercial. La foire était divisée en vastes compartiments bordés de baraques que le plan cavalier reproduit avec une amusante minutie ; chaque marchandise, chaque catégorie d'animaux était parquée dans un quartier spécial. A droite de l'église étaient les « *escuries des chevaux Almans* » ; plus bas, les « *escuries des chevaux Bretons* » ; dans les cours, derrière les maisons des rues de la Madeleine et du Pavillon encore existantes, on remisait en grand nombre et l'on faisait trotter les chevaux à l'essai. A gauche de l'église, derrière la rue aux Anglois, était la « fosse aux cuirs », proche l'hostellerie du Cheval blanc ; dans une grande prairie, on voit les jeunes gens faire une ronde. Les baraques formaient des rues portant les noms de villes ou d'industries ; il y avait les rues de la Vieille draperie, de Tours, d'Alençon et de Paris. Entre ces deux dernières était une vaste cour appelée la « fosse aux draps », remplie de marchands de lainages. Puis venaient les rues de *l'épicerie*, de Rouen, et de la Dindonderie enfermant la « *fosse aux thoilles* ». Au delà, la rue Quincaillerie achevait la rangée régulière des baraques. Tout auprès était le marché aux chevaux, puis on entrait dans la partie amusante de la foire ; des hangars appeles « *beuuettes* » abritent des quantités de clients. Ces beuuettes sont fort achalandées ; les clients y lutinent volontiers les servantes. Sur deux tonneaux un charlatan annonce ses remèdes ; plus loin des ivrognes se collettent ; sur des tréteaux les bouffons font la parade ; ailleurs, des acrobates font des tours. Prolongeant la rue de la Madeleine, une longue file de cabarets se présente avec ses enseignes : il y a « *Laigle dor, Teste noir, le Sermon, la Belle estoile* », etc... Devant ces tavernes réservées sans doute à la noblesse, des gentilshommes en hautes bottes à entonnoir croisent le fer pendant que les femmes fuient effarées. Mendiants, culs-de-jatte, diseurs de bonne aventure, des chasseurs portant des faucons sur le poing, de belles dames et de bons bourgeois se promènent près du marché aux bœufs pendant que des amis, contents de se rencontrer, s'embrassent tendrement.

Le tableau a certainement bien changé depuis cette époque, il a perdu en pittoresque ; les blouses bleues et les vestons font piteux effet auprès de ces splendeurs, mais les cabarets ne sont pas moins fréquentés que les *beuuettes* d'il y a deux cents ans.

Les vieilles rues de Guibray, endormies à l'ombre de l'église Notre-Dame, ont cependant conservé l'aspect d'autrefois, telles les rues de la Madeleine et du Pavillon. De même, au cœur de Falaise, une rue large et silencieuse bordée de panonceaux de notaires, d'huissiers et d'avoués, évoque singulièrement toute la Normandie processive.

En traversant la gare de Falaise, mon attention a été attirée par de longs convois de voitures chargées d'arbres de pépinières soigneusement emballés dans de la paille, ou des caisses percées de trous d'où sortait parfois un rameau. Je me suis approché, et j'ai vu que tous ces colis destinés à l'Amérique, à l'Allemagne ou à l'Angleterre, étaient expédiés par des pépiniéristes d'Ussy. J'avais plusieurs heures encore, j'ai frété une voiture et me voici en route pour ce village inconnu en dehors des dessinateurs de parcs et de jardins.

Nous sommes sortis par la route de Caen, formant une avenue plantée de grands arbres et bordée de belles demeures, châteaux plutôt que villas. Au delà des maisons, je remarque des inscriptions telles que : attache pour 500 bœufs. Mon cocher me dit que Falaise est un point de passage pour les animaux destinés à l'engraissement. Des bandes de 100 à 150 bœufs venant de la Manche arrivent à la fois ; ces animaux ayant été élevés en plein air ne sont point accoutumés aux étables ; il faut donc, même pendant les étapes, les parquer à l'attache dans les champs. Ces jeunes bœufs sont très maigres au moment de leur migration, mais après avoir passé quatre mois dans les pâturages, ils sont engraissés et peuvent être envoyés à la Villette ; il n'est pas rare de voir gagner 400 fr. sur un seul animal. Les animaux dirigés par Falaise ne se rendent pas dans le pays d'Auge, on les conduit dans les beaux pâturages de Bazoches-en-Houlme, village de l'Orne, à 10 kilomètres de Falaise. C'est généralement à la fin de février que commence le passage des troupeaux amenés par des courtiers qui prélèvent 10 fr. par bœuf.

Les bénéfices réalisés par les gens de Bazoches ont séduit la population du pays que nous traversons par la route d'Harcourt. Beaucoup de champs jadis cultivés sont transformés en herbages, on n'a que la peine de les enclore de fossés et de les complanter en pommiers.

Le plateau serait assez monotone s'il n'avait conservé de beaux châteaux avec de grands bois et de majestueuses avenues. Le château de la Tour, surtout, est précédé d'une allée de chênes véritablement merveilleuse.

Au delà des ruines de l'abbaye de Villers et du village de Villers-Canivet, la plaine est fort unie jusqu'à Ussy, mais les abords de ce village témoignent d'une grande prospérité. De beaux parcs plantés d'arbres rares, des poiriers en espaliers contre les façades des maisons révéleraient l'industrie du pays à des regards non prévenus.

Tout le monde est pépiniériste ici, les uns en grand, d'autres en petit, d'autres comme ouvriers. D'immenses champs qui semblent des prairies sont des semis de pins et de sapins ; à côté des hêtres grands comme la main, des noisetiers hauts comme le pouce, des chênes qui tiendraient dans un gobelet, forment d'autres champs très divers de coloration. La présence d'une telle industrie agricole, loin des grandes voies de communication, à la marge de la plaine de Caen, entre les profondes vallées de la Laise et du Laison, est une véritable surprise.

Pour m'expliquer la genèse de ces pépinières, je me suis adressé à l'un des plus grands planteurs d'Ussy, M. Levavasseur. Je lui dois de curieux renseignements. Au siècle dernier, Ussy n'avait pas encore entrepris ses cultures, lorsque Turgot, possesseur de la seigneurie de Bons, fit construire un château et planter un parc autour de ce village. Mais on manquait de plants. Turgot fit essayer à Ussy, sur les terrains qui semblaient favorables, des semis de chênes et d'arbres forestiers. Ces essais réussirent admirablement, on montre encore un cèdre issu des semis ordonnés par le grand ministre. Le château de Bons, où se réunissait une société nombreuse, où Turgot attirait même des comédiens de Paris, répandit la réputation des pépinières d'Ussy. Cette notoriété restait encore locale, quand vers 1836, quelques pépiniéristes essayèrent d'étendre leur sphère d'action ; ils voyagèrent, allèrent jusqu'à Rouen. Pourtant il fallut les chemins de fer pour donner un essor décisif.

Vers 1846 ou 1847, on construisait le chemin de fer de Rouen à Paris. L'entrepreneur des clôtures se trouva à court d'aubépine, il en chercha partout ; à Laigle un pépiniériste lui parla d'Ussy, il s'y rendait, quand, à Argentan, il rencontra un planteur d'Ussy, le père Jouvin ; celui-ci lui vendit en quantité des plants d'aubépine. Ce père Jouvin continuait la tradition des autres pépiniéristes qui allaient à Caen, portant 1,500 plants sur le dos, car il n'y avait alors ni routes ni chemins de fer.

Ce débouché fut une fortune pour le village. La création des voies ferrées nécessitait des millions de plants ; vers 1856, on pouvait faire face à toutes les demandes. Peu à peu l'éducation commerciale se faisait. Les paysans planteurs devenaient de grands commerçants, parcourant le monde pour trouver des essences nouvelles et se créer des débouchés. Aujourd'hui l'Allemagne, la Russie, l'Autriche, la Hollande, l'Angleterre, l'Amérique s'approvisionnent dans ce village. L'Amérique demande surtout des arbres à fruits : poiriers, pommiers, pruniers, cerisiers, merisiers. Ailleurs, on cherche l'arbre forestier.

Les cultures s'étendent sans cesse, les plantations nouvelles se font de préférence sur d'anciennes prairies, riches en humus. L'ensemble couvre de 125 à 150 hectares, la valeur totale des produits atteint près de 800,000 fr. Six ou sept grands pépiniéristes produisent tous les arbres et arbustes connus, une maison même a créé une succursale à Orléans ; 100 à 120 cultivateurs font des arbres forestiers.

Il y a des cultures partout autour d'Ussy, mais surtout dans un joli vallon descendant à la Laise ; vallon sinueux aux pentes bien dessinées, arrosé par un joli ruisseau, les pépinières s'y étendent pendant quatre kilomètres, transformant en jardin ce délicieux coin de l'Hiémois.

J'ai pris congé de M. Levavasseur pour rentrer par Bons où je voulais voir les débris du château de Turgot, dont il reste seulement deux pavillons.

Quand nous les eûmes dépassés, mon cocher me dit :

— Vous n'allez pas visiter le tombeau de Mont-Joly.

— Qu'est-ce que c'est ?

— Oh! un tombeau bien antique, du temps des Romains. Tous les étrangers y vont !

Il se faisait tard, un tombeau antique cela ne me disait rien. Mais en lisant la carte, je vois que ce tombeau est voisin de la Brèche-au-Diable, site célèbre en Hiémois. En route donc pour le tombeau, par une route plutôt difficile. On monte, on aborde un chemin rocheux aboutissant à une jolie chapelle romane. Il y a là une auberge. Le propriétaire me confie une énorme clé et m'indique le chemin du tombeau. Cent mètres à peine. Une porte à ouvrir, un jardin ombragé d'arbres verts, de fausses ruines, des inscriptions sans nombre, un mausolée à quatre faces. Un bas-relief représente une femme étendue entre deux génies, en qui mes souvenirs mythologiques me montrent Melpomène et Thalie. Des inscriptions françaises, où le mot sensible revient souvent, des lamentations dans le style emphatique du Directoire me font croire un instant à une invention d'un ami de la littérature classique qui aurait voulu créer un mausolée factice, mais c'est bien un tombeau. C'est celui de Marie Joly, de la Comédie-Française. Il a donné son nom à la colline de Mont-Joly.

Marie Joly est morte à 37 ans, en plein talent et en pleine beauté. Son mari, M. Franquet-Dulomboy, et ses camarades firent embaumer son corps et cherchèrent un site romantique pour placer sa dépouille. Marie Joly était-elle de ce pays, ou avait-elle joué à Bons, chez Turgot? Je l'ignore ; en tous cas, on conduisit ici son cercueil.

Je n'ai point décrit le paysage. La petite rivière de Laison, dans sa course à travers la plaine, a rencontré une colline qui lui barrait le passage, elle l'a rongé, s'y est frayé une gorge étroite, profonde de cinquante mètres, bordée de rochers superbes, dans lesquels croissent des pins et des bruyères. Au fond de l'abîme, la rivière gronde, bondit en cascade, passe sous des ponts rustiques. C'est plein de couleur et de bruit. Jamais paysage ne fut plus inattendu que celui-là, dans cette plaine de Caen aux ondulations monotones. Ces entassements de roches, ces eaux tumultueuses, cette sauvagerie, arrangée, il est vrai, par les châtelains d'une demeure voisine, prennent une véritable grandeur. Les Normands du plat pays, surpris par l'aspect de cette gorge de Saint-Quentin, lui ont attribué une origine fantastique. C'est la *Brèche-au-Diable*.

# X

## DU BOCAGE A LA MER

Dans l'Hiémois. — Pont-d'Ouilly. — L'Orne et le Noireau. — Les mines de Saint-Remy. — Harcourt et son château. — La vallée de l'Odon. — Villers-Bocage un dimanche gras. — Caumont-l'Éventé. — Balleroy. — Littry et sa houillère.

*La Mine de Littry, février.*

Voici une véritable course au clocher. En deux jours, par le chemin de fer, à pied ou en voiture, je suis venu de Falaise à Ouistreham par le Bocage et le Bessin. Ma bonne étoile m'a favorisé, les trains et les courriers correspondaient, un beau soleil n'a cessé de luire pendant ces marches.

La course n'était pas facile, le chemin de fer de Falaise à Berjou est desservi par des trains bien rares, trois par jour dans chaque sens ; encore, en cette saison, le premier et le dernier circulent-ils en partie la nuit. Mais, cette année, les journées de carnaval sont dotées d'un temps superbe ; à une heure avancée on y voit assez encore pour distinguer longtemps le pays.

C'est une région pastorale comparable à la vallée d'Auge : l'ancien Hiémois, contrée herbeuse et fraîche comme le pays d'Houlme, son voisin. Beaucoup d'arbres autour des herbages ; au milieu sont des étables servant à abriter le bétail pendant la nuit ; par là cette contrée se distingue du Cotentin et du Bessin où les animaux passent leur vie entière sous le ciel. Ici encore les cultures, assez vastes sur les plateaux, se transforment en herbages ; le pommier, un moment abandonné, reprend faveur en même temps que les cidres, mieux fabriqués, s'ouvrent le marché de Paris. Il y a beaucoup de jeunes « pommages », où chaque arbre est protégé par une gaine de fer hérissée de piquants. Ailleurs les paysans creusent de grands trous pour les plantations nouvelles.

Le chemin de fer remonte l'Ante jusqu'à sa source entre des herbages opulents ; le pays s'accidente, une profonde vallée apparaît, celle de la Baise ; sur les hauteurs il y a de beaux bouquets de bois. Mais la nuit se fait ; lentement va le train, de station en station, déversant les paysans et paysannes revenus de la foire de Falaise. A l'une de ces stations, le Mesnil-Villement, l'œil est surpris par une lumière blanche et éclatante tombant de grands mâts où sont suspendues des lampes électriques. C'est une usine de la région de Condé-sur-Noireau[1], la filature de coton du Pont-du-Vers, conçue sur les données modernes avec des toits en dents de scie. Au-dessous une large rivière réfléchit les feux, c'est l'Orne, bordée d'usines ; quelques minutes après l'on atteint Pont-d'Ouilly. Je comptais y passer la nuit.

Pont-d'Ouilly n'est pas une commune ; cependant ce nom revient souvent dans la conversation : les affaires, les foires, les industries, font un centre de ce hameau qui est presque une ville. Mais il est formé de trois quartiers séparés par l'Orne et le Noireau et appartenant à deux départements : l'Orne et le Calvados ; à trois communes dépendant de trois cantons : Falaise, Athis et Harcourt. La principale agglomération est sur la rive droite de l'Orne, dans la commune d'Ouilly-le-Basset ; elle comprend 400 habitants, plus de la moitié de la population. Il peut y en avoir autant dans les autres parties. Presque tout le monde est commerçant dans ce bourg bordant les deux rivières. A l'heure où j'y suis parvenu, la grande rue présentait l'aspect de la voie principale d'un gros centre ; j'ai compté deux pharmaciens, plusieurs quincailliers, chapeliers, modistes, armuriers, bijoutiers, etc., et, naturellement, la

---

1. Voir la deuxième série du *Voyage en France*. p. 164.

foule ordinaire des épiciers et autres petits commerçants. A mi-côte sur une terrasse, une vaste halle est entourée de magasins et de cabarets.

Cet aspect d'emporium dans ce hameau normand est dû à l'excellente situation du bassin. Les vallées du Noireau et de l'Orne, si industrieuses et peuplées, s'y réunissent ; la vallée de la Baise, non moins riche, débouche près de là ; l'Orne, large et profonde, y est traversée par un pont sur lequel passe la route de Falaise à Flers ; il n'est donc pas étonnant qu'un centre vivant soit né sur ce point. En outre, Pont-d'Ouilly a des usines, notamment une filature de coton. L'Orne et le Noireau y sont charmants, les collines sont hautes, parfois escarpées et rocheuses, les auberges sont réputées par leurs fritures. Pendant l'été c'est un lieu de promenade pour toutes les villes de la région : Flers, Falaise, Condé, Caen ; le dimanche l'animation est très grande dans le joli village.

Au matin c'était assez placide ; les ouvriers se rendaient au travail, le seul bruit était le murmure de l'Orne sur un barrage, ponctué par le marteau d'un forgeron.

Il fallait partir de bonne heure pour gagner Harcourt, cependant le jour était assez clair pour permettre d'admirer la gracieuse vallée du Noireau avec ses vertes prairies, ses grandes usines, sa limpide rivière, des villas délicieuses, ses collines bien découpées. Ce coin de « Suisse normande » mérite la popularité dont il jouit dans le Calvados et l'Orne.

La petite ligne de Falaise atteint à Berjou-Cahan la grande voie de Laval à Caen. La gare est loin des villages dont elle porte le nom. Le site est grandiose ; avec un peu de bonne volonté on peut se croire en pays de montagnes. Les hauteurs sont roides, bien découpées, semées de bouquets de sapins. Sur le Noireau, les usines en pierres fauves ou de schiste noir complètent la ressemblance avec quelque chose de déjà vu. Parbleu ! ce n'est pas la Normandie, mais bien les Vosges, cela me rappelle la descente de La Bresse à Cornimont !

Le train arrive, nous roulons vers le nord. On pénètre dans un long tunnel et l'on en sort en vue d'un paysage sévère. De grands rochers à pic, une fabrique de chaux, l'Orne large et profonde. Au fond de la vallée, de gras herbages semés de maisons s'étendent sous les roches empanachées de lierre.

Je descends à Saint-Remy dans l'intention de visiter les mines. Hélas ! c'est dimanche, elles restent inactives ; sur le quai de la gare sont quelques wagonnets chargés de minerai ; une voie Decauville se dirige vers la colline et, par un souterrain, pénètre dans les entrailles de la terre. C'est tout ce que l'on peut voir aujourd'hui, l'exploitation est arrêtée.

En route donc pour Harcourt, par une belle route, bien entretenue, où la marche est douce. Quand on a dépassé le long village de Saint-Remy, on s'élève sur le flanc des coteaux bordant l'Orne au courant insensible ; on monte, on descend, toujours en vue des hauteurs rocheuses. Sur l'une d'elles, isolée, est la chapelle de Bonne-Nouvelle. Au-dessous, dans un vallon, le village de Caumont, aux maisons grises. La mairie est au bord de la route, humble pavillon d'une seule pièce, semblable à une maison de garde-barrière. Auprès, dans une prairie bordant l'Orne, un grand chêne étend sa ramure ; peut-être, pendant l'été, les rustiques édiles de Caumont viennent-ils tenir à l'ombre les séances du conseil municipal, bercés par les eaux frémissantes de l'Orne bruissant sur un barrage.

Et l'on monte de nouveau, entre de grands arbres, pour atteindre le bourg de Thury-Harcourt, ou, mieux, de Harcourt, on ne dit pas autrement dans le pays, les bornes kilométriques ont sacrifié Thury, nom primitif du pays. C'est un joli centre, propre et gai, éclairé à la lumière électrique, mais sans autre monument que le château des ducs d'Harcourt, plus majestueux par sa masse et sa situation au-dessus de l'Orne que par son architecture. Le parc est admirable ; il est ouvert au public et donne à la population une incomparable promenade. Sous le château s'étend un faubourg industriel très vivant, où l'Orne fait mouvoir de nombreuses machines. Ce quartier, assis sur les deux rives de la rivière, n'appartient qu'en partie à Harcourt, il se partage entre deux autres communes, Croisilles et Saint-Martin. Croisilles, ayant la gare sur son territoire, a entendu lui imposer son nom, et le centre de cet infime village est à une demi-lieue de là.

Ici les trains sont fréquents, je comptais gagner Aunay à pied, mais un sifflet de locomotive retentit, c'est un convoi pour Caen, j'atteindrai bien plus vite le Bocage en faisant un détour par le chef-lieu. Et nous roulons vers le nord, côtoyant sans cesse l'Orne entre des collines rocheuses, de plus en plus basses ; ce n'est plus le paysage grandiose du Noireau, mais quelques coins sont exquis ; tel méandre de l'Orne, comme au château du Val, ferait le bonheur des paysagistes. Vers

Saint-André, la pierre perce partout le sol, on l'exploite en carrière pour la convertir en pavé, des traînées rouges s'y distinguent, ce sont les mines de fer exploitées depuis peu de temps et qui fournissent déjà 12,000 tonnes au port de Caen.

Brusquement les collines s'écartent et l'on entre dans la plaine verdoyante où l'Orne et l'Odon se réunissent au pied de la falaise d'Allemagne, blanchie par les débris rejetés des carrières d'où l'on a tiré les matériaux de tant de merveilleuses églises normandes. Quelques minutes après, nous voici sous le hall de la gare de Caen. Le train de Vire va partir, à peine le temps de changer de wagon et nous sommes de nouveau dans la plaine.

La ligne remonte la vallée de l'Odon, très verte ; les herbages dominent ; à travers ces prairies sans fin, les routes, empierrées de grès de Saint-André, tracent un sillon rose. On s'élève lentement pour traverser de grands plateaux cultivés, faisant partie de la plaine de Caen ; beaucoup de jeunes chevaux, beaucoup de plantations récentes de pommiers. Au fond on voit bleuir et peu à peu se hausser les collines du Bocage. Insensiblement, le paysage change, les cultures disparaissent pour faire place à de vastes herbages, bien entretenus, soigneusement drainés.

Soudain on aperçoit, très profonde, large, luxuriante, la vallée de l'Odon vers Parfouru. Sur toutes les pentes, à perte de vue, des « pommages » où les arbres sont alignés. Nous avons quitté la plaine pour le Bocage.

Il est tard déjà et je n'ai pas déjeuné. Si je descendais à Villers-Bocage pour gagner Caumont? Me voilà dans cette petite ville à la recherche d'une auberge et d'une voiture, l'auberge est facile à trouver, elles sont nombreuses dans ce centre agricole aux marchés animés, mais il est impossible aujourd'hui de louer la moindre carriole.

— Un jour comme celui-là, me dit un loueur, vous n'y pensez pas !

— Quel jour est-ce donc ?

— Le jour où l'on mange le *beu* gras !

Et de fait ce ne sont que ripailles. On mange du bœuf, on mange des tripes à la mode de Caen, on boit du « gros cidre », c'est-à-dire le cidre sans eau.

En vain j'erre par la ville : pas le moindre char à bancs à louer. J'irai à pied. Salut au passage à la statue de Richard Lenoir, érigée sur la place, et à l'hôtel de ville de style Louis XIII ; un coup d'œil à l'église, monument assez extravagant avec ses guettes carrées et à frontons disposées deux par deux à chaque angle de la flèche. A côté est un monument végétal plus extravagant encore : un jardin rempli d'ifs taillés de dimensions colos-

sales; il y a des fauteuils, des dolmens, des arcs de triomphe, des bonnets de fous, que sais-je encore?.. Devant cet ensemble de curiosités, une petite place sert de marché aux volailles pendant les marchés du mercredi, qui attirent à Villers les laitiers parisiens pour l'achat des vaches laitières.

Sur une plaque, au coin de la route, cette inscription : « Caumont 11 kil. 1/2. » En voilà pour deux heures de marche, il fait doux, ce sera charmant. Mais le paysage manque d'ampleur ; en dehors d'une haute colonne de granit, surmontée d'une belle statue de bronze de la Vierge portant l'enfant Jésus, rien n'attire l'attention. Peu à peu le calme se fait, la contrée est presque dans la torpeur, rares sont les maisons, petits sont les villages. Dans l'un d'eux, Amaye-sur-Seulles, les cloches se mettent à tinter, le son emplit l'espace. Voici un joli coin bien vert au bord de la Seulles, encore ruisseau. De gros chênes, des hêtres, des épicéas parsèment les pentes. Dans une haie fleurissent à foison des pervenches et des perce-neiges. La campagne s'anime un peu, beaucoup de vaches dans les herbages, les paysans vont les traire dans de grands vases en terre brune.

Dans cette zone riante est le gros hameau de Briquessard, composé de magasins et de cabarets bâtis à la croisée des routes au point où l'on commence l'ascension de la colline de Caumont, longue et mince arête dressée comme une muraille et terminée par la flèche aiguë de l'église.

La côte est dure, mais superbe est la vue dont on jouit, lorsqu'on est parvenu sur la crête.

Elle est plus étendue encore de Caumont, grand village, un des plus beaux que l'on puisse voir. Les magasins ont de grandes glaces et sont bien fournis ; autour de l'église moderne, entretenue avec une sobriété de bon goût, un square orné d'arbres verts, une belle promenade en terrasse, un hôtel de ville monumental, de jolies halles. Des environs et des promenades on domine d'immenses horizons, tout le Bessin s'étend au regard ; de l'autre côté ce sont les collines très hautes du Bocage, dans lesquelles une fumée blanche semble courir, celle d'un train allant de Caen à Vire. Ces collines se dressent en plusieurs chaînes de plus en plus hautes jusqu'aux belles crêtes de Jurques et de Mesnil-Auzouf dont un sommet atteint 364 mètres, altitude considérable pour ce pays.

Caumont, qui paraît si haut, est à 244 mètres seulement, mais sa colline isolée est la plus élevée entre le Bocage et la mer. Aussi les vents y soufflent sans cesse, d'où le surnom de Caumont-l'Éventé. Je retrouve ce nom sur des affiches en parcourant les rues aux noms patriotiques : Chanzy, de Belfort, etc.

Les jeunes filles se promènent par les rues. Si

leurs robes s'inspirent des modes parisiennes, elles sont restées fidèles à la jolie coiffe du pays, elle leur sied à ravir. Pendant ce temps, les garçons des villages voisins se pressent devant la boutique luxueuse d'un coiffeur, ornée de grandes glaces, où l'on donne des shampoings à l'instar de Paris. Depuis ce matin l'artiste capillaire qui eut l'idée de remplacer ainsi les boutiques de barbier, ne cesse pas de « servir » les clients, grands gas à blouse bleue et à casquette venus de toutes ces hauteurs lointaines couvertes d'herbages et de « hauts bords » qui forment à Caumont un décor splendide.

Il se fait tard ; après avoir dîné à l'hôtel et goûté de la gelinotte de Caumont, volaille célèbre en Bessin, je jette un dernier coup d'œil sur le panorama, sur le village de Sept-Vents assis au-dessous de Caumont-l'Éventé et me prépare à partir. Je comptais aller à Torigny prendre le train, mais il y a un courrier pour Molay-Littry, une carriole recouverte d'une bâche, qui s'en va par des chemins détournés récolter les lettres dans les bureaux de poste de la vallée de la Dromme. J'y prends place, nous descendons à toute allure la colline de Caumont pour traverser de verdoyants herbages peuplés de vaches superbes, véritables usines à beurre. La nuit nous atteint à Sallen, elle est noire à Cormolain où la poste nous arrête un moment. Une heure après, nous entrons dans un grand bourg dont la rue principale est une sorte de fosse profonde bordée de chaque côté par d'autres chaussées. C'est Balleroy ; la fosse est une coupure dans un mamelon, faite pour donner une perspective au château bâti par Mansard, une des belles demeures du Calvados. Mais la nuit est sombre ; en vain, pendant que le courrier échange ses dépêches, vais-je jusqu'à la grille d'entrée, on ne distingue rien.

En route de nouveau : on monte par une côte raide dans la forêt de Cerisy pour la traverser pendant une lieue et atteindre les campagnes de Littry. La carriole s'arrête dans un gros village où je puis trouver une auberge. C'est la Mine, centre principal de la commune de Littry.

Centre bien déchu. Il y eut jadis ici une importante exploitation de houille, une des plus anciennes de France. Un seigneur de Balleroy, qui possédait des mines de fer et traitait son minerai au bord de la Dromme, au moyen des bois de la forêt de Cerisy, découvrit le charbon en 1740. Il l'exploita aussitôt et l'employa comme on le faisait à Saint-Étienne et dans le Hainaut. En 1798 une pompe à vapeur fut installée à Littry, la première, dit-on, que l'on ait vue en France. Longtemps ce gîte isolé donna lieu à une extraction active, plusieurs puits furent forés. La concession s'étendit sur un grand espace jusqu'aux bords de la Vire, dans le département de la Manche. Sous la direction habile de M. Noël, à qui la commune a érigé un monument dans le cimetière, la mine de Littry était parvenue à produire 35,000 tonnes par année, elle occupait 600 ouvriers. Mais les gisements se sont épuisés; les charbons, de qualité inférieure, ne purent lutter contre les houilles anglaises débarqués à Caen, Isigny et Carentan. En 1877 Littry ne produisait plus que 13,000 tonnes. Il a fallu, vers 1880, abandonner l'exploitation et Littry est retombé dans son obscurité, la population a diminué de plus de 300 habitants.

L'exploitation a toujours été concentrée sur un petit espace, peut-être d'autres recherches feraient-elles découvrir, sur les vastes étendues de la concession, des couches nouvelles susceptibles d'exploitation.

# XI

## LE LITTORAL DU CALVADOS

La vallée de la Seulles. — Courseulles. — La dentelle en Calvados. — Les huîtrières de Courseulles. — Bernières. — Luc-sur-Mer. — Le pèlerinage de la Délivrande. — Lion-sur-Mer. — Ouistreham. — Le Home. — Cabourg et Dives.

*Mézidon, février.*

Malgré son faible cours, la jolie rivière de la Seulles, descendue des hautes collines du Bocage, est le type le plus complet des rivières calvadosiennes ; elle traverse successivement les principales régions du département, sauf le pays d'Auge. Le Bocage, le Bessin, la plaine de Caen et la zone littorale lui amènent leurs ruisselets sans en faire jamais un fleuve bien considérable, mais le voyageur qui la suivrait de sa source à la mer aurait une idée juste de cette Basse-Normandie aux aspects si divers.

J'ai suivi la vallée de Condé à Courseulles ; elle est verte et ample, la rivière y forme d'incessants méandres et coule au pied de beaux villages et de bourgs pittoresques ; l'un d'eux, Creully, est d'un grand effet dans le paysage avec ses ruines couvertes de lierre[1].

Des herbages dans les parties basses, des cultures sur les hauteurs caractérisent cette région mixte où le Bessin et la plaine de Caen se pénètrent et se confondent. J'avais espéré trouver dans ces campagnes les dentellières travaillant sur leur « carreau » à produire les tissus légers dont la réputation fut et est restée si grande ; je n'en ai pas aperçu une seule. La concurrence de la machine est passée par là ; si la mode ne revient pas aux dentelles à la main, la dentelle de Bayeux ne sera bientôt qu'un souvenir.

Il faut le regretter, il faut souhaiter un retour de la faveur à ce *point d'Alençon* qui, si longtemps, a joui d'une sorte de monopole, et que les dentelles, tulles et blondes mécaniques de Calais, de Caudry et de Lyon, pour parler de la France seulement, ont à peu près chassé. C'était pour la Normandie, d'Alençon à Caen et à Bayeux, une source de prospérité ; cette charmante industrie

---

1. Un autre bourg de la vallée, Tilly, où rien n'avait attiré mon attention, a été, depuis mon passage, le théâtre de scènes singulières. Plusieurs personnes ont cru voir la Vierge, et une foule immense de pèlerins accourt chaque jour à Tilly, près d'un arbre sous lequel les visionnaires prétendent distinguer l'apparition. (A.-D.)

s'alliait à merveille à l'exploitation du sol, la femme du petit cultivateur ou de l'ouvrier de ferme y travaillait tout en faisant son ménage, son salaire maintenait sur le pays des familles qui ont dû s'expatrier en partie. De 1830 à 1850[1] il y avait 40,000 dentellières dans les arrondissements de Caen et de Bayeux ; on en comptait encore plus de 30,000 en 1872. Le nombre a bien décru, on l'évalue à 6,000 à peine aujourd'hui.

A la fin du siècle dernier, la ville de Caen était le centre de l'industrie dentellière en Basse-Normandie. Peu à peu celle-ci s'est répandue dans les campagnes, elle y a ses derniers représentants, travaillant pour des maisons de Caen, Bayeux et Courseulles.

Au temps de la prospérité de cette industrie, les salaires ont atteint jusqu'à 1 fr. 50 c. et 2 fr. 50 c. par jour, aujourd'hui ils ont baissé dans des proportions effrayantes, ils sont en moyenne de 50 centimes ! Encore cela ne suffit-il pas à maintenir la fabrication ; il n'y a plus d'articles courants comme autrefois, on en est réduit aux nouveautés dont la mode s'empare et qu'elle abandonne aussitôt. On travaille à un dessin pendant

---

[1]. J'ai pris ces chiffres dans la belle monographie du Calvados publiée à Caen à l'occasion du Congrès pour l'avancement des sciences.

un mois et déjà il faut autre chose. Pour les fabricants, la continuation du travail dans ces conditions est un peu de la philanthropie. Chez MM. Robert, de Courseulles, qui m'ont fourni des renseignements sur la crise, on occupe 70 ouvrières ayant plus de 30 ans de service, quelques-unes ayant 60 ans d'âge et ne pouvant se livrer à une autre occupation. Le seul souci des fabricants est de conserver quelques commandes pour pouvoir maintenir l'outillage, et conserver les piqueurs en carte, dont l'apprentissage est assez long, etc. L'esprit est excellent ici, les ouvrières savent gré aux patrons des efforts tentés pour leur donner encore un peu de travail, aussi acceptent-elles avec résignation la réduction du taux de la main-d'œuvre dans l'espoir que la prospérité reviendra un jour.

En attendant, les industriels, avec une persistance touchante, cherchent des productions nouvelles; MM. Robert tentent de faire la laine au crochet. Souvent on est venu en aide à cette industrie menacée : Mme de Mac-Mahon et Mme Carnot ont fait en Normandie des acquisitions de dentelles pour essayer de ramener la mode. Peut-être y parviendra-t-on, mais l'époque brillante est bien finie, l'industrie familiale créée par Colbert ne saurait supporter la concurrence des machines merveilleuses que la France, l'Angleterre, la Suisse et la Saxe inventent ou perfectionnent chaque jour. Toutefois, les « blondes » et les « Chantilly » de Bayeux conserveront leur supériorité pour les articles de grand prix ; la dentelle vraie a passé déjà par tant d'alternances de crises et de fortune, qu'il est permis d'espérer encore.

Le département avait beaucoup fait pour empêcher une disparition de l'industrie dentellière : il donnait, ou donne encore, une prime de 10 fr. aux ouvrières pour chaque apprentie formée.

Courseulles est aujourd'hui le centre principal pour ce qui reste de dentellières, c'est un gros bourg d'apparence prospère, mais cependant bien loin de sa fortune passée. L'estuaire de la Seulles y forme un petit port que l'on a réussi à transformer en port de refuge au moyen de deux jetées en charpente conduisant à un avant-port et à un bassin à flot. La marine à vapeur a fait diminuer le mouvement de ce port ; d'autre part, l'abus des dragues a appauvri les bancs d'huîtres qui avaient valu à Courseulles une juste célébrité, les parcs sont moins peuplés, ils sont au nombre de cent ; les huîtres qui y sont élevées et y atteignent une grosseur et une saveur justement vantées, sont apportées de Saint-Vaast-la-Hougue ;

ce port les tire lui-même d'Arcachon[1]. L'huître de Courseulles est toujours d'un prix assez élevé, mais les intermédiaires et les droits d'octroi, souvent excessifs, empêchent l'ostréiculture de se développer.

J'ai dit adieu à Courseulles, qui trouve dans la visite des baigneurs une compensation à la décadence de ses industries. Le temps est doux, la mer superbe et je me propose de gagner Ouistreham à pied, puis, ce soir, Cabourg par le chemin de fer Decauville.

Dame! ce n'est pas la côte joyeuse qui s'éveillera en juillet! Les villas sont closes; pour trouver la vie, il faut aller dans les villages primitifs habités par des maraîchers et des pêcheurs. Entre ces villages et la mer s'étendent les rues bordées de villas qui regardent la Manche. Toute cette côte a pris, au point de vue balnéaire, un grand développement; le chemin de fer de Caen à Courseulles la borde et amène les baigneurs à portée de la plage. Elle est formée de petites dunes basses

---

[1]. Pour l'élevage des huîtres, voir à la 3ᵉ série du *Voyage en France* les chapitres sur Arcachon, les îles de Marennes et l'île d'Oleron; on peut lire encore à la 4ᵉ série les chapitres sur les îles du Morbihan; à la 5ᵉ série les chapitres XIII et XIV, enfin dans le présent volume le chapitre sur la Hougue. L'industrie ostréicole est plus spécialement étudiée à propos d'Arcachon et de Marennes.

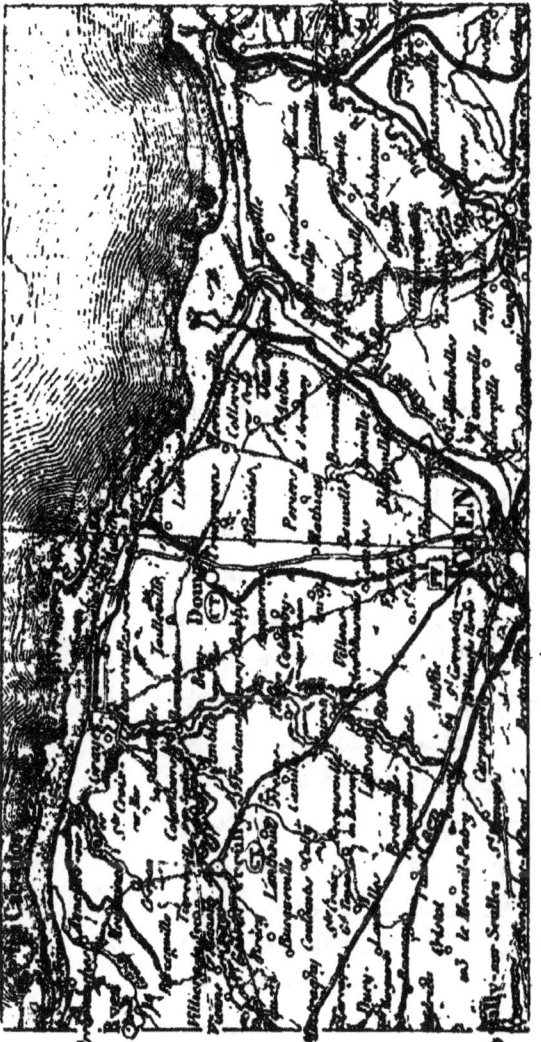

LE LITTORAL DU CALVADOS

D'après la carte de l'État-major au $\frac{1}{320,000}$.

devant lesquelles s'étend l'estran de sable doux, jusqu'aux récifs côtiers, chaîne de roches, couvertes à mer haute, qui rendent ces rivages inhospitaliers.

Du haut des dunes on a une vue immense sur la mer, à laquelle manquent ici les hauts rivages et les beaux arbres. La vue n'est pas moins étendue sur la plaine de Caen, qui serait monotone sans les hautes flèches d'église qui pointent partout. C'est la région où l'art normand s'est donné carrière avec le plus d'ampleur. La pierre abonde dans le sol, on a pu en retirer tous les matériaux de ces édifices dont beaucoup sont des chefs-d'œuvre. Bernières, le premier village, en venant de Courseulles, offre une admirable tour. Saint-Aubin, à une demi-lieue plus loin, est à front de mer, le village ancien et les villas modernes regardent la vaste étendue des flots venant, à marée haute, mourir à leur base. A côté est Langrune, dont l'église est fort belle et qui se double d'un village de baigneurs, annexe de la station plus fréquentée de Luc, où le chemin de fer de Caen rencontre la mer. Luc possède une belle digue ; elle a beaucoup de villas, un casino, des hôtels, des magasins, mais tout cela est fermé, des planches sont clouées sur les impostes, les cabines de bains sont à l'abri des tempêtes hivernales. Pour qui a vu, en été, cette jolie bourgade pimpante, animée, égayée par les toilettes, la sensation est singulière.

Parmi toutes les flèches d'église dressées dans la plaine de Caen, deux, jumelles, attirent davantage les regards. Certes, elles n'ont pas l'élégance ferme et robuste des hautes tours de la belle période de l'art, mais leur accouplement s'impose à l'attention. C'est l'église de Notre-Dame-de-la-Délivrande, l'un des pèlerinages les plus fameux de l'Ouest, le plus fréquenté peut-être après Auray. Comme tant d'autres rendez-vous religieux, la Délivrande doit son origine à une statue de la Vierge miraculeusement découverte ; celle-ci fut indiquée à des bergers par leurs moutons. L'église a été complètement restaurée, ou mieux reconstruite, on y trouverait malaisément trace des temples primitifs. Elle est charmante, ses tours ajourées retrouvent, vues de près, l'élégance qu'elles perdent à distance. Mais ces pyramides neuves sont froides, on sent qu'elles ne se sont pas imprégnées de l'âme des foules. Les ex-voto sont peu nombreux, les cierges brûlent en nombre médiocre. A bien des détails, on le devine, le concours de peuple se fait plus par tradition et « partie de campagne » que par piété. Cependant il passe chaque année près de 200,000 visiteurs à la Délivrande, ils font la fortune de la petite compagnie du chemin de fer de Caen à la mer.

Le village, autour de l'église, dépend du bourg de Douvres. C'est une longue, étroite et tranquille rue, où beaucoup de maisons ont conservé d'heureux détails de la Renaissance. Vues de cette voie, par-dessus les toits, les tours ajourées de la chapelle ont maintenant plus de grâce. A l'extrémité de la rue on est un instant dans les champs, près de Douvres au-dessus duquel s'élance, superbe, une tour de la belle époque ogivale.

Par un sentier à travers champs j'ai gagné Cresserons et Lion-sur-Mer. C'est toujours la plaine de Caen, mais la douceur du climat, due aux effluves de la Manche, et le voisinage des florissantes stations balnéaires ont modifié les méthodes agricoles. On fait moins de blé et de sainfoin, — cependant c'est là que M. de Basly élève ses superbes trotteurs; — la culture maraîchère domine, faite par de petits cultivateurs. La plaine est nue, sauf aux abords des villages entourés de ceintures d'ormeaux qui les protègent contre les vents.

Lion est une jolie station dotée de nombreuses

villas dans le goût normand, quelques-unes dignes des grandes plages de Beuzeval et de Trouville. Assez peu favorisée jadis par les moyens de communication, la côte est dotée d'une ligne Decauville pourvue de wagons élégants, la reliant à Luc, à Caen, à Cabourg et à Dives. Amusant chemin de fer dont les stations et les haltes en poutrelles et en briques rappellent les vieilles maisons de Caen et de Bayeux avec leurs pignons sculptés. Ce joujou de voie ferrée convient bien à ces groupes de villas d'une architecture si amusante, pittoresque et extravagante parfois.

Une des stations s'appelle Riva-Bella, nom italien au moins bizarre en pleine Normandie, à proximité du bourg qui a conservé le nom le plus northman ou saxon de ce pays : Ouistreham, jadis Oyestreham, — on prononce Ouistré-ame. Riva-Bella est une station balnéaire naissante, à laquelle des plantations de pins donneront un jour plus d'attrait. C'est la gare principale du petit réseau Decauville.

A un kilomètre est la station d'Ouistreham, au pied du bourg, à l'endroit où le canal de Caen à la mer se détache du bassin à flot pour se diriger, parallèlement à l'Orne, jusqu'à Caen. Ce bassin, l'avant-port, le lit marin de l'Orne dirigé par des enrochements, une rade profonde, font de ce petit golfe, ouvert entre le pays d'Auge et la plaine de Caen, un centre maritime très animé. De grands vapeurs stationnent au large; dans le bassin, des remorqueurs et plusieurs navires sont ancrés, prêts à monter à Caen ou à prendre le large avec la marée haute. Malgré cette activité maritime, il ne s'est pas construit de ville. Quelques baraques représentent les services du port, là s'abritent les éclusiers chargés d'ouvrir les portes par lesquelles le bassin et le canal communiquent. Un gril de carénage et des chantiers de construction, déserts en ce moment, complètent Ouistreham.

L'Orne atteint la mer par un large estuaire où peuvent monter avec le flot des navires de 80 tonneaux. Il en passe encore quelques-uns, ils vont s'échouer à Caen au lieu de stationner dans les bassins du port.

La berge du canal sert d'assiette au Decauville. On longe continuellement le chenal au pied de coteaux percés de carrières. A Benouville se détache l'embranchement de Cabourg, il traverse le canal et la rivière sur des ponts tournants. Aussitôt sur la rive on est en plein herbage. Prairies conquises sur la mer et pentes de collines sont déjà le pays d'Auge. A Sallenelles on trouve de hautes dunes commandant l'embouchure du petit fleuve. Elles sont nues et tristes, la mer est loin, il faut faire un kilomètre dans les sables pour gagner le rivage, et pourtant les hameaux de la route, dépendant de Sallenelles et de Merville, ont tous des écriteaux annonçant des maisons à louer pour la saison. Mais on ne trouve de villas dignes de ce nom qu'à partir du Home. L'étroite bande de dunes en est couverte ; beaucoup sont fort belles, luxueuses, très vastes ; elles forment une ville coquette en bordure de la côte. En cette saison tout est clos, pas une fumée sur les toits, tous les volets sont hermétiquement fermés, même l'église a des volets verrouillés.

De jeunes arbres croissent sur les dunes, de beaux parcs entourent ces charmantes fantaisies qui achèvent dignement la façade des stations balnéaires allant de l'estuaire de la Seine à l'estuaire de l'Orne. Le Home est du reste une simple annexe de l'élégante ville de bains de Cabourg, conçue sur de si vastes proportions, dont les rues en éventails aboutissent au centre de l'admirable terrasse de 1,600 mètres de longueur bordant la mer. Ces rues droites, plantées d'arbres, se terminent dans la campagne, au sein de la grasse et plantureuse, mais humide plaine où la Divette serpente au milieu des herbages. Cette ville, tracée sur un plan majestueux capable de contenir

40,000 âmes, est, en dehors de la *saison*, une commune de 1,000 habitants à peine, juste autant que la bourgade de Dives, ville déchue, située sur l'autre rive de la Dives, au pied de belles collines.

## XII

### LA VALLÉE D'AUGE

La plaine de la Vie. — Mesnil-Mauger. — Mézidon. — Méry-Corbon et ses herbages. — Les herbagers de la vallée d'Auge. — Achats de bœufs. — Dans les « cours ». — Le haut et le bas pays. — Dozulé. — La butte Caumont et Dives.

*Trouville, février.*

Bien que l'on ait coutume d'appeler pays d'Auge toute la région d'Orbec, de Lisieux, de Pont-l'Évêque et de Trouville jusqu'à la Dives, la véritable vallée d'Auge, pour les Bas-Normands, c'est la vallée inférieure de la Dives et de la Vie jusqu'à hauteur de Dozulé. Pour le visiteur, l'expression prise dans ce sens restreint est juste. Le paysage est bien différent en deçà et au delà du grand tunnel, long de 3,000 mètres par lequel on passe du bassin de la Touques dans celui de la Vie. Cette entrée de la vallée d'Auge semble gardée par le joli château de la Houblonnière, où l'art gracieux de la Renaissance a assoupli le caractère féodal de l'édifice. On roule dans une campagne agreste, très verte, remplie de pommiers, arrosée par des ruisseaux clairs ; soudain le vallon cesse, on débouche dans une vaste plaine ondulée, bordée de collines bleues ; au sud les hauteurs de Vimoutiers prennent dans l'éloignement l'aspect de petits monts[1].

La plaine n'est qu'un immense pâturage animé par le bétail. En ce moment, les animaux sont assez rares, mais je décris le pays d'après mes souvenirs du dernier été. Dans les grands herbages, clos d'arbres de « hauts bords », ormeaux à la ramure puissante, croît une herbe épaisse. Ces clos sont appelés ici des *cours*. Ils renferment presque toujours une maison en *colombage*, c'est-à-dire en poutrelles entre-croisées, peintes en brun et remplies avec du torchis ou des briques crues revêtus de plâtre souvent badigeonné en rose. Dans ces cours, des pommiers bien soignés, sans gui, sans lichen, aux troncs soigneusement débarrassés des mousses. Et ainsi sur les ondulations de la plaine et les premières pentes des collines se poursuit sans fin l'océan d'arbres dont un voyageur a dit que c'était « un immense pommier sous un immense ormeau ». Peu de terres labourables : il faut s'élever sur les collines pour trou-

---

[1]. Voir sur Vimoutiers et Camembert la 2ᵉ série du *Voyage en France*, p. 135.

ver, sur d'étroits plateaux, un sol remué par la charrue.

Vers Mesnil-Mauger, les arbres cessent pour faire place à des prairies sans limites apparentes. Ici se réunissent deux cours d'eau, la Vie et la Viette, et aboutissent les chemins des hautes vallées et l'embranchement de voie ferrée de Sainte-Gauburge, qui traverse la région laitière de Vimoutiers. Mesnil-Mauger est la gare principale de la contrée d'élevage. D'immenses quais permettent l'embarquement du bétail.

Descendons à la station pour traverser les herbages par ces petits chemins bordés des talus immenses qui caractérisent le pays. On est en plein terroir pastoral, les bêtes au pâturage sont admirables de santé et soignées avec amour. Par-dessus une barrière j'aperçois une bonne femme qui vient de traire sa vache et l'époussette tendrement.

Un coteau couvert de pommiers se dresse au milieu de la plaine, le chemin le gravit. Du sommet j'ai, par instants, une vue merveilleuse. On est ici à la limite de la vallée d'Auge et de la plaine de Caen. Vers cette dernière ce sont des étendues sans bornes de guérets bruns et de moissons naissantes ; de l'autre côté, la plaine opulente où errent la Vie et la Dives, ceinte de hauteurs verdoyantes. A la marge des deux régions, la vaste gare de Mézidon, où aboutissent des voies ferrées venues de quatre directions ; plus loin, assis sur les bords de la Dives déjà large et claire encore, le gros bourg sans caractère de Mézidon.

Par de jolis chemins, je suis descendu à Quetiéville, village enfoui sous les ormeaux de cours sans nombre, plantées de pommiers luxuriants. Fossés et plantations masquent la vue ; malgré la richesse de ce sol, l'excursion deviendrait fastidieuse si, à la jonction avec la route de Caen, au Bras-d'Or, le rideau des arbres ne s'écartait tout à coup pour montrer un tapis vert, d'un vert profond, étendu jusqu'aux hauteurs de Hotot, si uni qu'on ne peut distinguer les lits de la Dives, de la Morte-Vie et de la Vie, errantes rivières de ces merveilleux herbages.

Le mot merveilleux n'est pas excessif, nous sommes ici au sein du pâturage le plus justement célèbre de la France entière ; nulle part on ne trouverait herbe plus savoureuse et de plus rapide croissance. Sous ce ciel humide recevant sans cesse les tièdes vapeurs de la mer, un sol très perméable reçoit les eaux des pluies et des brumes et les absorbe sans leur laisser le temps de séjourner.

Dans toute la Normandie, les herbages de Corbon sont cités comme le type de la fertilité. « Perdez-y votre bâton le soir, sur le pré fauché, dit un proverbe, vous ne le retrouverez pas le matin. »

L'herbe y « pousse le bœuf », dit un autre dicton. Et, près de Falaise, un paysan voulant me dépeindre cette végétation exubérante ajoutait : « A Corbon, quand les bœufs ont tondu la cour le soir, ils ont, le lendemain, 25 centimètres d'herbe à manger de nouveau ! »

Certains herbages ont une réputation particulière, comme les crus en pays vignobles ; on cite la « cour » de Corbon, où 40 hectares suffisent à engraisser 90 bœufs. Le spectacle de ces animaux puissants et lourds, paissant sans cesse l'herbe sans cesse renaissante, est un des plus curieux que puisse offrir la vie rurale ; ils présentent le plus parfait exemple du bonheur et de la quiétude stupides. A peine les bœufs ont-ils la force de lever parfois leurs yeux vagues et doux, aussitôt ils se remettent à tondre le pâturin et le trèfle blanc.

C'est le spectacle du printemps et de l'été ; aujourd'hui l'herbe est courte encore, et le bétail est loin de couvrir les 60 ares par tête, fixé par les coutumes. Encore, pour le nourrir, lui portet-on des bottes de foin qu'il mange à même le sol. Pour assurer aux animaux cette nourriture hivernale, on doit faire de grands approvisionnements au printemps ; la population du pays ne saurait suffire à faucher, faner et botteler tant de foin ; on a recours aux ouvriers agricoles de la Basse-Normandie.

La quantité de bétail qui reste en ce moment dans les herbages est d'environ le quart de la population animale d'été, mais les vaches sont assez nombreuses et dans tous les vallons adjacents on élève de superbes chevaux ; à Victot, notamment, M. Aumont a produit la plupart de ses fameux coureurs.

Dans quelques jours, les habitants de la vallée vont se mettre en route ; réunissant leurs économies, ils se rendront dans le Maine, l'Anjou et jusqu'au fond du Poitou pour acheter les bœufs maigres, anémiés par une nourriture insuffisante et par le travail de la charrue et des transports. Les grandes foires de ces provinces les connaissent bien, ces Normands de taille haute et puissante, cachant une redingote sous la grande blouse, coiffés de casquettes de loutre ; très fins, malins comme pas un pour exagérer la maigreur et les défauts du bœuf de travail qu'ils marchandent. Ils « roulent » consciencieusement le paysan du

Maine, cependant malin, ils devinent, sous la peau flasque et terne de l'animal, le futur monument de graisse destiné au marché de la Villette.

Aussitôt l'animal acheté, il est marqué au moyen de lettres découpées à coups de ciseaux dans le poil ; lorsque la foire est terminée les bœufs sont amenés à la gare la plus proche et dirigés sur Mézidon ou Mesnil-Mauger.

Beaucoup d'herbagers font trois séries d'acquisitions pendant l'année : mai et avril, juin et juillet et deux ou trois mois d'hiver, périodes suffisant à donner un peu de chair à des bêtes émaciées, mais ce n'est pas le véritable engraissement. Le riche « herbager » laisse les bœufs pendant huit mois au milieu de la cour et les vend seulement en hiver, prolongeant la vente jusqu'au moment du concours agricole de Paris. Par ce long séjour on obtient les animaux gras les plus remarquables.

Le Calvados tout entier envoie à Paris, à la Villette, 25,000 à 30,000 bœufs et 10,000 vaches grasses chaque année.

En ce moment, l'engraissement subit une crise. Jadis le prix moyen de la location des herbages était de 300 fr. à l'hectare. C'est le chiffre cité par M. du Haÿs dans une étude sur la vallée d'Auge publiée il y a 30 ans bientôt. D'après M. le comte de Saint-Quentin, en sa notice sur l'agriculture du Calvados, contenue dans le volume de l'Avancement des sciences, ces fermages ont diminué de 30 p. 100. Peut-être y a-t-il d'autres causes que la concurrence étrangère, puisque le prix de la viande n'a pas baissé — bien au contraire.

Si les gras pâturages de la vallée, au bord des rivières, sont dénués d'arbres, les petites collines riveraines vers Cambremer et Argences sont, au contraire, couvertes de superbes pommages. Toute la contrée, jusqu'à la Touques, produit des cidres fameux. Autour de Hotot, où m'ont conduit les hasards de l'excursion, j'ai rencontré de nombreuses plantations nouvelles. De longtemps nous ne manquerons pas de cidre de la vallée d'Auge ! On apporte dans ces plantations des soins extrêmes ; le choix des arbres est une grosse affaire ; la culture du pommier est devenue une science complétée par l'application rationnelle des principes de Pasteur sur la fermentation. Aussi le cidre d'autrefois noir et plat, souvent acide, tend-il à disparaître et d'importants marchés s'ouvrent à cette boisson agréable et saine. Mais, hélas ! en même temps s'accroît la distillation des cidres et des lies ; l'usage des eaux-de-vie mal rectifiées s'étend de plus en plus et cause des ravages dans une population jadis sobre.

Au delà de Troarn, la vallée d'Auge est toujours fertile et prospère, mais on ne retrouve plus les prés opulents de Corbon. La vallée est plus ample et s'étend, uniformément plane, jusqu'à la mer, entre des herbages très verts encore. Ce ne sont plus les herbages de choix dits du *haut pays*. C'est le *bas pays* ici, région marine il y a quelques siècles, où la mer remonte pendant les grandes marées ; alors, si le flot marin correspond à des crues causées par les pluies, l'eau saline et l'eau douce se mêlent, s'épanchent par-dessus les berges, couvrent l'herbe de vase, de débris et de sel. C'est la *crétine*. Toute herbe souillée devient insalubre, le bétail qui la mange maigrit et se décolore il faut le déplacer ou le vendre.

Ce n'est pas le seul mal : sur le sol ainsi rendu malsain, le chardon s'installe triomphant et couvre de vastes espaces.

La crétine et le chardon sont deux des quatre fléaux signalés par M. du Hays dans les pâturages du bas pays. Les deux autres sont les mulots et le raguet. Tout le monde connaît le mulot. Ces animaux, voyant qu'on ne fait plus paître les bœufs dans les prés atteints de crétine, arrivent par bataillons dans les herbes épaisses et s'en emparent. Veut-on ramener les bœufs quand l'herbe a repris sa vigueur ? ces ruminants sont troublés par les mulots qui leur sautent au mufle ; en même temps l'odeur musquée de ces bestioles détourne le bœuf des points fréquentés par elles. Ne pouvant manger, l'animal à l'engrais dépérit.

Le quatrième fléau est le *raguet*. C'est une plante amie des marécages, fort nuisible aux animaux qui la broutent. De tous ces maux, deux au moins, le chardon et le raguet, peuvent être détruits si les propriétaires le veulent ; quant au mulot il ne tardera pas sans doute à être soumis aux inoculations pasteuriennes qui ont fait de telles hécatombes de leurs congénères en Artois.

A la limite de ces herbages du bas pays un beau vallon s'ouvre au cœur de ce qu'on pourrait appeler le massif d'Auge, entre la Dives et la Touques. C'est le vallon de Dozulé. On gagne ce bourg riant par une route tracée à travers de jolies collines herbeuses, remplies d'arbres. Dans les « cours » de grands poiriers aux formes élégantes, destinés à la production du poiré, tranchent sur la végétation basse des pommiers. De petits bois accidentent le paysage, çà et là des sapins se dressent autour de belles demeures. Dans ce gai paysage, les maisons en colombage peintes de couleurs claires se détachent heureusement.

Dozulé est un gros bourg de moins de 1,000

habitants ; il a l'aspect d'une petite ville ; l'unique rue est très longue et très large, bordée de jolies maisons à un ou deux étages, bâties en briques avec des cordons de pierre blanche, ou ornées de damiers formés par des briques de diverses teintes. Le soir, les nombreux magasins brillamment éclairés et les lignes de réverbères font illusion, on se croirait dans une vraie ville ; même, au café, on lit un organe local, le *Journal de Dozulé !* Le pâtissier, les épiceries « parisiennes », les quincailliers, dont les boutiques pleines d'ustensiles de cuivre indiquent l'aisance du pays, la pharmacie aux bocaux de couleur rivalisent d'éclat. Les auberges et les hôtels ont conservé le classique aspect d'autrefois. En somme l'impression est charmante.

J'ai passé la nuit à Dozulé, et ce matin suis venu à Dives par les riantes collines de Grangues et la Butte-Caumont, une des plus belles courses à faire en Normandie. Sans cesse on a en vue un paysage grandiose, depuis les lointaines collines de Vimoutiers et du Bocage jusqu'aux environs du Havre, dont on distingue nettement les abords et les phares. Les églises de la plaine de Caen, les tours de Falaise, l'Orne entre ses coteaux, toute la vallée d'Auge, verdoyante entre ses collines bordées de pommages ; j'ai joui toute la matinée de cet admirable panorama et de la mer calme et radieuse. On ne se serait jamais cru en février.

A l'extrémité de la petite crête, un mamelon isolé, la Butte-Caumont, terminé en falaise sur l'estuaire de la Dives, porte une colonne monumentale érigée, comme celle de Formigny, par les soins d'Arcisse de Caumont, le grand archéologue normand. Elle rappelle le souvenir de la conquête de l'Angleterre, préparée ici, dans cet estuaire aujourd'hui ensablé, où la Dives est devenu un étroit chenal. Alors une des plus grandes flottes dont fasse mention l'histoire du monde stationna dans le vaste bassin, cinquante mille hommes accourus pour prendre part à la curée campèrent sur ces vertes collines, attendant, pendant un mois, l'heure propice pour mettre à la voile.

Dives groupe ses maisons autour de la vieille église qui a remplacé celle où venaient prier les rudes et pieux compagnons de Guillaume. C'est un bel édifice dans lequel on a gravé la liste des principaux chefs qui prirent part à la conquête de l'île de Bretagne. La ville est bien petite, mais à ses côtés une des plus belles usines de Normandie vient de se créer. La nuit, des feux électriques se projettent en nappe éblouissante sur la rivière et la mer. Ils viennent de l'établissement de la Société française d'électro-métallurgie pour la fabrication des planches et tubes de cuivre rouge par l'électrolyse. L'usine peut produire de 250 à 300 tonnes par mois de planches, tubes et fils.

Le choix de Dives est assez singulier ; ce pauvre petit port éloigné de tout centre industriel est au cœur de la plus florissante des régions de bains de mer du littoral de la Manche, entre Cabourg au plan superbe et le double village balnéaire de Houlgate-Beuzeval, un des plus riants de Normandie par le goût, la richesse et la fantaisie qui ont présidé à sa construction. Les chalets entourés de jardins fleuris, les rues plantées d'arbres, l'amphithéâtre en pente douce des parties hautes, forment un ensemble exquis, digne de cette plage d'un sable doux, de ces collines d'un vert profond. La vallée de Beuzeval s'ouvre au cœur même de l'élégante ville ; opulente, plantée de bois, couverte de pommiers et de grands poiriers. Dans cette verdure des villas, des châteaux, de gaies demeures d'herbagers animent le paysage. Cette zone fraîche, si vraiment normande, se termine brusquement sur la mer par de hautes falaises noires dont les fantastiques éboulis, au-dessous d'Auberville, sont une des grandes curiosités pour les baigneurs de Villers et d'Houlgate. Ces falaises, hautes de 110 à 120 mètres, doivent à la marne leur nom de « Vaches noires », sous lequel elles sont devenues célèbres En quelques parties de ce rivage, les dislocations ont été baptisées par les visiteurs. Il y a le *désert* et le *chaos* où l'amoncellement des roches éboulées et les parties restées debout présentent un fort curieux spectacle.

A côté de ces ruines de falaises, dans une des plus belles situations de la côte, aux flancs de collines couvertes de parcs, de châteaux et de chalets, est la belle station de Villers-sur-Mer, plus largement étalée que Houlgate. De là, bordant la côte, un chemin conduit à Bénerville et à Deauville, à travers une contrée presque déserte encore, mais qui ne tardera pas à devenir une rue de villas formant jusqu'à Trouville une seule cité de plaisance. La mode a fait bien d'autres miracles par ici!

## XIII

### EN LIEUVIN

De Bernay à Lisieux. — Lisieux et ses vieilles rues. — Le drap renaissance. — Industries disparues. — La vallée de l'Orbiquet. — Mailloc. — Orbec. — Vallée de la Charentonne. — Broglie. — Abords de Bernay. — Les rubaniers de Thiberville.

Pour le voyageur en route vers Caen et Cherbourg, Lisieux, de toutes les villes du chemin, laisse davantage l'impression d'une grosse ville, mais d'une cité industrielle, aux puissantes usines. On vient de remonter, depuis Serquigny jusqu'à Bernay, la riante vallée de la Charentonne dont les manufactures, dressant à chaque barrage leur haute cheminée, ne peuvent détruire la grâce ; à partir de Bernay on est entré en plein pays d'Auge, sur les plateaux du Lieuvin où les pommiers abondent ; les maisons en colombages semées au flanc des coteaux complètent ce paysage de la Normandie classique ; brusquement apparaissent des faubourgs de briques d'une banalité navrante, étouffant d'anciens hameaux restés aimables par leur décrépitude et les poutrelles brunes des chaumières. Et la ville apparaît, pressant d'innombrables toits entre les collines. De hautes cheminées, des façades percées de nombreuses fenêtres, des jets de vapeur impriment à Lisieux un caractère saisissant de ville de fabriques.

Jamais impression ne fut plus injuste. Lisieux vu de la gare et Lisieux parcourue à pied sont deux villes absolument différentes d'aspect. Si plusieurs quartiers sont trop modernes, avec leurs maisons à quatre ou cinq étages et leurs rues droites et régulières, la ville, prise dans son ensemble, est un legs précieux du moyen âge. Ses vieilles maisons de bois aux pignons aigus, aux poutres sculptées, sont parmi les plus intéressantes de la Normandie. Telle de ses rues, la rue aux Fèvres, devrait être conservée comme monument historique; c'est le type le plus complet de rue citadine à la fin du moyen âge; on ne trouverait nulle part autant de pittoresque et d'imprévu que dans cette voie montante où les costumes et les enseignes modernes semblent un contre-sens.

Hélas! peu à peu elles tombent, ces vieilles demeures qui ont pour nous un parfum du passé. Des maisons modernes, sans caractère, insèrent leurs façades plates entre les édifices ventrus, surplombant, qui donnent tant de charme à la vieille cité épiscopale. Déjà les bourgeois de Lisieux sont plus fiers de leur boulevard circulaire, des artères régulières de la route de Pont-l'Évêque et du grand rectangle de la place Thiers que de l'amusant quartier de la rue aux Fèvres. Les monuments ouvrent maintenant sur ces voies neuves. La cathédrale Saint-Pierre, une des plus vastes églises de Normandie, une des plus intéressantes aussi, a perdu à ne plus dominer le fouillis des vieilles masures, cependant elle a conservé le grand escalier de sa façade qui lui donne tant de majesté. Une autre église, Saint-Jacques, a moins d'ampleur, elle aussi est précédée d'un perron, mais elle ouvre en bordure sur une rue de maisons trop régulières.

La vie se porte surtout aux abords de la gare où les usines bordent les deux rivières, l'Orbiquet et la Touques. Dans cette Normandie, où le coton est surtout l'objet mis en œuvre par les manufactures, Lisieux est un îlot assez intéressant par son genre d'industrie. On y travaille principalement la laine, les déchets surtout, pour obtenir ces tissus à bas prix appelés renaissance, et dont on fait une si grande consommation pour les objets confectionnés. C'est la même production qu'à Vienne en Dauphiné, mais la place de Lisieux est bien moins considérable¹. Pourtant elle occupe encore de 1,000 à 1,200 ouvriers et fait pour une dizaine de millions d'affaires. L'industrie s'accroît en ce moment après une longue période de dépression. Il y a 40 ans Lisieux fabriquait pour 23 millions de draperie commune. Mais Lisieux ne possède pas, comme Vienne, toutes les industries annexes, il y a une seule maison d'impression, le reste des tissus est envoyé à Maromme, près de Rouen, pour y subir l'impression et les apprêts. Aujourd'hui la production est purement mécanique, tous les tisserands à la main ont disparu.

Jadis Lisieux était un grand centre de production pour les toiles, elles firent au moyen âge la réputation du Lieuvin, les prés du pays d'Auge avaient la réputation de blanchir à merveille les tissus. Réputation si bien ancrée que, lors de mon passage à Caen, on m'avait assuré que les fabricants du Nord, Armentières et Lille, envoient blanchir leurs toiles à Lisieux afin de pouvoir les baptiser « toiles de Normandie ». La légende est curieuse, mais c'est une pure légende, on ne blanchit pas de toiles pour le Nord et l'on n'en fabri-

---

1. La 7ᵉ série du *Voyage en France*, p. 105, renferme sur l'industrie de la draperie renaissance à Vienne une étude complète à laquelle nous renvoyons les lecteurs que cette question peut intéresser. (*Note des éditeurs.*)

que guère. Dans la banlieue deux usines tissent encore le lin, une ou deux font la cretonne, elles sont en ce pays parmi les rares survivantes des nombreuses manufactures qui, jadis, animaient les vallées. L'*Almanach de Lisieux* ne signale plus que cinq fabricants de toiles et un blanchisseur de fils.

L'industrie de Lisieux est donc aujourd'hui presque exclusivement confinée dans les cuirs et la « renaissance ». Pour cette dernière, le grand marché est Lille, où la confection à bas prix possède l'un de ses sièges principaux. Le Nord, qui a tué l'industrie des toiles en Lieuvin, lui restitue donc, sous une forme indirecte, une partie des ressources dont il a privé ce pays.

Mais que de désastres ont vu ces vallées jadis si actives ! J'ai remonté ce matin la vallée de l'Orbiquet, une des plus gracieuses du pays d'Auge, à chaque village on aperçoit les cheminées et les vastes constructions des usines ; combien ont les vitres brisées, les toitures enlevées ! Ces régions, où jadis vivait une population ouvrière nombreuse, ont failli redevenir purement agricoles. La rubanerie de fil, ou « ruban de Normandie », y entretient encore un certain nombre d'établissements, d'autres dépendent de Lisieux, ils effilochent ou filent pour son compte.

PARTIE CENTRALE DU LIRUIN

D'après l: carte de l'état-major au $\frac{1}{320,000}$.

Cette vallée de l'Orbiquet est une simple bande de prairies, large de 1 kilomètre à peine, fermée par de jolies collines et arrosée par une des plus pures riviérettes que l'on puisse voir : rapide, claire, travailleuse. De belles habitations, une ligne presque ininterrompue de hameaux en font une des régions les plus vivantes de l'ouest. Au Mesnil-Guillaume un château se mire dans l'Orbiquet; très coquet, original dans son plan et ses détails, il captive l'attention. Partout des pommiers qui, en été, masquent de leur ramure les maisons basses mais riantes.

Au cœur de la vallée le château de Mailloc, flanqué de grosses tours rondes, entouré de douves profondes, s'élève dans un parc semé de bouquets de conifères ; le site rappelle les castels des petits vallons de Touraine. Ce fut le chef-lieu d'une seigneurie importante ; quatre villages l'encadrent : Saint-Martin, Saint-Denis, Saint-Julien et Saint-Pierre, chacun portant accolé à son nom celui de Mailloc.

Les usines se succèdent, quelques-unes assez vastes; peu à peu, les filatures de laine font place aux fabriques de rubans. La Chapelle-Yvon, Tordouet, Saint-Martin-de-Bienfaite sont autant de petits centres industriels d'aspect heureux. Au fond on voit rapidement grandir le clocher d'Orbec.

C'est une fort aimable petite ville, digne capitale de cette riante vallée. Les usines n'ont pas modifié son caractère archaïque ; de vieilles maisons, des hôtels particuliers de noble ordonnance en rendent la visite attrayante. Vue des collines voisines, elle présente un pittoresque coup d'œil par la variété de ses toits couverts de tuiles ou d'ardoises, dominés par l'église dont la tour carrée ressemble si peu aux belles flèches de la campagne de Caen.

L'Orbiquet, au delà d'Orbec, n'est plus un ruisseau manufacturier, c'est un des cours d'eau les plus savamment aménagés de France ; les irrigations semblent ici avoir atteint la perfection. De tous les coteaux descendent des sources conduites sur les prairies par des rigoles. Même dans la vallée de l'Ante, près de Coulibœuf, où l'on a tiré un si grand parti des eaux, les herbagers ne sauraient présenter des arrosages aussi bien entendus. La principale source de l'Orbiquet, à la Foletière, est une des plus abondantes de l'ouest.

Le chemin de fer m'a conduit à la Trinité-de-Réville. Il gravit des pentes crayeuses boisées de pins et de sapins, puis s'élève par des tranchées creusées dans le silex pour atteindre le plateau d'entre Orbiquet et Charentonne. Région sèche et pierreuse, contrastant fort avec les grasses vallées voisines. Les noms mêmes des lieux indiquent une nature sévère : la Mare-Péreuse, le Chesnai, Saint-Laurent-des-Grès. On traverse encore quelques herbages, mais les grandes cultures dominent. Des porcs vaguent par les chemins, des bouquets de pins épars dénoncent la lande ; les maisons sont de chaume et de torchis.

On redescend bientôt : la vallée de la Charentonne apparaît aux regards plus profonde, plus sévère que celle de l'Orbiquet ; elle ne possède point la rangée de hameaux qui donne tant de charme à sa voisine. Les habitations se sont portées de préférence dans une vallée adjacente, celle de la Guiel où le gros village de Montreuil-l'Argillé, marché pour les beurres et les œufs, est le point le plus vivant de la contrée. La Guiel et la Charentonne, réunies à la Trinité-de-Réville, forment un cours d'eau abondant. Déjà elles ont fait mouvoir des usines, la rubanerie a des ateliers à Saint-Pierre-de-Cernières et Montreuil-l'Argillé. La Trinité-de-Réville, infime village, possède près de la gare une belle manufacture, véritable phénomène en cette région : un moulinage de soie.

Je n'ai pas de train avant 7 heures du soir pour aller à Broglie et Bernay, et il est 2 heures et demie à peine. Je ferai la route à pied, il y a 13 kilomètres seulement. Le paysage est attrayant, la rivière sinue en des prés verts ; on m'indique un chemin à travers les herbages et bientôt me voici sur l'autre rive. La route de Broglie est au pied d'une colline aride, quelques maisons entourent une usine abandonnée, l'une d'elles est un magasin d'épicerie dont l'enseigne est en grec !

Le vallon, très étroit déjà, se rétrécit encore, les pentes se boisent et donnent un aspect de gorge. Au fond pointe le clocher de Broglie, très aigu, entouré par les toits d'ardoises du bourg. En quelques minutes on est dans la rue large, tranquille et proprette où les maisons de colombage bien entretenues, peintes de couleurs vives relevées par les poutrelles brunes, font honte aux monotones façades de briques qui s'élèvent çà et là. Sur la place est l'église, en voie de restauration ; en ce moment les maçons mettent à nu les massifs piliers de poudingue supportant les colonnes et les voûtes de pierre blanche. Les fenêtres de si pur style roman, jadis masquées, sont dégagées. Quand ces travaux seront finis, l'église de Broglie aura retrouvé son élégance primitive.

Contre une maison voisine de l'église a été érigé un petit monument en l'honneur de Fresnel, l'inventeur dés phares lenticulaires ; le grand ingénieur est né dans cette maison en 1788.

Le principal monument de Broglie est le château ; non qu'il ait un bien grand caractère, mais sa position au sommet de la colline et son beau parc en font une admirable résidence. Il a été construit sur les ruines du château primitif qui s'appelait Chambrais, comme la ville. C'était un des domaines de la baronnie de Ferrières, achetée en 1716 par la famille de Broglie, d'origine italienne. En 1742 Ferrière fut érigée en duché-pairie pour le maréchal de Broglie, celui-ci donna son nom à la terre. Depuis lors Chambrais n'a plus cessé de s'appeler Broglie, mais les habitants n'ont pu s'accoutumer à la prononciation italienne Bro-yeu, en usage dans le monde politique et aristocratique, ils disent Brogli. Quant à Chambrais, ce nom est complètement oublié. Le parc a perdu cette singulière parure qui faisait dire à Arthur Young, en 1788 : « Le château est entouré d'une telle quantité de haies tondues, doubles, triples et quadruples, que ce travail doit faire vivre la moitié des pauvres de cette petite ville. »

La route de Bernay ne suit pas la Charentonne ; la rivière poursuit sa course dans l'étroite vallée en faisant mouvoir les machines des filatures de coton de la Ferrière et de Saint-Quentin-des-Iles ;

la route s'élève sur le plateau où elle croise l'allée de hêtres centenaires, longue de près de mille mètres, formant au château la plus merveilleuse des avenues, puis elle s'en va par de plates campagnes. Ce serait la Beauce sans les innombrables enclos derrière lesquels on voit les toits de chaumes et les cheminées rouges d'où montent à cette heure de légers nuages de fumée. Ces enclos sont très nombreux aux abords de Broglie où ils forment deux groupes : les Quatre-Fossés et le Hamel, mais plus loin c'est la terre rase ; dans les guérets vont des troupeaux de moutons gardés par des bergers vêtus d'une ample limousine. Aucun village, aucune maison au bord de la route, les kilomètres défilent l'un après l'autre, les bornes qui les indiquent rompent seules l'uniformité de ce ruban rectiligne, sur près de deux lieues.

A hauteur de Saint-Quentin-des-Iles le paysage s'égaie, des allées et des massifs d'épicéas tranchent sur la monotonie du plateau, on voit se creuser la vallée entre des pentes boisées. Les deux hameaux de la Grande et de la Petite-Malouve, avec leurs maisons encloses dans les vergers, apportent enfin la vie. Dans chaque clos paissent de jeunes veaux ; chaque maison a sa ruche. C'est d'un calme et d'un agreste profonds ; le type idéal de la chaumière, telle que nous la rêvons aux heures des ambitions modestes et sages.

A partir de la Malouve jusqu'à Bernay, la route se transforme en allée de parc; d'un côté, de grands hêtres, des ormes et des pommiers, de l'autre des pins font une avenue solennelle à une pyramide élevée sur un tertre. C'est le monument érigé à la mémoire des gardes nationaux de Bernay tués dans l'héroïque tentative de défense de cette ville ouverte. Il disparaît sous les couronnes et les palmes. On ne passe pas sans émotion devant l'humble édicule.

Au-dessous se creusent les petits vallons dont la réunion forme le beau bassin où s'est élevé Bernay. C'est un très joli site; vue des hauteurs, la petite ville est charmante; elle perd un peu à être parcourue, surtout pour qui a vu Lisieux et Orbec, si riches en maisons anciennes. Ce chef-lieu d'arrondissement de l'Eure s'est par trop modernisé; il est propre et tranquille, mais lorsqu'on a visité l'église Sainte-Croix et l'étrange capharnaüm de vieux bâtiments monastiques où l'on a donné asile au sous-préfet, à la mairie, aux prisons, à la bibliothèque, à un musée, aux tribunaux, à bien d'autres choses encore, sans les rendre plus agréables à la vue, on connaît à peu près tout. L'antique abbaye de bénédictins, devenue siège de la vie administrative, dut cependant avoir quelque splendeur, à en juger par l'ancien réfectoire, aujourd'hui la salle où viennent les plaideurs.

Mais dans la vallée de la Charentonne, en amont, est un des beaux édifices gothiques de Normandie, Notre-Dame-de-la-Couture ; placée au flanc de la colline, cette église est un des plus heureux motifs du site de Bernay.

La ville a peu d'usines, elle fabrique des casquettes et possède quelques rubaneries et deux filatures de coton, mais elle est au centre de ces deux industries dans les vallées de la Charentonne et de l'Orbiquet. Toutefois elle est dépassée par un bourg de l'arrondissement situé en dehors des cours d'eau, sur un plateau solitaire : Thiberville. Là, et dans les villages voisins : des manufactures occupent près de 300 ouvriers et produisent chaque année pour plusieurs millions de marchandises : ruban de fil, de coton, sergés, etc. Ces usines, alimentées en filés par les filatures du voisinage et celle de Rouen, comprennent, outre le tissage, la teinture et les apprêts ; leur existence, sur ce haut plateau, à 180 mètres d'altitude, loin des cours d'eau et de la voie ferrée, n'est pas une médiocre surprise.

Il y a longtemps que Thiberville fabrique des

rubans, une des maisons de la place a plus de cent ans d'existence : un des aïeux, Robert Lécuyer, faisait déjà tisser à la main en 1780. Aujourd'hui il y a une vingtaine d'établissements dans la région. Drucourt, qui vit naître l'industrie, a trois usines ; Thiberville en a deux ; Bernay, deux ; Bournainville, une ; Duranville, une ; Friardel (Calvados), une. Les autres établissements travaillent à la main, on en trouve à Saint-Mars-de-Fresnes, Saint-Aubin-de-Scellon, Thiberville, Saint-Vincent-du-Boulay, Bournainville et Saint-Victor-de-Chrétienville.

# XIV

## TROUVILLE ET LA CÔTE DE GRÂCE

Le type du paysage normand. — La vallée de la Touques. — Le Breuil-en-Auge. — Fabrication du fromage : la légende du camembert. — Le Pont-l'Évêque et ses glorieux parchemins, le fromage Mignot. — Pont-l'Évêque. — Trouville et la côte de Grâce. — Honfleur.

*Honfleur, mars.*

La prodigieuse fortune de Trouville, en amenant chaque année des milliers de visiteurs dans la jolie ville assise à l'embouchure de la Touques, a beaucoup fait pour créer dans l'esprit le type de la vallée normande. Sur tant de voyageurs accourus en cette station fameuse, où il faut avoir été vu pendant la « grande semaine », pour être qualifié et appartenir au Tout-Paris, quelques-uns ont eu d'autres préoccupations que les toilettes à mettre le matin à la ville, l'après-midi à la plage, le soir au casino. Ceux-là, pendant la course rapide du train, n'ont pas dédaigné d'admirer un peu de vraie et saine nature, sans chalets gothiques, sans palais italiens ou mauresques, il leur est resté un doux souvenir de ce passage entre des collines couvertes de pommages, où se dissimulent les pittoresques maisons normandes, et des prés d'un vert profond et doux, où les vaches laitières, enfoncées jusqu'à mi-corps dans l'herbe épaisse, élaborent sans cesse le lait crémeux qui donnera le fromage de Pont-l'Évêque et le fromage mignot.

Peut-être aussi le lundi matin, quand revient le *train des maris*, plus d'un voyageur a-t-il comparé l'existence calme des herbagers de la vallée à la fièvre qui le harcèle à Paris l'hiver, à la côte, l'été; peut-être a-t-il fait pour un instant le songe atavique de reprendre la vie pastorale. O plus d'habit noir ! plus de smoking, plus de conventions.....

Brusquement les hauts bâtiments d'une caserne, l'obscurité profonde d'un tunnel, une rue banale de ville industrielle :

— Lisieux ! dix minutes d'arrêt, buffet !

Le charme est rompu ; en vain le pays de Bernay, la gracieuse vallée de la Risle, les prés verts de l'Iton s'offriront-ils aux yeux du voyageur, il ne songera plus à son rêve d'un instant, la vie mondaine si factice ou la fièvre des affaires l'auront ressaisi.

Mais pour celui que de telles préoccupations

ne sauraient hanter, l'impression reste précise : on se dit qu'il serait bon de courir un matin par cette campagne luxuriante, à pied, en s'arrêtant au revers des chemins creux, au moment où les primevères et les violettes égaient de leurs couleurs et de leurs parfums les talus trop uniformément verts, comme tout le paysage, en cette saison tiède et pleine de promesses, où les bourgeons des pommiers se gonflent et font prévoir la neige rosée qui, bientôt, couvrira le pays tout entier.

Des primevères, j'en ai vu déjà et des pervenches aussi, si les pommiers n'ont pas bourgeonné encore, et l'idée m'est venue de gagner Pont-l'Évêque au matin, non par la route nationale trop amplement et régulièrement tracée au flanc des coteaux de la rive droite, mais par l'autre versant parcouru par un chemin vicinal sinueux à souhait, suivant sans cesse la marge des grands herbages.

Ce serait monotone si ce n'était exquis. Aussitôt sorti des faubourgs de Lisieux et de la traînée obligatoire des cabarets et des maisons humbles, prolongement des faubourgs de ville importante, on est en pleins herbages. Ils sont plus gras et plus riches qu'en amont. Ce phénomène a toujours surpris, on l'a attribué jadis à la traversée de Lisieux par la Touques. Les égouts de la ville, les résidus des fabriques de *frocs* répandus sur les prés par les crues d'hiver, auraient pour résultat de faire croître plus vigoureusement les herbes. On trouverait difficilement ailleurs prairies plus belles ; il faut être du pays d'Auge pour leur préférer à première vue les « cours » de Corbon.

On va ainsi pendant cinq lieues au pied des collines couvertes de pommiers régulièrement plantés dans les prairies, en vue d'autres collines semblables. De petits vallons s'entr'ouvrent, affectant parfois, d'amusante façon, des allures de gorge où des ruisselets se mutinent. Pas de gros villages, mais d'innombrables maisons isolées ; de vieux manoirs, des châteaux modernes couronnent les hauteurs ou se dressent à mi-côte. Et partout, sous les pommiers, dans les larges prairies du fond de la vallée, d'innombrables vaches paissant lentement.

Au delà de Coquainvilliers j'ai traversé la Touques pour gagner le Breuil-en-Auge. Le Breuil n'est point un village, mais une route semée à distance de maisons entourées d'un herbage, « d'une cour ». Le Breuil est le centre le plus considérable pour la fabrication du fromage dit de Pont-l'Évêque ; c'est un marché considérable pour les produits tirés du lait dans toute cette plantureuse contrée.

Le fromage de Pont-l'Évêque a ses fanatiques : s'il n'est pas aussi fin que le camembert, il dépasse le livarot dont le parfum spécial n'est pas du goût de tout le monde. Pour toute cette famille calvadosienne des fromages, si nombreuse, le Pont-l'Évêque est l'ancêtre, il n'a pas la légende touchante du camembert, mais Guillaume de Lorris en parlait déjà en 1230 dans le *Roman de la Rose,* et si j'en crois le volume de l'Avancement des sciences, Hélie le Gordien lui aurait consacré un chant tout entier dans un poème publié il y a 235 ans. Combien de gens, fiers de leur origine, n'ont pas d'aussi respectables parchemins !

Je viens d'apprendre comment, de nos jours, on fabrique le pont-l'évêque, mais il faut d'abord compléter ce que j'ai raconté jadis sur le camembert[1]. J'ai dit sa fabrication et nul ne m'avait appris sa légende ; pour la connaître, il m'a fallu venir chez les concurrents de la vallée de la Touques.

Donc, avant la Révolution, un bon curé, dont on ne dit pas le nom, avait trouvé le moyen de fabriquer ces fromages gras et onctueux. Pendant

---

1. *Voyage en France,* 2ᵉ série, page 135.

la Terreur, le prêtre se vit menacé ; une paysanne de Camembert, Marie Fontaine, femme de l'herbager Harel, le cacha et réussit à le sauver. Pour témoigner sa reconnaissance, le curé enseigna à ses hôtes l'art de fabriquer son fromage. La bonne femme porta ses produits à Argentan, où ils furent appréciés ; dès 1798, il y avait dans cette ville un dépôt de camemberts. La fille aînée des Harel se maria avec un sieur Pagnel, elle en eut quatre enfants qui, tous, eurent part au fameux secret et allèrent s'établir sur divers points du pays d'Auge d'où ils répandirent la réputation de ce nouveau produit.

Le pont-l'évêque s'est vu détrôner dans sa réputation par ce camembert né dans le coin de terre où naquit Charlotte Corday et que l'on ne connaîtrait pas sans la Terreur. Même il a perdu son nom du moyen âge et de la Renaissance, *angelot*, et ses formes amusantes : croissants, fleurs de lys, dauphin, cœurs, lièvres, croix du Saint-Esprit. L'angelot, corruption, paraît-il, d'angelot, du nom du pays d'Auge, est un fromage carré, sans prétention.

Il ne faudrait pas s'y fier ; malgré l'apparente simplicité de sa forme, ce fromage qui eut des aïeux dans les vivres expédiés aux croisés, a des distinctions : une noblesse, une bourgeoisie et un populaire. La noblesse c'est le fromage de *commande* ou de *lait doux* ; il se fait sans eau ; le fromage de deuxième qualité est fait de lait tiède mélangé du cinquième au huitième avec de l'eau bouillante; la troisième qualité de lait plus abondamment additionné d'eau bouillante. La première qualité et même la deuxième ne se font qu'en automne, septembre et octobre surtout, elles se conservent très bien ; quant à la troisième, le fromage d'été, on aurait peine à la garder trois mois. La première qualité nécessite quatre litres de lait pour un fromage de 1 fr. 50 c. On calcule qu'une vache peut donner par jour deux fromages de 2 fr. Le bénéfice produit par une vache, année moyenne, est de 350 fr.

On vend plus de 150,000 douzaines par an de ces fromages, valant environ 2 millions de francs Mais le fromage de commande atteint à peine 30,000 fr.; nous ne le connaissons pas à Paris.

En dehors du camembert, du livarot et du pont-l'évêque, on fait encore le mignot. Celui-ci a conservé le nom de ses inventeurs ; on le fabrique entre Cambremer et Dozulé, autour de Hottot-en-Auge et de Beuvron. Mais en fromages *passés* et fromages *blancs* le mignot ne dépasse pas 50,000 douzaines valant 15,000 fr. En somme, on évalue à plus de 10 millions la production des fromages en Calvados ; le chiffre s'élèvera encore par la substitution continue du camembert aux autres produits. Ce fromage est en effet le plus recherché de tous ; grâce aux chemins de fer, il pénètre en des parties de la France où il était inconnu. Il n'est pas de table d'hôte de gros bourg où il ne fasse apparition. Mais que de camemberts, malgré les enveloppes en feuille d'étain et les étiquettes flamboyantes, ne sont jamais venus du pays d'Auge !

Du Breuil-en-Auge à Pont-l'Évêque il y a deux lieues dans cette campagne heureuse où l'homme ignore la charrue et les autres outils du laboureur, où tout le travail se borne à aller traire les vaches dans l'herbage et, durant la saison d'hiver, porter aux animaux le foin récolté pendant l'été au moyen de la main-d'œuvre louée. Plus encore que dans les pays méditerranéens, le paysan peut vivre sur le sol sans grand souci et sans grande peine. Faut-il s'étonner si, dans les parties hautes du pays, sur les crêtes et sur les plateaux, les propriétaires abandonnent peu à peu la culture pour transformer les terres arables en prairies complantées de pommiers ? Sous cet humide et tiède climat, l'herbe s'empare du sol avec une avidité extrême, on obtient ainsi sans effort trois produits sur lesquels les dépressions économiques ont peu de prise : le lait, la viande et le cidre.

Pont-l'Évêque, la petite capitale de cette région fortunée, est bâtie au point où la vallée de la Touques s'élargit, où la vallée de la Calonne, une des plus riantes du Lieuvin, vient finir. C'est un centre naturel pour le pays, de nombreuses routes y aboutissent, le chemin de fer de Trouville et celui de Honfleur s'y rencontrent. Ce sont bien des éléments de prospérité. Aussi la ville est-elle coquette et d'aspect fortuné. C'est une unique rue formée par la route de Caen à Honfleur, au confluent des deux rivières. Sauf une église de belles proportions mais dont la tour est enlaidie par d'énormes abat-son remplaçant la flèche, sauf quelques maisons de bois, deux ou trois beaux hôtels du XVII<sup>e</sup> siècle, dont l'un sert de sous-préfecture, rien n'attire l'attention ; mais l'ensemble est aimable et reposant, les rivières sont claires et les prés forment une pelouse merveilleuse animée par des centaines de vaches au poil roux largement tacheté de blanc. O la calme ville champêtre, où rien n'évoquerait d'idées sévères si une plaque de marbre n'indiquait la maison où naquit, en 1796, le futur amiral Hamelin.

En route pour Trouville. En quelques minutes

le chemin de fer y conduit; on suit le côté droit de la vallée en vue des herbages de plus en plus étendus, où peu à peu s'élargit la Touques sous l'influence du flot de marée. La rivière se replie en d'infinis méandres, comme pour retarder la rencontre de la mer. On la traverse au village de Touques, c'est déjà un estuaire; les usines et les chantiers de construction se succèdent, puis les vastes installations d'une gare. On est à Trouville.

Faut-il décrire Trouville ? Je la dépeindrai telle que je la vis tout à l'heure, ses rues montueuses d'une placidité monacale, ses autres voies larges, bordées de grands hôtels et de villas allant du luxe le plus raffiné, des suprêmes élégances et de la majesté au mauvais goût le plus prétentieux. Puis une plage immense, d'un sable fin et doux, bordée par une digue sur laquelle s'alignent des villas. Mais tout cela est endormi, les volets sont clos, les parterres envahis par les herbes. Dans deux mois la cité se réveillera, les équipages sillonneront les quais, graviront les verdoyantes allées de la colline, la plage s'emplira d'une foule dont la grande occupation sera de changer congrûment de toilettes aux heures fixées par le code spécial à Trouville. La vie y sera exécrable, très chère, mais tout le monde voudra avoir été de la « semaine ».

Ce Trouville brillant et opulent est séparé de Deauville par le port d'échouage où affluent les barques de pêche et le bassin à flot entouré d'im-

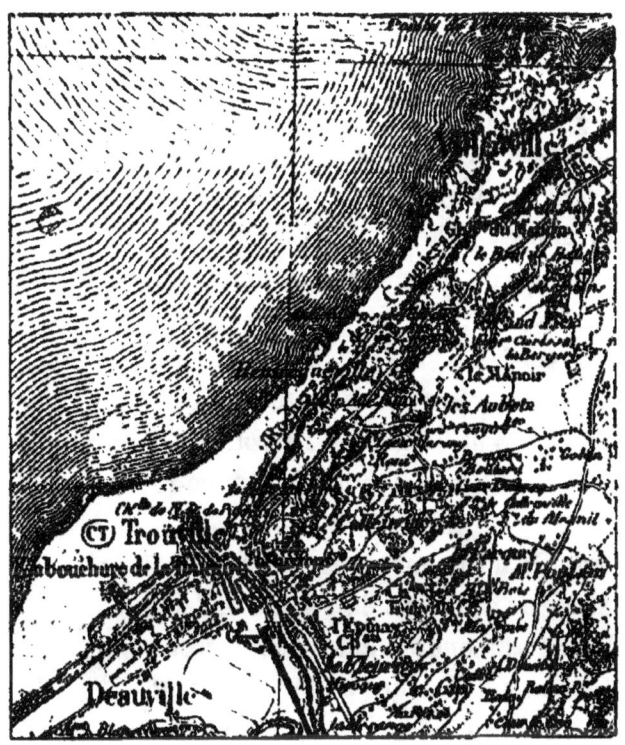

menses tas de bois et de charbon. C'est un coin banal de ville maritime où la fumée et la poussière règnent en maîtresse. Trouville, par sa situation au débouché d'une des plus riches vallées de Normandie, ne pouvait en effet manquer de devenir un port assez considérable, son mouvement dépasse 100,000 tonnes.

La ville balnéaire de Deauville prolonge jusqu'au bassin même ses larges avenues plantées d'arbres; si Trouville est morne en ce moment, sa voisine est navrante. Trouville a du commerce, une population stable, elle pourrait se passer de baigneurs; rien de semblable dans la création du duc de Morny. Elle est ville de bains avant tout, tout est fermé ou vide ; même, sur une place, un piédestal de granit est veuf de sa statue. L'aurait-on remisée pendant l'hiver ? La chose est plus tragique : on avait mis ici la statue du duc de Morny, mais après la chute de l'empire, on a jeté bas l'effigie d'un des auteurs du coup d'État.

Le vrai Deauville n'est pas dans ces avenues encore peu bâties, où s'élèvent de vagues villas ; les hôtels et les villas monumentales sont à front de mer sur l'immense boulevard ou terrasse long de 1,800 mètres bordant une zone de sables gazonnés au-dessous duquel s'étend, mais assez loin, la plage. Peut-être ces constructions sont-elles trop uniformes ; la brique à deux tons dont la plupart sont bâties, manque de gaieté. Pendant la grande semaine, l'animation mondaine transforme la terrasse silencieuse ; un petit Decauville y court, de luxueux équipages s'y croisent sans cesse.

Il manque à cette création de la spéculation les arbres dont Trouville est si amplement dotée.

L'hippodrome de Deauville, où les courses fameuses, principale réjouissance de la « semaine » de Trouville, ont lieu, est entre la ville et le chemin de fer, dans une pelouse superbe, au pied du mont Canisy, dont une des croupes porte le village primitif de Deauville.

La colline, à laquelle Trouville est adossée, offre en raccourci toutes les grâces de la campagne normande, embellie ou plutôt enjolivée par les constructions monumentales des châteaux et des villas disposés sur les routes sinueuses. Jusqu'à mi-chemin de Villerville on rencontre ces demeures opulentes, entourées de parcs ombreux et fleuris. Cette route de Villerville est toujours au-dessus et en vue de la mer, présentant d'un côté les lignes douces des collines de Dives et la longue côte basse de Lion et de Luc, de l'autre les hautes falaises du Havre et le majestueux estuaire de la Seine. Malgré la distance, on distingue nettement les maisons de la grande cité maritime, ses jetées et la forêt des mâts immobilisés dans les bassins.

Villerville, où se sont créées des villas, n'a pas de plage ; sous sa noire falaise sont des amas de galets et de sables artificiellement obtenus. Ce promontoire battu des flots est bordé d'une végétation puissante, plus belle encore lorsqu'on est descendu dans la petite plaine de Criquebœuf, dominée par les belles collines qui portent la forêt de Touques. La végétation vient jusqu'à la mer, malheureusement jaune et vaseuse, car nous sommes ici à l'embouchure de la Seine. Dans ces arbres, au milieu des herbages, il y a des détails charmants ; ainsi Pennedepie avec son église couverte de lierre et son joli moulin, et Vasouy aux vallons enchantés, d'où, par un sentier, on atteint la côte de Grâce, sa chapelle et les arbres centenaires qui la protègent des vents. Du sommet on embrasse un des beaux panoramas de la France, du moins à marée haute, lorsque les bancs de vase de la Seine sont recouverts. Alors cet immense estuaire où courent les navires, les hautes et vertes collines qui le bordent, la grande cité du Havre étalée au pied de ses coteaux, forment un de ces tableaux dont on ne peut se lasser.

Au-dessous de la côte de Grâce s'ouvrent des rues étroites. De vieilles maisons de bois, des pignons aigus, des ruelles obscures, une église gothique en bois, rappelant certains édifices de Norvège, produisent une impression étrange pour qui vient de Trouville. C'est Honfleur, le plus grand port du Calvados après Caen, dès lors bien inférieur au Havre[1].

Honfleur est, avant tout, une ville maritime où

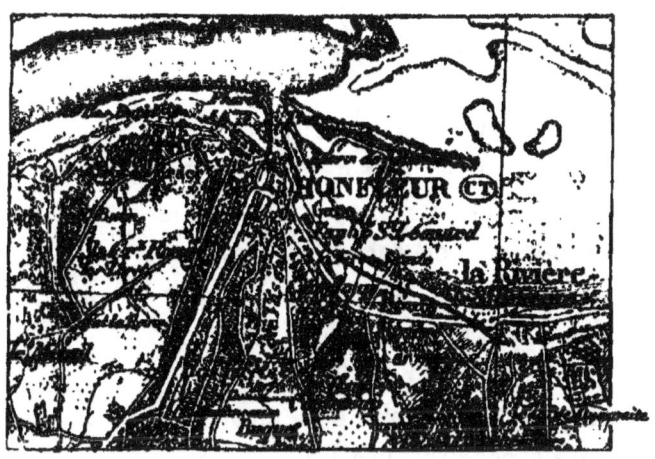

l'on débarque surtout les charbons anglais et les bois des pays scandinaves. Il y en a tant, de ces encombrants produits, que l'odeur du sapin semble planer sur la ville ; les principales usines sont les scieries qui débitent ou rabotent les arbres venus de Norvège et de Suède.

---

[1]. Le mouvement atteint environ 300,000 tonnes.

Les vieux ports ou bassins de l'ouest et du centre sont désertés depuis la création des nouveaux bassins, mais l'un d'eux a gardé sa ceinture de hautes maisons de bois recouvertes d'ardoises et cela suffit pour donner aux quartiers maritimes un caractère pittoresque que n'ont point les banales rues voisines, ni les vastes docks modernes aux quais sillonnés de rails et armés de puissantes grues à vapeur.

J'ai trouvé Honfleur bien changé : jadis sur sa plage vaseuse, des maisons et des jardins baignaient dans la haute mer leurs murailles lépreuses. On a entrepris de gagner sur l'estuaire une partie des espaces de sable et de vase pour faire un boulevard au milieu duquel sera érigé un monument à l'infortuné président Carnot. On y travaille activement ; lorsqu'on aura ainsi relié la jetée au phare et construit une ligne de belles maisons masquant les antiques masures, Honfleur aura vue sur l'estuaire ; au lieu de tourner le dos à la mer d'un air boudeur, elle lui fera front et regardera le Havre, l'heureuse rivale qui lui a ravi son ancienne suprématie sur l'embouchure de la Seine.

Honfleur, malgré cette concurrence, n'en est pas moins un centre maritime très vivant ; la ville est vaste, elle a su s'ouvrir vers les collines une superbe avenue longue de trois kilomètres. Par l'aspect général, on pourrait croire à une population plus considérable que les 10,000 habitants comptés par le recensement.

## XV

### LE MARAIS VERNIER ET LA RISLE

Autour de Honfleur. — Pont-Audemer et ses industries. — La Venise normande. — Le plateau de Sainte-Opportune. — Quillebœuf. — Le marais Vernier. — Une rue de trois lieues. — La vallée de la Risle. — Le Bec-Hellouin. — Le Neubourg. — Tempête autour d'un puits.

*Évreux, mars.*

Très « banlieue » les environs de Honfleur vers la Seine : des usines, des maisons ouvrières, de petits enclos remplis de poiriers fort bien entretenus, indiquant une culture fruitière intelligemment comprise. Tout le rivage, jusqu'au vallon de la Mordelle, est ainsi, avec un caractère industriel fort accentué. La Rivière-Saint-Sauveur possède plusieurs établissements considérables, notamment la grande fabrique de dynamite dite d'Ablon, qui domine immédiatement l'estuaire, du haut d'une abrupte colline de 88 mètres d'altitude.

Le chemin de fer de Pont-Audemer et de Pont-l'Évêque contourne ce volcan latent pour pénétrer dans la jolie vallée de la Mordelle, remplie de sources où croît le cresson, et de prairies encloses de grands arbres, couverte sur les pentes de sapins et de chênes. A la tête du vallon les voies ferrées se bifurquent, l'une d'elles va rejoindre à Pont-l'Évêque la ligne de Lisieux, en traversant par un tunnel de 3 kilomètres le plateau de Quetteville, l'autre passe au pied de rochers creusés de carrières pour contourner le riant bourg de Beuzeville et gagner Pont-Audemer.

Après une longue rampe, le train descend rapidement dans un vallon étroit, d'une aimable sauvagerie, pour aller déboucher dans la vallée de la Risle, à Toutainville. Ce site est un des plus gracieux de Normandie : le village a des villas dans les grands arbres, un ruisseau le traverse pour aller rejoindre le petit fleuve. La ligne ferrée longe les collines, traverse la rue principale de Pont-Audemer et atteint la gare, d'aspect presque monumental pour ces lignes dont les stations sont fort simples d'ordinaire.

Pont-Audemer devrait plutôt s'appeler *les* Ponts-Audemer : peu de villes enjambent autant de cours d'eau que cette jolie petite cité. La Risle et le ruisseau de Tourville s'y divisent en une foule de bras et de canaux pour la plupart dus à la main de l'homme.

Pont-Audemer ne ressemble pas aux autres villes normandes, accrues peu à peu en se prolongeant sur des chemins ruraux tracés au hasard, elle a été conçue ou rétablie sur un plan régulier. Des canaux de la Risle ont divisé le territoire, entre deux canaux on traçait une rue dont les maisons, par derrière, avaient toutes accès à la rivière pour les besoins de l'industrie ou du ménage. Ces canaux existent encore, ils ont conservé en partie leurs pignons aigus, leurs balcons, leurs étages en surplomb et leurs lavoirs ; ils donnent au passant l'illusion des cités du moyen âge. Cette disposition de la ville s'explique par son importance industrielle de jadis ; ses fabriques de tissus étaient célèbres et ses tisserands pouvaient laver les toiles et les frocs sans sortir de chez eux. Aujourd'hui, sauf pour les tanneries, nombreuses d'ailleurs, ces canaux, toujours alimentés par la Risle, servent surtout aux besoins du ménage.

Ce caractère de Pont-Audemer — qui se retrouve à Évreux, mais avec moins de régularité — a valu à ce passage de la Risle le nom de Venise normande. Le mot est un peu ambitieux : sur ces canaux manquent les gondoles et les palais. Cependant la Risle est navigable à partir de ce point, la marée remonte jusqu'au pont et de petits navires de mer viennent aux quais. Jadis l'importance maritime de Pont-Audemer était plus considérable, les travaux effectués pour améliorer la Seine ont été plutôt nuisibles à la tenue de la Risle, pourtant les navires de 3 mètres de tirant d'eau pourraient monter jusqu'à la ville sans le haut-fond de la Rosaie, qui entrave la navigation. Des travaux projetés feront disparaître ce seuil et assureront une navigation régulière permettant l'existence d'un service de remorquage à vapeur. Aujourd'hui les navires suivent, par leurs propres moyens, le lit de la Risle tracé dans les atterrissements de la baie de la Seine et doivent être remorqués par des chevaux dès qu'ils atteignent la vallée vers Conteville, où naquit Guillaume le Conquérant. Malgré ces difficultés, le port est encore assez fréquenté, il a un mouvement de près de 30,000 tonnes. Le rôle industriel de la ville permettrait une navigation plus active. Pont-Audemer est un des grands centres de France pour la fabrication des cuirs; une vaste papeterie, aux environs deux filatures de coton considérables, une fabrique de toiles cirées, complètent ce groupe travailleur peuplé de 7,000 habitants, en y comprenant le faubourg de Saint-Germain-Village.

La rue principale, très large, n'a pas le caractère ouvrier qu'on pourrait supposer; c'est une jolie voie bordée d'élégantes maisons et sur laquelle s'élève l'église Saint-Ouen, malheureusement inachevée et mutilée, bel édifice de la fin de la période ogivale, où la Renaissance s'affirme déjà par bien des détails gracieux. Les vitraux méritent une visite, ce sont de précieux spécimens de l'art du verrier en Normandie. Malgré son inachèvement, l'église produit une impression profonde.

Pont-Audemer n'est pas seulement une ville de fabriques, c'est aussi une ville intelligente : elle possède un petit groupe d'hommes passionnés pour l'étude du pays; un de ses monuments, la bibliothèque, a été construit pour abriter les collections d'un savant, Canel, dont le nom a dépassé les limites de sa ville natale. Un de ses amis, M. Montier, longtemps maire de la ville, auquel on doit de belles écoles, possède d'intéressantes collections. Il m'a conduit ce matin à travers les curiosités de Pont-Audemer.

Je voulais visiter le marais Vernier, ancien golfe de l'estuaire de la Seine dont on poursuit la conquête sur le fleuve. Le temps est peu propice pour une telle excursion; il pleut à verse et le ciel semble s'assombrir encore. La route de Quillebeuf sort de Pont-Audemer par un vallon étroit, creusé au sein des hautes collines de la rive droite de la Risle. Beaucoup d'herbages, beaucoup d'arbres, des buissons déjà verts et pleins de chants d'oiseaux, de charmantes maisons ; tout à coup on débouche sur un vaste plateau de cultures, où de vieux pommiers clairsemés rompent seuls la monotonie. Peu de maisons sur la route jusqu'à Saint-Ouen-des-Champs, mais un beau parc, puis on pénètre dans une interminable rue bordée de maisons couvertes en chaume, très misérables pour la plupart, chacune enchâssée dans une « cour » close de haies vives et plantée de pommiers ; cette rue est la partie principale de Sainte-Opportune, on la suit longtemps avant d'entreprendre une longue descente ; le plateau est à 130 mètres au-dessus de la mer et 5 kilomètres seulement séparent Sainte-Opportune de Quillebeuf.

La pluie n'a pas cessé, mais elle est plus fine, elle tombe d'un brouillard intense, épais à couper au couteau ; on ne distingue rien, de rauques sifflets de sirène se font entendre. On est près de la Seine et on ne la voit pas ; bientôt j'atteins la falaise du fleuve, je devine l'abîme, au-dessous c'est une bande d'ouate. Enfin, on aperçoit vaguement une masse sombre qui glisse, d'où monte le bruit d'une sirène : c'est un grand vapeur se dirigeant sur Rouen.

Peu à peu les yeux se font à cette opacité ; d'ailleurs, la brume, chassée par le vent, est moins épaisse ; on distingue un flot gris, assez peu large, contenu sur la rive droite, très basse, par des digues dont la ligne forme comme un cordon sombre. Voici des maisons, un quai, un bac à vapeur dérapant pour traverser le fleuve, c'est Quillebeuf A la vue de ma voiture, les enfants accourent : des enfants bruns, aux yeux vifs, aux lèvres rouges ; les fillettes surtout ont un regard perçant et plein de flamme. Les hommes sont bruns de peau, leurs cheveux noirs, leur taille, inférieure à celle des blonds Normands du plateau, semblent indiquer une colonie du Midi venue s'installer sur ce promontoire, des frères peut-être des marins du Pollet à Dieppe. Les hommes sont groupés sur le quai, auprès des embarcations prêtes à être mises à flot par les porte-manteaux, ce sont des pilotes de la Seine et des pêcheurs. La ville entière regarde le fleuve, la Seine en est la vie.

Singulière situation, celle de cette petite ville à la pointe d'une colline encore langue de roche au milieu des flots il y a quelques siècles. Ses deux ou trois rues, très étroites, sont allongées au pied de la falaise. A l'extrémité du promontoire est l'église, précieux reste de l'art roman ; ainsi perdue sur cette pointe, entourée des étendues immenses du marais et du fleuve, elle rappelle un autre temple chrétien perdu dans les solitudes à demi marines, les Saintes-Maries-de-la-Mer[1]. Cette église semble un navire amarré au rivage. Cet aspect a sans doute fait inventer l'histoire dont s'esclaffent encore les gens du Roumois, pays dont Quillebeuf fut la capitale : Un matin les Quillebois virent des ordures devant l'église ; afin de pouvoir passer ils imaginèrent d'attacher celle-ci avec des câbles et de la tirer. Elle résistait, un passant, voyant ces efforts, prit une pelle et débarrassa le seuil ! C'est d'ailleurs bien normand, car on prête la même aventure aux gens de Castilly, dans le Bessin.

Les Quillebois et les Quilleboises doivent sans doute à leur origine étrangère les plaisanteries de leurs voisins; on en raconte bien d'autres encore. La seule authentique est l'aventure du *Télémaque;* ce navire, en janvier 1790, échoua dans la Seine; l'équipage ayant disparu, on prétendit que le *Télémaque* était chargé des millions du roi Louis XVI expédiés en Angleterre à cause de la Révolution. En 1843 on réussit à retirer le navire de la vase : les millions s'étaient transformés en bûches et en bois de construction !

---

1. Voir la 8ᵉ série du *Voyage en France.*

J'ai mal choisi mon jour, la marée descend, il ne faut pas compter voir le mascaret aujourd'hui ; après déjeuner nous nous remettons en route.

La brume s'est un peu dissipée, on aperçoit distinctement le rivage opposé jusqu'aux cheminées des usines de Lillebonne. La Seine, contenue entre les digues qui ont permis de créer un chenal régulier et profond aux grands navires montant à Rouen, est ici médiocrement large — 400 ou 500 mètres seulement --; on la perd de vue dès qu'on a dépassé l'église pour prendre le chemin longeant les marais.

A Quillebeuf fait suite Saint-Aubin, village de masures autour d'une très humble église, construit à la marge du marais dont le préserve une digue. Ce n'est point le marais Vernier encore, mais une conquête plus récente, due aux endiguements de la Seine, derrière laquelle se sont déposées des alluvions qui ont formé une immense plaine, aujourd'hui couverte de pâturages. Cette *Plaine* — c'est son nom dans le pays — n'est pas encore habitée, mais au printemps et à l'automne des milliers de bestiaux l'animent. Elle se termine au sud contre une digue dite des Hollandais, construite en 1607 par des ingénieurs des Pays-Bas appelés par Henri IV et qui ont colmaté ainsi l'immense golfe circulaire envahi par les marées, creusé au sein du plateau du Roumois entre les pointes de Quillebeuf et de la Roque. Ces terrains,

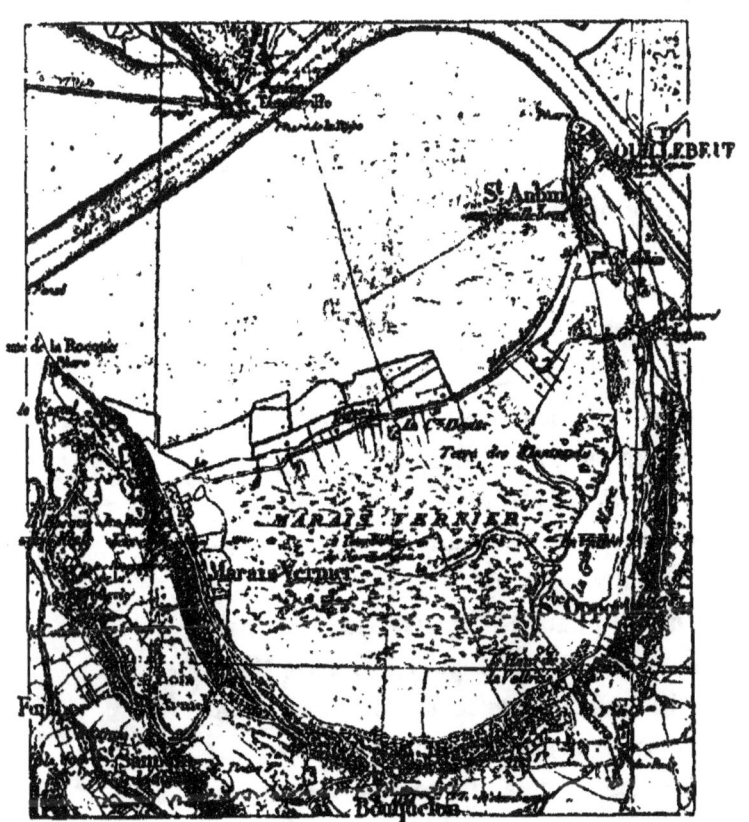

conquis par ordre du Béarnais, portent le nom de Marais-Vernier.

La digue s'appuie à la dernière maison de

Saint-Aubin, suivie par un chemin qui aboutit à la pointe de la Roque. Une autre route passe au flanc de la colline, en vue du marais ; par là je vais rentrer à Sainte-Opportune.

D'abord cultivé ou converti en belles prairies que paissent des vaches nombreuses, le marais se transforme peu à peu. Ses bords sont bien soignés, il y a de grands enclos soumis à une culture intensive, on y produit notamment des choux en abondance ; mais au delà sont de fauves étendues de roseaux desséchés entourant une vaste lagune, longue de 2,000 mètres, large de 800 : la *Grande Mare*, bassin où les chenaux de desséchement conduisent toutes les eaux. Cette nappe, très poissonneuse, dit-on, est fort morne ; de grands golfes, appelés *crevasses*, y aboutissent ; on voit leur traînée claire entre les roseaux. Quelques saules indiquent les autres canaux.

Pas une maison dans l'immense étendue ; par contre, le bord du marais, depuis la Grande Mare jusqu'au point où commence la *Plaine*, est une rue ininterrompue de chaumières construites dans les jardins et les vergers. Cette rue, longue de 12 kilomètres, s'appelle, aux environs de la Grande Mare, la vallée de Sainte-Opportune ; à l'ouest elle prend le nom de Marais-Vernier, porté par une commune. Toutes ces demeures sont couvertes en chaume de roseaux. Le marais produit une quantité prodigieuse de plantes aquatiques.

En venant tout à l'heure, j'avais remarqué sur tous les poteaux télégraphiques des affiches annonçant la vente de roseau pour litière, ou de roseaux *bédannes* qui servent à couvrir les toits; c'est par 12,000 à 15,000 que les bottes sont annoncées.

Le marais Vernier, à en juger par ses vastes prairies, pourrait être de plus grand rapport; il suffirait d'épuiser régulièrement avec des machines les eaux de la grande mare pour tout transformer en pâturage et supprimer les moustiques et les fièvres, fléau des populations en été.

Les magnifiques « courtils » ou jardins produisant les « melons de Honfleur », les choux et d'autres légumes, et cultivés avec tant d'ardeur par les *maraiquais*, montrent ce que pourraient devenir les 2,000 hectares encore marécageux sur les 4,500 gagnés sur la Seine, si des moulins à vent ou à vapeur enlevaient régulièrement les eaux stagnantes.

La voiture monte lentement à Sainte-Opportune par une route tracée en lacets à travers bois; pendant ce temps, j'ai pris, guidé par un maraiquais, un sentier conduisant directement au village. Chemin faisant, mon compagnon m'a raconté l'existence de cette curieuse population. Il est très attaché à son marais ; quand, parvenu sur le plateau, il me montre, à travers une éclaircie, cette plaine énorme, ceinte de sa colline demi-circulaire et bornée de l'autre côté de la Seine par le promontoire de Tancarville, il me dit d'un ton qui ne souffre pas de réplique :

— N'est-ce pas que c'est beau !

Maintenant voici de nouveau des cultures, puis la côte du Longval, bassin fermé par deux collines semblables à deux forteresses, et la Risle, et Pont-Audemer, où je vais prendre le train du Neubourg.

Le chemin de fer remonte la vallée de la Risle, large et verte, où la rivière serpente en bras nombreux au milieu des prairies. La pente est assez forte pour avoir permis la création d'usines dont la plus considérable est la filature de Corneville. Sur la vallée s'ouvrent des vallons agrestes, gardés à leur issue par des villages fort pittoresques avec leurs maisons en colombage aux grands auvents et leurs escaliers branlants. Condé, Appeville à l'élégante flèche, Saint-Philbert, égaient ces doux horizons. En face de ce dernier village, au pied d'une abrupte colline, le gros bourg de Montfort se mire dans l'eau claire du petit fleuve. Dans cet ample bassin les chemins de fer de Pont-Audemer et d'Évreux viennent se souder à l'importante ligne de Serquigny à Rouen, par laquelle se font les relations entre la Haute et la Basse-Normandie, entre Rouen et Caen. Cette dernière voie remonte la vallée de la Risle par la ville travailleuse de Brionne, en vue des fabriques dont, jusqu'à Serquigny, la rivière est bordée. La ligne d'Évreux remonte un vallon étroit rempli de sources entre le village manufacturier de Pont-Authou et le Bec-Hellouin, annoncé de loin par la haute tour de son abbaye, si belle avec ses grandes baies ajourées et ses pyramidions surmontant la balustrade. Au-dessous, les bâtiments de l'antique monastère ont encore grande allure, mais ils sont devenus une annexe du dépôt de remonte de Paris. Les cavaliers et les chevaux animent aujourd'hui cette maison fameuse. Le parc, enfermé entre de puissantes murailles, sert de promenade aux animaux préparés pour l'armée; ils ont piétiné une vaste pelouse qui tranche en noir sur la tonalité verte de ce paysage. Le village voisin est très petit, il groupe ses maisons autour d'une humble flèche d'ardoises.

Le vallon, plus haut, se rétrécit, les sources abondent partout, au pied du bois du mont Mal, derrière lequel est la vallée de Brionne. Brusquement le vallon se fait gorge, des pentes de craie couvertes de pins et de chênes dominent le liséré vert des petits herbages ; plus haut encore les prés cessent, ce sont des bois bien entretenus, où les vides sont repeuplés en pins à la ramure sombre. A bien des détails on devine un domaine exploité sur des bases scientifiques; en effet, cette forêt fait partie du domaine d'Harcourt, appartenant à la Société nationale d'agriculture. C'est l'ancien parc des seigneurs d'Harcourt, originaires de cette partie de la Normandie et pour qui fut érigée en duché-pairie, sous ce même nom d'Harcourt, la terre de Thury, sur l'Orne[1]. Du chemin de fer on ne voit ni le château, ni le bourg.

Les pins, les mélèzes et les chênes disparaissent peu à peu ; la voie ferrée remonte dans un vallon sans eau courante, mais encore verdoyant. Un instant, au delà d'un bassin de prairies, on aperçoit une ville sur la hauteur, étageant ses toits en amphithéâtre autour d'une église. C'est le Neubourg, où bientôt le train est arrêté.

Le Neubourg n'est pas une de ces bourgades dont la visite s'impose, cependant elle a quelque intérêt, c'est un des grands marchés agricoles de la Normandie, le plus grand pour les grains. Sa

---

1. Voir chapitre X, pages 181 et suivantes.

campagne est fameuse par sa fertilité. De tous les points de l'horizon viennent des routes par lesquelles, le mercredi, se déversent des flots de paysans. Jadis la ville était plus animée encore, elle possédait le grand marché aux bestiaux pour l'Ouest, mais Poissy l'en a dépouillée.

La ville s'annonce très simplement : sur la place une modeste fontaine, surmontant un bassin en ciment, fera jaillir bientôt une eau longtemps attendue. Sur tout ce plateau il n'y a pas une goutte d'eau courante ; les puits sont d'une profondeur extraordinaire ; pour abreuver le bétail et laver le linge, il faut avoir recours aux eaux pluviales recueillies en d'immenses mares dont quelques-unes sont des monuments. Le Neubourg ne fait pas exception à la règle ; non loin de la gare, presque en face d'un hôtel de ville assez monumental, une grande mare, où le bétail aborde par des rampes, précède les vastes bâtiments d'une école et d'un hôpital.

D'autres mares sont situées aux environs de la place, pleines d'une eau noire et fétide. Cette place est le cœur de la ville ; au milieu se dresse une église fort intéressante, mais bien délabrée ; une affreuse porte de style jésuite dénature complètement cet édifice ogival. Un peu plus loin, sur un socle carré, est la statue de Dupont de l'Eure, qui fut président du gouvernement provisoire en 1848; elle a été inaugurée par Gambetta le 4 septembre 1881; le grand tribun prononça à cette occasion un de ses plus beaux discours; la maison où naquit Dupont est aujourd'hui habitée par un quincaillier.

La place est vaste, toutes les maisons sont occupées par des magasins, des cafés, des hôtels et des auberges; nulle part on ne trouverait un nombre aussi considérable d'établissements pour boire et manger; tous les noms classiques d' « hostelleries » ont été utilisés. On comprend cette quantité d'auberges à la vue du marché qui vient de finir. La foule a déjà disparu, mais des centaines de sacs de blé encombrent encore les abords de la statue; Dupont a l'air de planer en dieu de l'agriculture sur cet océan de sacs.

Des marchands de journaux offrent l'organe local. J'achète donc le *Journal du Neubourg*; il est rempli d'articles consacrés à la question de l'eau : La fontaine que j'ai vue devant la gare sera jaillissante, on va en créer une autre sur le marché; il y aura des bains publics à l'hôpital. Le rédacteur s'écrie avec admiration :

> Nous pouvons dire sans crainte qu'il s'y est opéré des merveilles : et celui qui en sort après avoir visité

les constructions nouvelles, se demande, en se rappelant qu'il est au Neubourg, s'il n'a point rêvé.

Nous savions qu'il devait être construit des salles de bains, chambres de pensionnaires et cabinets d'aisance. Pensez donc ! des salles de bains au Neubourg, où l'on ne connaissait jusqu'à ce jour que la mare des Friches!!

Ce ne sont pas des salles de bains qui ont été construites à l'hospice du Neubourg, c'est un établissement balnéaire de premier ordre.

Il y a près de deux colonnes pour décrire ces merveilles.

L'eau sera fournie par un puits creusé au bas de la ville; on a trouvé là, à 32 mètres de profondeur, une véritable rivière souterraine ; une machine à vapeur fera mouvoir une pompe et remplira un réservoir situé dans la partie la plus élevée du Neubourg. Il paraît que cette eau a des qualités médicales remarquables ; le *Journal du Neubourg* est plein d'une polémique à ce sujet : un propriétaire d'Évreux, possesseur d'un puits, en débite l'eau aux diabétiques ; plusieurs centaines de ces intéressants malades ont déjà été guéris. Le propriétaire, craignant de voir la ville diminuer les 40,000 litres qu'il recueille chaque jour, demande un périmètre de protection, cela empêcherait tout simplement le Neubourg de puiser dans la rivière souterraine. Allez donc proposer un tel sacrifice — même en faveur des diabétiques — à des gens qui espèrent enfin se baigner sans aller à Évreux ou à Pont-Audemer !

Le Neubourg possède l'École pratique d'agriculture du département de l'Eure, installée dans l'ancien château. Je n'ai pu la visiter, tenant à traverser la plaine aujourd'hui. J'aurai aussi bien vu celle-ci des portières du wagon. Certes, elle est riche et prospère, mais singulièrement monotone; c'est la Beauce avec les mêmes horizons plats et les villages entourés d'ormeaux. Le sol, grâce au voisinage de la mer, est cependant plus frais, mais avec quel plaisir arrive-t-on au-dessus de la vallée profonde remplie de grands arbres, où Évreux étend ses toits d'ardoises autour de sa cathédrale !

# XVI

## ÉVREUX ET LE SAINT-ANDRÉ

Évreux. — Sa cathédrale. — L'industrie. — Saint-André et sa plaine. — Au pays des flûtes : La Couture. — Au pays des peignes : Le Lhabit, Bois-le-Roi et Ézy. — Ivry-la-Bataille. — Le panache du roi Henri.

*Ivry-la-Bataille, mars.*

La traversée de la vallée de l'Iton avant d'atteindre la grande gare d'Évreux est rapide, mais on domine de haut la rivière aux eaux limpides qui vient de traverser les ravissants débris du parc de Navarre, où l'impératrice Joséphine vint, après son divorce, ensevelir sa tristesse. Jusqu'au moment où le train pénètre sous le hall de la station, on a sans cesse sous les yeux le beau panorama de la ville et de sa verdoyante banlieue.

La gare est à mi-côte, fort au-dessus de la ville. Jadis elle était plus haut perchée encore, mais on a refait les voies, creusé un nouveau tunnel dans la direction de Paris et remplacé les bâtiments étroits du débarcadère primitif par une construction à la fois élégante et monumentale, où la pierre blanche et la brique rouge s'allient harmonieusement. Devant l'édifice est dessinée une belle place terminée en terrasse vers la ville et reliée à la cité par de longues rampes. Le jardin public s'ouvre à l'entrée même de la place, il offre de jolis chemins sinueux et ombragés pour atteindre les bas quartiers. L'ancien rang ducal et d'apanage princier de la ville lui a valu l'attribution de quelques œuvres d'art d'un intérêt assez modeste ; on les a installées au bord des sentiers de ce « jardin botanique » ; par contre, des débris de chapiteaux, de colonnes et de bas-reliefs trouvés dans les ruines confuses de *Mediolanum Aulercorum*, dénotent une grande civilisation.

La ville moderne ne répond guère à ces fragments majestueux de l'Évreux gallo-romain. Les maisons de briques ou de bois, celles-ci très rares, manquent un peu de majesté ; pourtant les rues sont propres, les magasins élégants ; on devine un lieu de rendez-vous pour une population suburbaine considérable. La ville est d'ailleurs bien trop grande pour ses 17,000 habitants.

Le visiteur peut cependant passer sans ennui quelques heures dans le chef-lieu. Si la cathédrale manque d'unité aux yeux des archéologues, elle n'en est pas moins une des plus vastes de France, une des plus belles aussi. L'art gothique y déploie toute la magnificence un peu excessive de la période flamboyante ; si la Renaissance a lourdement transformé la façade et ses tours en un placage prétentieux, il reste assez d'aiguilles et de pinacles, assez de roses et d'ogives, assez de motifs charmants pour mériter l'admiration. La restauration en est poussée peut-être un peu loin, certaines parties semblent trop neuves et prennent l'apparence de pastiches. Tout près, le palais de l'évêché est un des plus intéressants édifices civils de la Normandie. A l'autre extrémité de la ville, l'église Saint-Taurin est curieuse par les remaniements et les additions subis. Des premières périodes de l'art roman à nos jours elle a éprouvé toutes les vicissitudes. Le plus singulier c'est qu'elle ait conservé un aspect fort vénérable, auquel ajoute encore sa situation sur une place endormie, véritable place de village.

Un autre monument, fort inattendu dans cette Normandie où les privilèges municipaux ne furent jamais bien étendus, est un beffroi isolé, comme dans les villes de Flandre, élégante tour faisant face au vaste hôtel de ville moderne de bel aspect, devant lequel une fontaine élégante représente l'Eure et ses affluent ou sous-affluent, l'Iton et le Routoir.

Et c'est à peu près tout l'Évreux monumental.

Il y a quelques coins pittoresques au bord des canaux dérivés de l'Iton et qui sillonnent les divers quartiers. Jadis ces chenaux avaient une importance industrielle assez grande : ils faisaient mouvoir de nombreuses usines ; il reste peu de ces petits établissements, l'industrie d'Évreux s'est transformée, deux ou trois grandes usines ont remplacé les petits ateliers pour la fabrication des coutils, un seul fabricant fait tisser à la main dans les campagnes voisines. Ces manufactures et les usines qui se créent autour de la gare de Navarre ne sauraient donner au chef-lieu une bien grande importance économique.

Les environs d'Évreux, assez arides à l'est, le plateau crayeux, érodé par les eaux, présentant d'âpres vallons où croissent à peine quelques genévriers, sont, au contraire, pleins de gaité dans la vallée, en amont surtout, où la vaste forêt d'Évreux descend jusqu'à la rivière. Jusqu'à la source de l'Iton, près de Conches, c'est une succession de riants paysages, animés par les eaux cristallines de la rivière et des usines.

Par contre, le plateau au sud de la ville, ce qu'on appelait jadis le pays de Saint-André, rappelle la Beauce et la plaine du Neubourg par ses vastes horizons, ses villages isolés et le manque d'eaux courantes.

Ces champs sont bien cultivés, mais ils n'ont pas d'arbres ; rare est le pommier. Pas de ville, les bourgs et les hameaux sont assis à la jonction de chemins sinueux et de routes régulières. L'ancienne capitale de la plaine, Saint-André, est un grand bourg aux maisons basses dont le principal monument est une vaste mare où les eaux des pluies sont emmagasinées.

Cette préoccupation de l'eau domine tout dans la plaine ; en certaines années, il faut aller la chercher jusqu'à la rivière d'Eure, fort éloignée. Cependant, on peut en rencontrer dans le sol, comme on l'a trouvée au Neubourg. Une des communes du canton, La Couture-Boussey, a même été dotée gracieusement de fontaines par un de ses industriels, M. Thibouville.

Ce village de La Couture est un des plus intéressants de France par son industrie. Tout le monde, et il y a 800 habitants, fabrique des instruments de musique à vent en bois. Depuis le xvii° siècle, la population entière et une partie de celle des communes voisines : Ivry-la-Bataille, Garennes et Ézy livrent aux musiciens des clarinettes, des flûtes, des hautbois, des bassons, des flageolets et des musettes. Cette industrie a eu pour précurseurs des bergers qui forèrent des musettes pour égayer les longues journées passées à surveiller leurs brebis :

> Qu'on m'apporte du houx
> Pour y percer trois trous
> Pour faire une musette
> Lon la !

Les bergers de la forêt d'Ivry eurent bientôt une réputation ; leurs musettes se vendaient dans les foires, elles trouvaient un débouché dans les villes. Lorsque les *clefs* furent inventées et remplacèrent le jeu des doigts sur les trous, les luthiers, dans les grandes cités, se chargèrent de placer ces accessoires ; vers 1810, un petit atelier se créait à La Couture pour fabriquer les clefs ; dix ans plus tard il y avait plusieurs maisons de ce genre, aujourd'hui c'est une annexe importante de l'industrie de La Couture. Puis aux instruments en bois sont venus se joindre les instruments de métal. Un des industriels, M. Julliat, qui m'a guidé dans ma visite, a fort amélioré la flûte de Bœhm, sur les indications du flûtiste Taffanel.

Il n'y a pas de grandes usines dans ce vaste village, largement étalé autour de sa grande mare, inutile depuis l'adduction des eaux ; M. Julliat occupe une trentaine d'ouvriers, d'autres ateliers en ont une dizaine. En tout, cinq ou six établissements mus par la vapeur ; les autres établissements ont une *trépigneuse*, manège mû par un cheval.

Jadis les cultivateurs faisaient de la fabrication de l'instrument de musique une occupation hivernale ; sur un petit tour ils tournaient le buis ou d'autre bois, y creusaient les trous ; à mesure que les maisons de fabrication se sont installées, le labeur est devenu permanent. Soit à l'atelier, soit à domicile, sans cesse l'ouvrier tourne, creuse et polit le bois des instruments. Aux bois indigènes sont venus s'ajouter les bois exotiques : de rose, de violette, d'ébène, de grenadine, etc. 300 personnes sont continuellement occupées à ce travail, à la préparation des clefs, à la pose de celles-ci, au polissage, etc. Le laiton, le cuivre, le maillechort, le nickel, l'argent sont employés. Un catalogue me montre des flûtes cotées 450 fr.

C'est une industrie charmante, elle s'exerce à domicile sans empêcher une autre occupation. On m'a conduit chez le coiffeur de l'endroit : entre une barbe et une coupe de cheveux il tourne des flûtes. Ces ouvriers ont une mine superbe ; grands, de forte carrure, ils sont une des plus belles populations travailleuses que j'ai rencontrées jusqu'ici. Fort habiles, ils ne sont tributaires de personne pour leurs outils, ils les forgent et aiguisent eux-mêmes.

Un petit musée d'instruments de musique a été créé, mettant ainsi sous les yeux de la population une continuelle leçon de choses.

Si La Couture est intéressante par cette industrie patriarcale, deux autres villages, le Lhabit et Bois-le-Roi, situés de l'autre côté de la forêt d'Ivry, ne sont pas moins curieux. Toute la population, au Lhabit surtout, fabrique des peignes. Sur 300 habitants, ce dernier en a 100 pour le travail de la corne, il y en a autant à Bois-le-Roi pour une agglomération de 600 âmes. Le Lhabit a 4 petites usines à vapeur, dont une ne fait que des peignes de buis. Les autres ateliers sont mus par des trépigneuses ou même par des manèges que des chiens enfermés dans une roue font tourner. Cela suffit pour débiter et polir la corne envoyée d'Ézy et de Paris par les aplatisseurs.

Les deux villages sont contigus, il y a une seule église, mais deux cimetières séparés par un chemin. La forêt les entoure, sauf à l'ouest où Bois-le-Roi finit par une campagne nue.

Chaque jour une voiture vient d'Ézy apportant le travail aux ateliers. Jadis unique domaine du peigne, le Lhabit s'est vu un peu abandonner au profit d'Ézy, bourg mieux placé, grâce à l'Eure, dont la force motrice est abondante, et au chemin de fer de Rouen à Orléans qui le dessert.

Ce gros centre, largement étalé sur une grande route coupée de rues bordées de petites maisons, a, sur 1,600 habitants, 1,000 ouvriers occupés à la fabrication des peignes de corne, d'écaille, d'ivoire, de celluloïd, etc. Une importante usine occupe 40 ouvriers à l'aplatissage de la corne ; une autre maison se livre au même travail ; plus de 30 industriels fabriquent le peigne ; quelques-uns en usine, d'autres au moyen du travail à domicile ou plutôt en des ateliers loués 300 à 400 francs par an. Les usiniers fournissent la force motrice, hydraulique ou à vapeur, des ouvriers louent un « cabinet », vont découper le peigne et le rapportent chez eux où le finissage est fait par les femmes. D'autres industriels fabriquent l'outillage et les cartons. Les débris de corne sont utilisés à faire des boutons ; enfin cette industrie a fait naître celle de la brosserie fine.

J'ai déjà raconté, à propos de Tinchebrai[1], cette fabrication du peigne de corne, j'aurai à en parler de nouveau en racontant ma visite à Oyonnax[2]. Je ne veux donc pas décrire une fois de plus cette industrie, mais il était intéressant de montrer comment elle s'est développée à ces confins du Saint-André et du pays de Dreux. Il y a dix ans

---
1. 2ᵉ série du *Voyage en France*, page 169.
2. 8ᵉ série.

à peine que l'extension est devenue considérable Le celluloïd, par ses applications nombreuses et faciles, a imprimé un nouvel élan à la fabrication.

Les salaires sont assez élevés, de 2 fr. à 6 fr., et donnent une moyenne de 4 fr. à 5 fr.

Peu à peu la fabrication s'étend au delà d'Ézy ; de l'autre côté de la rivière, le bourg d'Anet, fameux par son château en grande partie détruit, possède une fabrique ; le bourg historique d'Ivry-la-Bataille en a une autre.

Je suis venu à Ivry, non par la vallée mais par un sentier courant au-dessous d'un mamelon couvert par des retranchements fort apparents, appelés dans le pays la Butte-à-Cochon ; on passe près de la ferme légendaire de Saint-Germain-la-Truite, fameuse par sa chapelle et sa fontaine où saint Germain guérit une jeune fille dont une truite avait dévoré la main. Par les champs maigres et crayeux, par les pentes reboisées en pins on descend dans cette jolie petite ville dont l'église, œuvre de Philibert Delorme, et la plupart des maisons forment un ensemble fort pittoresque, que ne dénaturent pas les belles constructions modernes voisines de la gare.

Je comptais trouver ici des traces de la bataille gagnée par Henri IV, le 14 mai 1590, sur son

grand et gros adversaire le duc de Mayenne, mais Ivry ne vit point la bataille, sauf la destruction sur son pont d'un groupe de ligueurs échappés à l'armée du Béarnais. C'est à 6 ou 7 kilomètres de là, entre La Couture et Epieds, que l'on a élevé le monument commémoratif.

L'obélisque n'est point l'édicule construit par le duc de Penthièvre ; celui-ci fut détruit à la Révolution. Napoléon en fit élever un autre. C'est une pyramide entourée de tilleuls et précédée d'une allée de mêmes arbres. Tout autour la solitude est profonde, mais chaque été une fête a lieu, les marchands de vin y installent des tentes, les forains dressent leurs tréteaux.

Sur cet emplacement les lansquenets de Mayenne furent détruits, ce qui assura le succès. Henri IV, exténué par le combat, s'y était endormi. Mais les trois poiriers où le Béarnais donna rendez-vous à ses gentilshommes ne sont plus. Dans cette plaine mélancolique le roi prononça ses fameuses paroles :

« Si vous perdez vos enseignes, ne perdez pas de vue mon panache, vous le trouverez toujours au chemin de l'honneur ! »

## XVII

### TRINGLOTS ET ENFANTS DE TROUPE

L'échauffourée de Brécourt ou la bataille sans larmes. — Champ
de bataille de Cocherel. — Pacy-sur-Eure. — Vernon. — Les
ateliers de construction du train des équipages. — Gaillon.
— Le Château-Gaillard. — Le Petit et le Grand Andelys. —
— L'école des enfants de troupe

*Grand Andelys, mars*

Ivry n'est pas le seul point de la vallée de
l'Eure rendu célèbre par une rencontre ; plus au
nord sont les plaines non moins fameuses où Duguesclin mit en fuite les vieilles troupes anglaises
et navarraises du captal de Buch. J'étais trop près
de Cocherel pour ne pas aller chercher le souvenir du grand connétable. En moins d'une heure,
le chemin de fer, courant dans une jolie vallée,
atteint Cocherel. Il dessert la petite ville de Pacy,
célèbre, elle aussi, par une bataille dans laquelle
il n'y eut ni morts ni blessés. Les fédéralistes de
l'Ouest, défendant la cause des Girondins, furent
attaqués près de là par les sans-culottes, le 14
juillet 1793 ; à la première décharge, ils prirent

la fuite. Les Bretons et les Normands étaient commandés par le fameux Puysaye[1], les conventionnels par Robert Lindet et le général Humbert. Les premiers avaient Vernon pour objectif, ils occupaient le hameau de Brécourt, entre Pacy et Vernon ; il y avait là un château bien garni de vin et de cidre, on pilla, on but, on s'endormit. Humbert, prévenu, quitta Vernon au milieu de la nuit et attaqua Brécourt et Douains. Les fédérés, sans riposter, levèrent le pied et coururent jusqu'à Évreux, d'où ils étaient partis le matin ; ils y arrivaient avant le jour. Trente hommes seulement, postés à Cocherel, furent relevés par un dragon nommé Lampérière et ramenés à Évreux en bon ordre. Telle fut cette bataille de Brécourt, dans laquelle nul ne fut meurtri ou occis et que l'on a appelé, à cause de cela, la *bataille sans larmes*.

Il en fut autrement en 1364, à moins de deux lieues de Brécourt. A cette époque, le 13 mai, Duguesclin, voulant attaquer Évreux, était en marche de Pacy sur Cocherel où il comptait traverser l'Eure pour aller occuper les hauteurs de la rive gauche, lorsque le captal de Buch, prévenu de sa marche, accourut de Vernon et prit

---

1. Voir sur Puysaye et les Chouans la 2ᵉ série du *Voyage en France*, p. 71.

lui-même position dans la vallée, entre les hauteurs de la Ronce, près de Jouy, et Cocherel. Jusqu'au 17, les deux armées restèrent en présence sans que l'on pût forcer les Anglais à descendre dans la plaine. Le 17, Duguesclin feignit de battre en retraite, les Anglais s'y laissèrent prendre, quittèrent leurs positions et vinrent attaquer les Français. Duguesclin fit volte-face, ramena au combat ses troupes qui avaient passé l'Eure et chargea avec furie ; lorsqu'il vit l'adversaire assez ébranlé, il fit diriger une forte troupe de cavalerie contre le contingent navarrais du captal de Buch, et rompit les rangs ennemis. Une nouvelle charge, conduite par Duguesclin en personne, mit fin au combat ; la plupart des chefs anglais et navarrais furent pris ou tués. Le captal fut désarmé par Duguesclin lui-même.

Journée glorieuse par l'ardeur et la force de résistance des Français, autant que par leur discipline et le talent de leur chef.

Le théâtre de cette bataille est un paysage aux lignes fort simples, une colline abrupte à droite, au pied, bordant l'Eure, le petit hameau de Cocherel ; de l'autre côté, une plaine maigre semée de petits bouquets de bois, puis des collines assez élevées. A la limite de la plaine s'alignent de longs villages, notamment Jouy. Sur la route de

Cocherel à Jouy, à moins d'un kilomètre de la station couronnant un petit tertre, une pyramide porte cette inscription :

A BERTRAND DUGUESCLIN

BATAILLE

DE

COCHEREL

XVI MAI

MCCCLXIV

Ce souvenir n'est pas oublié dans le pays ; en 1894 une Société de gymnastique est venue porter une couronne à la mémoire du vaillant homme de guerre qui, cinq cents ans auparavant, battit les Anglais et les Navarrais.

La vallée que je viens de traverser pour gagner Pacy, en longeant les collines crayeuses bordant le plateau d'Évreux, est fort tranquille. Les villages sont humbles, seul Menilles a quelque importance par ses scieries où l'on traite les bois de la forêt de Pacy. Sur l'autre rive, Saint-Aquilin se prolonge jusqu'aux abords de la petite ville par un quartier appelé Boudeville ; celui-ci possède la mairie de Saint-Aquilin ; en réalité, il fait partie de Pacy, sa rue est déjà pavée et éclairée au gaz comme celles de Pacy, mais elle est naturellement moins large et moins animée, de même elle n'a pas les magasins vastes et aux devantures élégantes de sa voisine la « ville ». Une vraie ville, grande comme la main, mais propre et gaie, la plus jolie petite ville du monde, eût-on dit jadis. Ses habitants font du commerce avec les habitants de la vallée et fabriquent des chaises.

Desservie par la ligne importante d'Orléans à Chartres et Rouen, Pacy possède un embranchement sur Vernon et la vallée de la Seine. Il gravit à travers la forêt le plateau de Brécourt, théâtre de la *bataille sans larmes* et, par d'immenses détours, en vue d'un paysage grandiose, suit la lisière de la forêt de Bizy pour descendre à Vernon.

Dans ce département de l'Eure, où la plus grande ville n'a pas 20,000 âmes, Vernon, peuplée de près de 9,000 habitants, paraît un grand centre. C'est une fort jolie cité, dont les boulevards, plantés de tilleuls taillés en berceau, passeraient partout pour des voies magistrales. Sa belle église ogivale, un hôtel de ville moderne assez majestueux, de vieilles et pittoresques maisons, un beau pont sur la Seine, les îles, les carrières qui dominent le faubourg de Vernonnet, un vieux pont rompu, des toitures de moulins, un donjon arrêtent assez longtemps le voyageur ; le parc de Bizy, près duquel est le monument érigé aux mobiles de l'Ardèche qui défendirent un instant la ville en 1870, mérite aussi une visite.

Mais je suis venu surtout pour l'atelier de construction des équipages militaires. Cet établissement est jalousement clos ; cependant, le Ministre de la guerre m'a gracieusement autorisé à pénétrer dans le parc du train ou plutôt dans le parc de l'artillerie.

Chose qui surprendra sans doute, le train ne fabrique pas son matériel. Pour toutes ses voitures et pour ses harnais, il est tributaire de l'artillerie. S'il y eut des avatars dans l'organisme même de l'arme, ils ne furent guère moins nombreux dans celui des ateliers de construction. Successivement, ceux-ci ont dépendu du train, du génie et de l'artillerie ; et cependant, les parcs sont bien l'œuvre du train ; le premier, créé à Sampigny, sur la Meuse, a été édifié entièrement par l'arme.

A son retour de l'île d'Elbe, Napoléon, frappé de la position désavantageuse de Sampigny, sur une route d'invasion, ordonna de chercher un nouvel emplacement. On songea à Vernon, à cause des forêts voisines où l'on pouvait trouver les bois nécessaires ; l'Empereur ne put entreprendre les travaux, Waterloo survint, mais Louis XVIII accepta l'idée de faire de Vernon le parc principal des équipages. Le lieutenant-colonel Clicquot, ancien directeur de Sampigny, posa la première pierre le 3 juin 1816 ; on conserve au musée du train, à Vernon, les outils employés à la cérémonie. Il n'y avait de constructions que les infimes débris d'une abbaye de capucins. Sous la direction du colonel Clicquot, on vit sortir de terre des bâtiments de belle ordonnance. En même temps, on créait un atelier secondaire à Châteauroux.

Aujourd'hui Vernon subsiste seul. Mais les équipages sont construits par l'artillerie au moyen d'une de ses compagnies d'ouvriers. La caserne est restée occupée par le train, l'escadron du 3ᵉ corps y a son dépôt chargé de fournir les hommes et les attelages pour les expéditions courantes de matériel, ou pour la mobilisation. L'établissement est assez loin de Vernon, au delà du chemin de fer de Gisors. Vues de cette voie ferrée, les constructions ont vraiment grand caractère ; elles couvrent un vaste espace, cinq cents mètres en longueur, quatre cents en profondeur. En ce moment, l'activité ne répond pas à cette ampleur. Le grand travail de réfection de notre matériel militaire est achevé ; il suffit de remplacer au fur et à mesure les véhicules hors d'usage. Cent vingt ouvriers civils, aidés par la compagnie d'ouvriers d'artillerie, suffisent à tous les besoins du temps de paix et au delà. Les machines ont d'ailleurs bien restreint le rôle des charrons militaires implantés à Vernon par le colonel Clicquot. Rayons, jantes, moyeux se font mécaniquement en de vastes ateliers éclairés à l'électricité et entretenus avec un soin méticuleux.

Les hangars pour le matériel de réserve sont remplis d'équipages prêts à être embarqués sur un quai militaire. Nous sommes loin de la trop méthodique organisation de 1870. Alors on avait engerbé avec soin ici les timons, là des coffres, ailleurs les caisses, d'un autre côté les roues. Cela tenait fort peu de place. Mais lorsqu'on voulut mettre sur pied fourgons et prolonges on s'y perdit, on ne trouvait ni le brancard, ni la roue nécessaire ; ce fut bientôt un indescriptible fouillis. Vernon regorgeait de matériel et on ne pouvait le mettre sur pied et l'expédier !

Ces temps sont heureusement loin ; de cette organisation il ne reste qu'un matériel de machinerie un peu vieillot, -- les crédits ne permettent pas de se tenir à la hauteur des progrès industriels, — et un fort curieux musée de véhicules militaires. Les anciens constructeurs ne faisaient pas un équipage sans l'avoir exécuté en petit, comme un charpentier en navire fait d'abord préparer son modèle. On a donc exécuté des amours de fourgons, de prolonges, de voitures d'ambulance en bois verni, aux ferrures brillantes, des modèles de bâts, de haquets et de brancards. Les ingénieux auteurs de ces joujoux avaient même des visées plus hautes : l'un d'eux a exécuté une machine automobile mue par un ressort faisant agir quatre jambes de fer, copiées sur celles des chevaux ; les pieds de fer prennent appui sur le sol et l'équipage roule au moyen d'une roue centrale ainsi lancée. Croirait-on, à voir l'aspect plutôt lourd des équipages militaires, que la première voiture automobile a été conçue pour transporter les cartouches et le biscuit ?

Par ces ateliers et son escadron du train, Vernon est donc une ville militaire. De même sa voisine de la rive droite de la Seine, les Andelys, est militaire par son école d'enfants de troupe.

Les Andelys sont encore à l'écart des voies ferrées, mais bientôt, cette année même, un embranchement les reliera à Saint-Pierre-du-Vauvray. En attendant, il faut descendre à une station située à 2 kilomètres de la curieuse petite ville de Gaillon, fameuse jadis par son merveilleux château qui a été saccagé en 1793 et dont le portique, reconstitué dans la cour de l'École des Beaux-Arts à Paris, dit assez la beauté. Les débris de cette demeure princière sont devenus une maison centrale.

La gare est près de la Seine. Après avoir franchi le fleuve on traverse Courcelles, puis, dans une plaine peu fertile, le village de Bouafles. L'immense méandre du fleuve se dessine à merveille par les carrières et les falaises de craie. Dès qu'on a atteint le fleuve, la campagne est plus riante, des îles très vertes et de grands arbres font oublier la plaine morose de Bouafles.

Au-dessus d'une falaise imposante, des ruines se dressent, c'est Château-Gaillard. Vues de la rivière elles n'expliquent pas la célébrité du site, mais si on contourne la roche pour prendre un petit sentier presque à pic, on découvre bientôt le formidable ensemble de murailles et de tours qui, par trois enceintes, enveloppent le donjon d'où l'on embrasse un horizon si vaste. La ruine est d'une indicible majesté, peu de forteresses féodales laissent une impression aussi profonde.

Au pied, bordant la Seine, dessinant des rues régulières et étroites autour d'une des plus jolies églises de Normandie, est le Petit Andely, servant de port au Grand Andely auquel l'unissent deux belles routes et qui possédera bientôt un boulevard central appelé à fondre définitivement les deux quartiers. Ainsi placé au sommet d'une courbe de la Seine, au bord du fleuve ici large et lim-

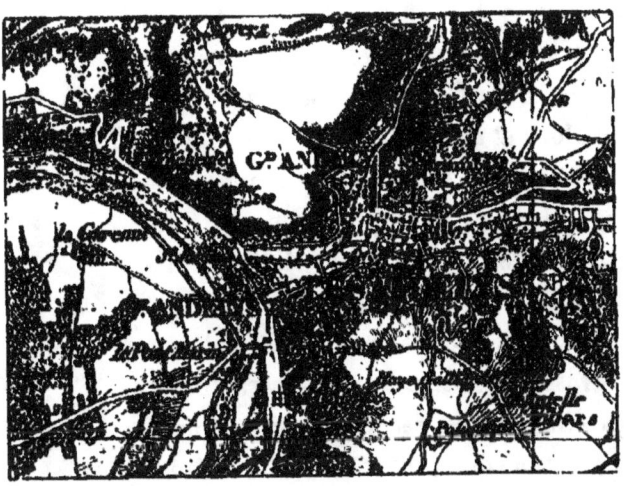

pide, en vue de paysages grandioses, rendu monumental par son bel hospice Saint-Jacques, le Petit Andely est un des plus beaux sites de la vallée de la Seine. Le Grand Andely, situé à 1,000 mètres plus loin dans un profond vallon, est bien plus grand; c'est une ville riante, dont les édifices publics, l'église surtout, méritent l'attention. Elle possède une statue de Nicolas Poussin. Le grand peintre du paysage historique est né dans la commune, au hameau de Villiers.

En dehors d'une fabrique de soierie et des magasins où s'approvisionnent un grand nombre de villages du Vexin, les Andelys n'ont guère d'activité et de vie que par l'École préparatoire d'infanterie. Je tenais à visiter cet établissement après avoir vu à Rambouillet les enfants des garnisons de Paris et du Centre, à Montreuil ceux des villes du Nord et de l'Est, à Autun les fils de cavaliers, à Billom les enfants d'artilleurs et de sapeurs du génie, à Saint-Hippolyte-du-Fort[1] les enfants de troupe des régiments du Midi et d'Algérie. Dans la plupart de ces écoles les enfants venus de pays ardents ou de grandes villes sont déjà bien dégrossis. Tout autre est le recrutement des Andelys. Ici, l'école reçoit, outre l'élément manceau et normand des 3ᵉ et 4ᵉ corps, les enfants de troupe du 9ᵉ corps, c'est-à-dire des rives de la Loire et les contingents bretons des 10ᵉ et 11ᵉ corps. Il faut compter avec la lenteur d'esprit des enfants bretons, fils de gendarmes ou de douaniers qui vivent de la même vie que les paysans au milieu desquels ils passent leur existence. Pour les offi-

---

1. Nous décrirons ces écoles dans les autres séries du *Voyage en France*.

ciers et les maîtres c'est toute une éducation à refaire, surtout au point de vue de l'hygiène.

Cette école des Andelys est admirablement installée. Mais quelle idée bizarre d'avoir été la construire au bout du Grand Andely, dans l'étroit vallon du Gambon, où la vue est bornée de toutes parts par de hautes collines nues, alors que le Petit Andely, si gracieusement bâti à l'extrémité d'une boucle de la Seine, avec de riants horizons, où les ruines formidables de Château-Gaillard donnent un si grand caractère au paysage, était un site idéal ? Au Grand Andely les enfants se sentent prisonniers, malgré l'absence de murailles. L'un d'eux, à qui un officier reprochait de ne pas s'amuser, répondit :

— Je ne puis m'amuser ici, ces deux collines nous écrasent.

A des enfants habitués aux larges horizons de la lande et de la mer, aux herbages riants du Calvados et du Perche, cet étroit ravin doit en effet inspirer quelque nostalgie. Cependant les bâtiments de l'école sont spacieux et clairs, la cour, immense, invite aux jeux. Les dortoirs, le réfectoire, si lugubres à Rambouillet, sont ici pleins d'air et de lumière. Moins à l'étroit les enfants semblent avoir plus d'assurance. Les grands, bien découplés, dressés de longue date au métier, sont déjà de superbes soldats. Je les ai vus sur les rangs, ils m'ont rappelé, comme allure, les troupiers de la division de Nancy. Malgré tout, on ne leur trouve pas l'exubérance de leur âge. Peut-être est-ce une impression due aux deux lourdes masses terreuses qui bornent la vue.

# XVIII

## LES DRAPS D'ELBEUF

La vallée de la Seine. — Les falaises séquaniennes. — Le site d'Elbeuf. — Elbeuf il y a cent ans. — L'agglomération elbeuvienne. — Aspect de la ville. — Historique de son industrie. — Son présent et son passé. — L'école manufacturière. — La Société industrielle. — D'Elbeuf à Louviers. — Louviers.

Portejoie, près Louviers, mars.

En dépit de la faible hauteur de ses collines et de son médiocre relief, la vallée de la Seine, à partir de Mantes, est la région de France dont on distingue le plus nettement l'aspect général. Lorsqu'on est sur l'une des hauteurs de la rive gauche, par exemple en gravissant les collines au-dessus de Mantes ou de Gaillon, on voit se dessiner comme sur un plan en relief les immenses méandres du fleuve par la ligne régulière des pentes, taillées en falaises de craie dans le plateau du Vexin. La Seine, aux temps géologiques, a modelé elle-même ses rivages et comme sculpté ses prodigieuses boucles.

Le spectacle de ces méandres et de ces pentes crayeuses, la disparition soudaine du fleuve jusqu'alors suivi et que l'on quitte pour pénétrer en tunnel sous les isthmes, est une constante surprise pour le voyageur allant de Paris à Rouen et non familiarisé avec ces aspects du paysage normand. Parfois le fond de la vallée s'élargit, des terres de cultures, des prairies couvrent de vastes plaines, mais toujours apparaissent au loin les blanches parois des falaises riveraines. Ainsi, au delà de Saint-Pierre-du-Vauvray, la vaste plaine du Vaudreuil où serpente la Seine et l'Eure ne permet qu'une vue confuse sur les hautes parois du mont Auban et d'Amfreville, mais lorsqu'on approche du confluent des deux rivières l'attention est attirée par un abrupt promontoire dressé au-dessus de la jonction de l'Andelle et de la Seine, c'est la côte des Deux-Amants, fameuse dans les légendes de Normandie. Sur l'autre rive le paysage est plus doux, les forêts de Louviers et de Bord présentent leurs lignes fuyantes profondément plissées. Au-dessous de ces grands bois s'abrite Pont-de-l'Arche, dominée par son église. Plus loin on traverse l'isthme de Tourville par un de ces souterrains pseudo-féodaux, avec tourelles et galeries crénelées que le romantisme décadent inspira aux premiers constructeurs de chemins de fer. Par des ponts à treillis, jetés sur deux bras de la Seine, on atteint Oissel.

Cette ville industrielle est au pied de la forêt de Rouvray, supportée du côté du fleuve par une ligne de falaises du plus singulier effet. Vue de l'intérieur de la presqu'île traversée par la voie ferrée de Serquigny, on dirait une scie aux dents formidables allongée au bord de la Seine. Les eaux qui couvraient jadis le plateau de Rouvray se sont écoulées par une série de larges ravins, séparés par d'étroites arêtes, celles-ci ont été comme tranchées d'une façon régulière par le fleuve, chaque éperon projeté par le plateau apparaît blanc; de loin on dirait les ruines d'immenses donjons alignés. Je compte au passage vingt-deux de ces aiguilles de craie. Au-dessus de chacune d'elles s'ouvre, béante, l'entrée d'une carrière; plus bas, d'autres carrières sont habitées.

Ce site étrange s'impose à l'attention, il forme à Elbeuf une colossale avenue et complète à merveille un des beaux horizons de la Normandie. Le Nôtre et les architectes chargés par Louis XIV de chercher un emplacement pour une résidence royale portèrent un instant leurs vues sur la presqu'île de Saint-Aubin, en face d'Elbeuf. La proximité de Paris fit préférer Versailles. Le site a de tout temps frappé les voyageurs. Arthur Young écrivait dans ses notes en 1788 :

> Il y a peu de vues plus belles que celle d'Elbeuf, quand on vient de la découvrir de la hauteur qui la domine : la ville est à vos pieds, dans la vallée ; la Seine, d'un côté, offre un beau bassin parsemé d'îles boisées, et un cirque immense de collines, couvertes par une forêt, encadre le tout.

La description pour l'ensemble du paysage est juste encore ; le vaste demi-cercle de forêts couvre toujours le pays sur plus de dix lieues, mais Elbeuf a pris dans le tableau une place prépondérante ; la petite ville, peuplée de 5,000 habitants à peine, composée de maisons de bois et d'argile, étagées des bords de la Seine aux flancs du petit vallon où coule le Peuchot, né ici même de sources abondantes, était un simple accident du paysage. Aujourd'hui Elbeuf est une ville de 22,000 habitants, dans l'organisme municipal seulement ; en réalité il y a là une mer de maisons, couvrant sept kilomètres en longueur et quatre en largeur. Quatre autres communes forment avec Elbeuf une même ville : Saint-Aubin-Jouxte-Boulleng avec 3,268 habitants ; Orival, avec 1,517 ; Caudebec-lès-Elbeuf, avec 11,038 et Saint-Pierre avec 3,900. En tout 42,000 habitants, sans doute 45,000 au recensement de 1896.

Aussi l'impression est-elle grandiose pour le

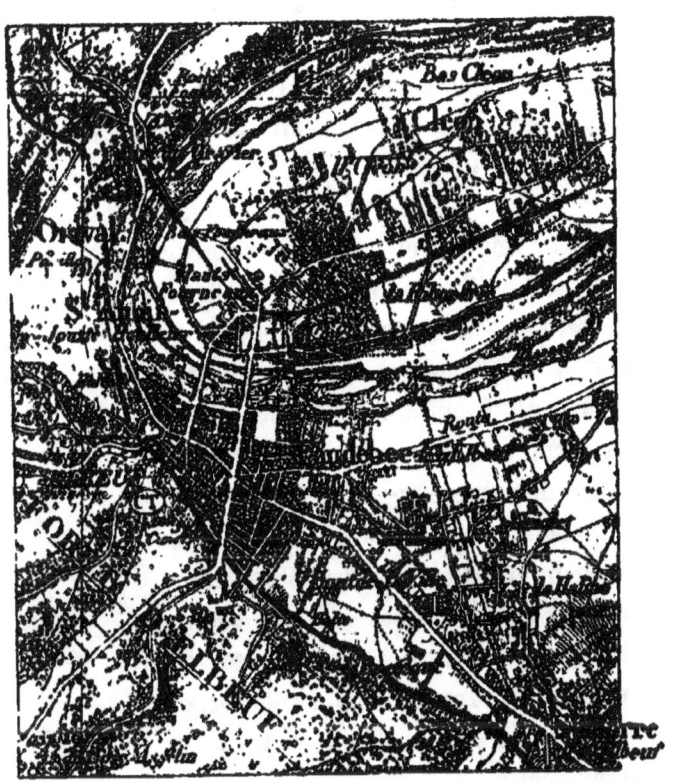

voyageur qui débouche au-dessus d'Elbeuf en arrivant de Rouen par la ligne de Chartres : on sort d'un tunnel et, soudain, apparaissent les innombrables toits dominés par des cheminées d'usines dont beaucoup, il est vrai, ont cessé de lancer dans les airs leurs flots de fumée. Si Elbeuf s'est développée avec tant d'énergie jusqu'à la guerre, si les usines y furent alors nombreuses, le chiffre tend à décroître par la création d'établissements plus puissants qui monopolisent l'activité de la grande cité ouvrière ; c'est pourquoi tant de cheminées sont désormais inutiles.

Tout autre est l'impression pour le voyageur débarqué à la gare de Saint-Aubin, sur la ligne de Serquigny, et qui veut gagner la ville par l'avenue, longue de 2,600 mètres en ligne droite, traversant Saint-Aubin, la Seine et Elbeuf. Cette large voie montant en pente douce à travers la ville, animée par de nombreux piétons et voitures, donne d'abord une impression de grandeur, mais lorsqu'on débouche sur le pont on est désagréablement surpris. Si Elbeuf a de beaux ports, bordés de bateaux, le quai est désert, aucune maison ne le borde, la cité et le fleuve semblent se bouder, et cependant quelle admirable façade de ville pourrait-on construire ici !

Les rues, par contre, sont larges, propres, bordées de maisons construites avec goût. La brique domine, mais on a su associer les teintes ; des cordons d'un blanc doré relèvent la couleur ardente des pleins; la pierre blanche s'y associe souvent; certains édifices privés, fort beaux, tels le cercle du commerce et les maisons voisines, font cortège à un hôtel de ville de grande allure. C'est la ville neuve. L'ancien Elbeuf montre une rue large et bordée de maisons d'un style vieillot, mais laissant une impression favorable de la cité d'autrefois. Deux églises sont particulièrement précieuses au point de vue artistique et industriel par leurs vitraux. Ceux de Saint-Étienne, peints au xvi° siècle, présentent des drapiers tissant ou foulant leurs étoffes. A Saint-Jean un vitrail a été donné, en 1466, par le corps des drapiers, ce qui prouve une grande antiquité pour l'industrie elbeuvienne, à laquelle nombre d'historiens attribuent cependant 200 ans d'existence à peine.

Les monuments les plus considérables d'Elbeuf sont les usines modernes. Construites avec goût, en briques de deux tons, percées de larges baies vitrées, encadrant des cours fleuries, ornées de pelouses et d'arbres, elles donnent une grande idée de l'industrie locale. Les eaux de condensation de leurs machines s'écoulent à la rue, où les femmes viennent laver le linge et faire la toilette des enfants. Dans le quartier ouvrier, mal bâti et mal percé, placé au pied de la colline, ces scènes populaires ôtent au cadre beaucoup de sa vulgarité.

En aval de la Seine, à la base des falaises, Orival dissimule ses maisons dans la verdure, il y a là de grands noyers à la vaste ramure. Jadis ils étaient plus nombreux encore, les fruits étaient cultivés, non pour le dessert, mais pour le brou dont on se servait pour teindre les draps. Il est loin, ce temps patriarcal !

Nous avons vu, dès 1468, les drapiers assez riches pour donner des vitraux à leurs paroisses, pourtant les renseignements varient fort sur l'origine de l'industrie. Au début de notre siècle on faisait remonter à 1667 la création de cette manufacture de « draps bons et solides ». Évidemment il s'agit ici des transformations dues à Colbert, car, au milieu du xvi° siècle, on y comptait plus de 80 fabricants. Un manuscrit de la bibliothèque nationale fait mention des draps d'Elbeuf vers 1270 ; on a la preuve que Louviers envoyait des lainages en Orient dès 1228.

On peut en conclure que, dès sa fondation, Elbeuf, située au centre d'une région calcaire médiocrement fertile, mais très favorable à l'élevage des moutons, dut fabriquer des draps. La réputation de ses produits était grande ; sous Louis XVI surtout, les draps d'Elbeuf jouissaient de la faveur publique ; lorsque Colbert, le grand protecteur du travail national, mourut, il semblait que rien ne dût enrayer cette prospérité ; la révocation de l'Édit de Nantes, deux ans plus tard, porta cependant un coup sensible : les meilleurs ouvriers, beaucoup de fabricants durent se réfugier en Angleterre et en Hollande, où ils créèrent des établissements dont la concurrence nous priva de la plupart des débouchés.

Cependant, en 1785, il y avait encore à Elbeuf, d'après un rapport de douane cité par un grand industriel, M. Blin, dans une intéressante monographie sur Elbeuf et Louviers, 75 entrepreneurs occupant 24,000 ouvriers et ouvrières et employant 1,093 métiers, Louviers possédait 15 entrepreneurs, 8,000 ouvriers et 300 métiers. Elbeuf fabriquait 18,000 pièces de drap valant 9,500,000 livres, dont la moitié allait à l'étranger ; Louviers fabriquait des articles superfins, célèbres par la beauté des apprêts et la vivacité des couleurs : 3,600 pièces valant 2,600,000 livres.

A la fin du siècle ces chiffres avaient baissé, quant à la valeur. Elbeuf fabriquait 23,000 pièces valant 10,891,000 livres, Louviers 5 à 6,000 pièces valant 4 millions. Le reste de la Normandie : Rouen, les Andelys, Évreux, Darnetal, Caen, Lisieux et Vire avaient une production de

8 millions. Lisieux seule, parmi ces dernières villes, a conservé cette industrie.

Après la Révolution il y eut un essor considérable. En 1823, Elbeuf faisait pour 26 millions de draps, la France entière produisait pour 50 millions seulement ; en 1834, la valeur de la production d'Elbeuf montait à 50 millions ; la vapeur avait fait son apparition en 1817 et l'on avait, 17 ans plus tard, 45 machines. Alors 200 fabriques et 20 teintureries produisaient 70,000 pièces de 40 aunes, le nombre des ouvriers était de 25,000. On s'était borné aux tissus unis, M. Théodore Chennevière, bientôt imité, introduisit l'article nouveauté ; celui-ci devint rapidement la plus grande part de l'activité d'Elbeuf et de Louviers.

Les machines ne servaient encore qu'à la filature et aux diverses préparations de l'étoffe fabriquée. Jusqu'à notre époque, c'est-à-dire à la guerre de 1870, tout le tissage se faisait à la main. Dans sa belle enquête sur l'industrie de la laine en 1862, Louis Reybaud signale le caractère désormais usinier du travail des apprêteurs, laineurs et tondeurs ; ceux-ci venaient chaque jour de la campagne à la ville, ils avaient abandonné les champs, de même les teinturiers et épurateurs. Pour toutes ces parties de l'industrie les machines avaient détruit le caractère patriarcal. Mais le canton d'Elbeuf possédait encore 278 fabricants de draps et nouveautés, ils se bornaient à donner aux tisserands les chaînes à transformer en drap. Ces ouvriers résidaient à la campagne, dans un rayon de plus de 20 kilomètres, en de coquettes maisons entourées d'un jardin, de terres de culture et de pommiers. Des fleurs sur les fenêtres, des toits de tuiles ou d'ardoises annonçaient le bien-être. Tout cela était récent, car Young nous dépeint comme fort misérables les campagnes industrielles de Normandie. Cette prospérité, ce régime idéal de l'industrie associée à l'agriculture, répandant le bien-être sur des milliers de familles, ne devaient pas durer longtemps. En 1862, les métiers à tisser s'essayent timidement ; en 1867 ils étaient plus nombreux, la ville comptait 19,000 habitants et produisait pour 85 millions de tissus. Les foulonniers travaillaient encore dans les vallées de l'Eure et de l'Andelle ; celles-ci et la vallée de la Risle étaient animées par de nombreuses filatures à façon.

Pendant ce temps les grandes villes du nord, notamment Roubaix, étaient largement entrées dans la voie du tissage mécanique et des articles dits « nouveautés », Elbeuf se voyait menacée par ces infatigables rivaux. Il fallait aviser. Les événements de 1870-71 amenèrent à Elbeuf des industriels alsaciens ; ils apportaient des procédés déjà plus perfectionnés. Ayant à construire de toutes pièces, ils firent une large part aux progrès récents, la machine acquit une place prépondérante : en quelques années le tissage à la main avait disparu, les ouvriers des champs avaient pour la plupart émigré à la ville ou dans ses faubourgs. En même temps l'antique drap d'Elbeuf en laine cardée voyait naître un rival par l'emploi des déchets de laine peignée ou *blousse* qui amenaient ensuite l'emploi de la laine peignée. Les vingt opérations de la fabrication du drap, sauf le triage, se font désormais par procédés mécaniques : désuintage, séchage, teinture, battage, ensimage, cardage, filature, ourdissage, montage, épincetage ou épaillage, rentrayage, foulage, lainage, tondage, ramage et décatissage[1]. Sauf chez MM. Blin, dont l'usine est la plus considérable d'Elbeuf, beaucoup de ces travaux se font à façon dans des usines spéciales ou chez des apprêteurs. Il y a actuellement à Elbeuf, Caudebec et Saint-Pierre 60 fabricants seulement, l'agglomération compte quatorze filatures occupant 71,650 broches et ayant consommé

---

[1]. Je n'entrerai pas ici dans le détail de cette fabrication qui m'entraînerait trop loin. On en trouvera d'ailleurs une brève description dans le chapitre du 7ᵉ volume consacré à Vienne, p. 117.

6,927,400 kilogr. de laines en 1895 ; en outre on a acheté au dehors 1,484,000 kilogr. de laines filées et employé 1,624,300 kilogr. de chiffons ou déchets, une quinzaine d'apprêteurs ou décatisseurs, 1 dégraisseur de déchets, 5 épailleurs chimiques, 7 teinturiers, 9 effilocheurs. La fabrique comprend encore comme annexe une fabrique d'oléine, des marchands de laine, de déchets, de chardons naturels ou métalliques, des mécaniciens, etc. Une cinquantaine de négociants en drap et une dizaine de courtiers servent d'intermédiaires entre les fabricants et les consommateurs.

Le nombre des ouvriers est de 11,000 environ.

Cette diminution du nombre des fabricants, des ouvriers et des usines n'est pas un indice d'affaiblissement dans le chiffre d'affaires, bien au contraire. Les petites maisons seules ont disparu, celles qui donnaient encore, il y a trente ans, un caractère spécial à l'industrie d'Elbeuf. Alors tout ouvrier intelligent pouvait trouver des fonds et monter un établissement. Il y avait peu de frais, aussi vit-on alors naître bien des fortunes. Mais pour fabriquer avec l'outillage moderne, sans cesse renouvelé, il faut des installations coûteuses et d'énormes capitaux. Dès lors Elbeuf tend à se transformer en un ensemble de quelques grandes ruches. En outre, pour faire la nouveauté, créer des articles, les lancer, lutter contre les Anglais, il importe d'avoir une éducation commerciale très complète et un personnel nombreux. Le tissage du drap n'est plus comme autrefois affaire de traditions, c'est une science délicate nécessitant chez les industriels une ingéniosité intarissable et la recherche continue de nouveaux procédés. Ah! il est loin le temps des draps de teinte unique, faits uniquement de laine neuve, et du travail tranquille! Jadis on mettait dix-huit mois avant de livrer une étoffe; quand elle était fabriquée, elle se *reposait,* se *refaisait,* aujourd'hui on met trois mois à peine, tel tissu valait 100 fr. le mètre, il est tombé à 12 fr. Et l'on fabrique non seulement comme autrefois des draps de laine cardée, pure, longue; après les *blousses,* c'est-à-dire les fibres courtes longtemps repoussées comme déchet, on a fait place aux tissus mélangés de coton; la renaissance ou vieilles étoffes effilochées et tissées à nouveau, est intervenue, c'est ce qui explique l'infinie variété des productions d'Elbeuf, où l'on fait les draps les plus fins et les plus communs, par exemple les draps d'officiers et les draps de sous-officiers et de troupe, les draps lisses, les tissus pour voitures et wagons, les draps pour manteaux et costumes de dames, les draps de billard, les nouveautés pour pantalons et complets, les étoffes d'ameublement, les amazones, les draps pour chaussures, etc. En un mot, tout en conservant son ancienne fabrication de draps foulés en laine cardée, Elbeuf, pour lutter contre ses rivaux, est arrivée à fabriquer la camelotte : elle livre à l'exportation des draps pesant 230 grammes au mètre carré !

Au total on fabrique 7,331,981 mètres valant 64,481,200 fr. En outre les négociants d'Elbeuf servent d'intermédiaires entre le commerce et les fabricants d'autres villes, telles que Louviers et Lisieux, même des fabricants étrangers ; ils ont vendu, en 1895, pour 13,477,000 fr. de ces produits du dehors.

Malheureusement ce grand centre reste tributaire de l'étranger pour ses machines, ses couleurs, etc. La Saxe et la Belgique surtout sont ses grands fournisseurs, à Elbeuf on est imbu de cette idée que la France ne saurait donner une bonne machine à filer et à tisser. J'ai vu cependant, à Bourgoin[1], des ateliers où Roubaix commence à s'approvisionner de machines, et Lyon et Saint-Denis sont réputées pour leurs couleurs. Cet engoûment est d'autant plus singulier qu'El-

---

1. Voir la 8ᵉ série du *Voyage en France*, chapitre X.

beuf, ce grand consommateur de machines étrangères et de couleurs allemandes, est un des centres les plus actifs de l'idée protectionniste. Un seul de ses fabricants achète chaque année pour 60,000 fr. de couleurs en Allemagne.

Nos rivaux, il est vrai, s'entendent à merveille à se faire connaître. Elbeuf possède, depuis 1887, une école manufacturière des plus complètes et des plus intéressantes, où toutes les opérations de la fabrication du drap, du triage des laines à la teinture et au décatissage sont faites; même les procédés récents, comme l'épaillage chimique, c'est-à-dire la destruction par les acides des particules végétales que des femmes enlevaient jadis avec des pinces, y sont effectués. Non seulement les fabricants allemands ont envoyé à bon compte leurs machines, mais encore ils ont fourni gratuitement des couleurs au laboratoire. L'atelier de teinture est abondamment pourvu par nos concurrents et les chimistes français, sauf un ou deux, n'ont envoyé que d'insignifiants échantillons — dans les rares cas où ils ont offert quelque chose.

Cette école manufacturière est — avec les cours de la Société industrielle — une des particularités qui font le mieux comprendre l'esprit de progrès qui anime Elbeuf.

L'école, dirigée avec une véritable passion par M. Trilland, fournit des contremaîtres aux industriels, mais elle donne surtout aux fils de ceux-ci l'éducation pratique indispensable aux chefs d'usine. Elle est devenue rapidement fameuse : on vient de fort loin suivre ses cours, ainsi Mazamet, qui est en voie de transformation, y envoie beaucoup de ses futurs fabricants. Ils sont très travailleurs et, me disait-on, *en prennent pour leur argent*. La Belgique et l'Allemagne sollicitent fréquemment l'admission d'enfants, mais la ville, faisant les frais, estime, avec raison, qu'il ne lui appartient pas d'immiscer de futurs concurrents aux procédés d'Elbeuf. Déjà la lutte est dure à soutenir, contre l'Angleterre surtout ; celle-ci arrive aux mêmes effets de nuance et de dessin par des tours de main fort simples ; elle est d'ailleurs aidée par le sot engoûment des consommateurs français, des Parisiens notamment, réclamant sans cesse des tissus anglais. Pour leur en fournir, Elbeuf envoie ses propres produits en Angleterre où ils reçoivent une marque anglaise et reviennent ensuite à Paris, dûment baptisés « britanniques ».

Les élèves de l'école sont astreints à l'étude de tous les métiers de filature et de tissage ; un cours de croquis industriels, particulier à cet établissement, mérite d'être signalé ; les jeunes gens doivent faire un dessin rapide d'une pièce de machine prise au hasard et fournir immédiatement les indications qui seraient nécessaires pour le cas de réparation. Ils suivent toute la fabrication, guidés par les professeurs placés au métier à côté d'eux. Je ne puis entrer dans le détail de toutes les matières enseignées, elles font l'objet d'une très intéressante brochure distribuée par le directeur.

En dehors de la draperie et des industries annexes, Elbeuf possède encore une usine pour le coupage des poils de lapins, elle est de création récente, mais, conçue sur de vastes plans, elle doit occuper bientôt 300 ouvriers et ouvrières. La visite de cet établissement, pourvu d'un puissant outillage, est d'un vif intérêt : les préparations successives de la peau, pour approprier le poil et finalement l'offrir sous forme de toison pendant que la peau tombe en brindilles semblables à du vermicelle, sont vraiment curieuses.

Cette ville si riante procède en ce moment à une expérience fiscale intéressante, depuis deux ans elle n'a plus d'octroi ; la vie matérielle est descendue à un prix des plus modérés. Ainsi les huîtres s'y vendent 1 fr. 50 c. le cent.

D'Elbeuf à Louviers il n'y a que des forêts : forêts d'Elbeuf, de Bord, de Louviers, couvrant, entre la Seine et l'Eure, un plateau élevé à près de 140 mètres au-dessus des cours d'eau. Le che-

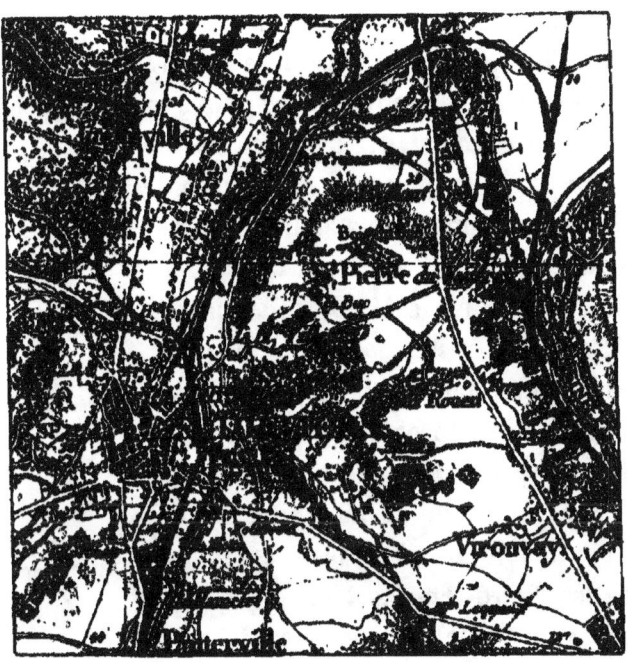

min de fer d'Orléans à Rouen réunit les deux villes, il gravit le plateau par de fortes rampes. Dès la sortie des bois — un instant interrompus par la vaste clairière de Montaure — on découvre la gracieuse vallée de l'Eure et la ville disparaissant dans les arbres. Louviers, malgré ses usines modernes, a conservé son aspect d'autrefois. Elle n'a pas participé dans les mêmes proportions que sa voisine à la transformation de l'industrie. Elle avait plus de 8,000 habitants au début du siècle. elle en avait 10,000 vers 1840, elle n'en a pas 11,000 aujourd'hui. Comme à Elbeuf, le nombre des industriels a diminué, en même temps que le chiffre des affaires augmentait. Il y a une dizaine de fabricants de draps, 5 fouleries, 4 fabriques de cardes, 8 filatures et d'importants ateliers de construction mécanique. Mais l'aspect est loin de rappeler la fièvre d'Évreux : sauf les belles usines nouvelles, la ville est restée ce qu'elle fut jadis. Peu de constructions neuves ; dans ces rues tortueuses, mais larges et propres, encore bordées souvent de curieuses maisons de bois, on ne se croirait pas dans une ville de fabriques. Au demeurant, une fort jolie ville, bien assise sur l'Eure. L'église Notre-Dame est une merveille, le style flamboyant y déploie toutes ses richesses et toutes ses audaces. Un porche latéral est une des œuvres les plus fouillées de l'art gothique. Louviers a su donner à ses édifices modernes un aspect digne de ce joyau. Son hôtel de ville et sa caisse d'épargne peuvent être comptés parmi les monuments les plus heureux de l'architecture

moderne. La Normandie est d'ailleurs favorisée
à ce point de vue : les hôtels de ville d'Évreux, de
Vernon, d'Elbeuf, de Louviers et de Villers-Bocage, les facultés de Caen montrent, à des degrés
divers, un goût et une science architecturale assez
rares en ce temps de pastiches et de masses lourdes
ou prétentieuses.

# XIX

### DE L'AVRE A LA RISLE

La route des écoliers : de Paris en Normandie par la Beauce et le Perche. — La Loupe. — La forêt de Senonches. — La Ferté-Vidame. — Une ancienne grande ville : Verneuil. — Breteuil. — Au pays des ferronniers. — Les articles de sellerie. — La Guemulde. — Les forgerons de la Grande-Mare. — Francheville. — Rugles. — La forêt de Conches. — Conches.

*Conches, 22 mars.*

Depuis que je parcours ce beau département de l'Eure, un des plus riches au point de vue agricole, et des plus intéressants par le caractère patriarcal de ses industries, j'ai fréquemment traversé la Risle ; déjà j'avais visité son cours inférieur, mais non la haute vallée de cette jolie rivière, dont le bassin est le cœur du département, sa partie la plus active. Si l'Eure a imposé son nom à l'organisme administratif, si l'Iton baigne le chef-lieu, la Risle est de tous les cours d'eau le plus travailleur.

La Risle pénètre dans le département au delà

de Laigle. Dans l'Orne elle a déjà un rôle important. Je l'ai signalé dans un précédent voyage[1].
Je me proposais de reprendre vers Rugles cette excursion interrompue.

Et, hier matin, je me mettais en route de Paris pour Rugles, par la route des écoliers, le chemin de fer qui relie la Loupe, en pleine Beauce, à Évreux. Connaissez-vous la Loupe? C'est un de ces points dont le touriste n'a cure, on y passe rapidement pour se rendre en Bretagne, de là on descend par une rampe et une tranchée prodigieuse dans la vallée de l'Huisne. Et pourtant la ville vaut un rapide coup d'œil, surtout si l'on connaît assez la Beauce pour comparer ses tristes villages avec cette riante bourgade. Une avenue de la gare, correctement alignée, un hôtel de ville Louis XIII, une place bordée de magasins et ornée de deux pompes sans cesse en mouvement, une immense bâtisse, jadis château seigneurial, une église à voûte en bois, peinte et dorée comme une châsse, permettent de tuer les trois quarts d'heure d'attente entre deux trains. Même il y a un journal, la *Gazette de la Loupe,* sa lecture m'a révélé bien des petites mœurs locales, chaque village envoyant ses potins. Je vois que

---

1. Voir la 2ᵉ série du *Voyage en France*, page 108.

la mi-carême a été fêtée partout, les blanchisseuses ont donné l'exemple :

« Contrairement à leurs congénères (sic) de Senonches et de Pontgouin, les dames du lavoir de la Loupe font leur fête à huis-clos. » La *Gazette* espère plus de faste l'an prochain.

Sur cette espérance je prends place dans le train d'Évreux, un tout petit train comme il convient en ce terroir agricole un jour sans marché et sans foire ; rapidement on descend pour traverser, sur un immense remblai de craie et de silex, la vallée de l'Eure. Cette terre blanche, réfractaire à la végétation, est restée telle qu'elle était au moment où les cheminaux l'ont apportée des profondes tranchées excavées dans la forêt de Senonches. On traverse un petit affluent de l'Eure, puis la rivière elle-même, ici encore petit ruisseau, et bientôt on aborde la forêt de Senonches, première futaie de l'immense sylve qui, sous différents noms [1], se prolonge jusqu'à Rouen. Peu de grands arbres dans cette partie traversée par le chemin de fer, mais des jeunes chênes, droits comme des mâts, et de beaux taillis percés

---

1. Forêts de Senonches, de la Ferté-Vidame, de Breteuil, de Conches, de Beaumont, bois de Brionne et de Harcourt, forêts de Montfort, de Bretonne, de la Londe, de Roumare, d'Évreux, de Louviers, etc.

d'immenses avenues. Au milieu d'une clairière, la petite ville de Senonches s'annonce par une colonne dont les trois parties sont disjointes, sur le fût chancelant est un lilliputien Napoléon de bronze. La ville présente en façade des maisons basses faites de silex revêtu de mortier, avec des encadrements de cette brique d'un rouge violet sombre particulière à cette région. L'élégant campanile de l'hôtel de ville, un vieux donjon coiffé de tuiles composent un paysage assez plaisant. Pas d'usines, sinon les vastes bâtiments de fabriques de chaux hydraulique reliés aux carrières par de petites voies ferrées. Et de nouveau on est en pleine forêt ; bientôt les clairières sont de plus en plus nombreuses ; dans les passages entre bois on découvre le vaste plateau du Thimerais, horizontal comme la Beauce, au sol semblable, mais où d'innombrables pommiers annoncent le voisinage du Perche et de la Normandie. On pourrait l'appeler la Beauce aux Pommiers.

Parfois le sol se plisse, un ruisseau coule, un étang s'étale ; ainsi le petit village de la Puisaye, assis sur les deux versants d'un vallon, forme un joli petit site. Au delà apparaissent d'immenses futaies, enfermées en partie entre des murailles. C'est la forêt de la Ferté-Vidame et le parc au milieu duquel un château a succédé à celui qu'habita Saint-Simon, où il écrivit en partie ses fougueux mémoires. Une petite ville simple et régulière s'est bâtie aux abords du village primitif. De hautes ruines se montrent par-dessus les arbres. Tout cela passe rapidement sous les yeux. La forêt, un moment traversée, cesse tout à coup et l'on retrouve la vaste plaine du Thimerais. Ce plateau est très élevé, presque partout il offre une vue immense jusqu'aux lignes bleues des collines du Perche. Le chemin de fer descend rapidement, on aperçoit la belle tour de l'église de la Madeleine, d'autres flèches d'églises, un massif donjon crénelé : c'est Verneuil assise au-dessus de la vallée verte où l'Avre, échappée de son emprisonnement dans les calcaires, reparaît en sources abondantes. Ces sources, en parties captées par la ville de Paris, ont été cause d'un conflit fameux ; les gens de la vallée faillirent faire une révolution pour empêcher la capitale de s'emparer de *leur* eau[1]. On traverse un instant ces beaux prés et l'on atteint la gare de Verneuil, placée à l'entrée même de la ville, à laquelle la relie une courte avenue. Les abords sont ceux d'une importante cité, les remparts ont

---

1. Nous reviendrons plus en détail sur le Drouais, le Thimerais et le pays chartrain dans la 17ᵉ série du *Voyage en France*.

été conservés ou plutôt une partie, l'*avancée* des fortifications anciennes, simple remblai planté de beaux arbres. Devant la gare une passerelle franchit la poterne et permet d'achever le « tour de ville » sans descendre sur le boulevard. Par une disposition singulière et sans doute unique, il y a un fossé à l'intérieur, rempli d'une eau vive. Elle est amenée de l'Iton, près de Bourth, par un canal construit à l'origine même de la ville, créée en 1120 par le roi Henri d'Angleterre. Long de 8 kilomètres, il conduit les eaux à la partie supérieure de Verneuil et évite aux habitants d'aller puiser à l'Avre, c'est peut-être, si l'on fait abstraction des œuvres romaines, le plus ancien travail hydraulique de notre pays. Les eaux devaient être plus abondantes que de nos jours, puisque pendant la bataille de Verneuil, perdue par nous en 1424, un grand nombre de nos soldats furent noyés dans les fossés.

Le plan de la ville explique comment son fondateur a été amené à faire une œuvre aussi grandiose pour le temps. Le roi Henri voulait construire sur ce point, à la limite de son duché de Normandie et des terres du roi de France, une place importante capable de servir de boulevard à ses possessions. Le plan en fut vaste, de rempart à rempart il y a près d'un millier de mètres, assez pour contenir une population de 15,000 âmes. Ce chiffre fut sans doute atteint, puisque Verneuil a compté jusqu'à sept paroisses ; mais la déchéance a été profonde, Verneuil a 4,200 habitants, chiffre stationnaire depuis près de 40 ans, légèrement inférieur à celui du début du siècle.

Il faut connaître ce passé pour comprendre le mélancolique aspect de la ville. Les rues sont propres, bordées de jolies constructions, mais inanimées. Sur une grande place se dresse l'église de la Madeleine, dont la haute tour sculptée est semblable à un joyau d'orfèvrerie. Près de là, au coin des rues de la Madeleine et du Canon, un bel hôtel de la Renaissance rappelle par sa grâce les constructions de Blois et de Chambord. Donnant sur les voies principales, de vieilles petites rues, bordées de vieilles petites maisons de bois, évoquent un lointain passé ; le donjon, ou *tour grise*, rébarbatif et fier encore, complète le caractère archaïque de Verneuil.

La ville est sans industrie, sauf une ou deux petites fonderies, mais c'est toujours un lieu de rendez-vous pour un vaste territoire agricole. Elle eût pu participer cependant à l'activité manufacturière de la région voisine, comprise entre Laigle et Breteuil, où la transformation du fer et du cuivre est encore prospère, malgré la concurrence de régions plus favorisées.

La zone industrielle commence presque aux portes de Verneuil, au nord de la ville, c'est-à-dire au-delà du Perche dont Verneuil fit partie. Une fabrication bien particulière y est née, celle de la ferronnerie pour les bourreliers et les selliers. Elle doit avoir une fort antique origine, car on a trouvé à Condé-sur-Iton, qui fut une ville romaine, d'énormes amas de scories ; le fer est encore exploité entre Condé et Breteuil. Quand on se rend de Verneuil à cette dernière ville par le chemin de fer, on ne tarde pas à voir s'élever les nuages de fumée des forges de la Madeleine, seuls restes aujourd'hui d'une industrie jadis fort active, grâce à la présence du fer dans cette région couverte de grands bois.

Breteuil est dans la plaine, mais au bord d'une des plus vastes forêts de l'Eure, dont la sépare un étang. Enrichie jadis par sa situation au centre d'une contrée riche en forges, elle a vu disparaître la plupart de ses établissements. Récemment elle a été dotée d'une vaste usine céramique où l'on prépare le kaolin pour l'industrie ; papeteries, porcelaineries, etc., où l'on fabrique des tuyaux de grès et des creusets. Aux environs on fait des « fusils » pour aiguiser les couteaux de bouchers et des coups de poing américains, mais c'est, avant tout, un marché agricole. La ville est simple, propre et bien tenue ; sur sa grande place s'élève une colonne surmontée d'un buste de Lafitte, le fameux banquier, ancien propriétaire du château, qui a fait un legs considérable en faveur de Breteuil. Sur la place s'ouvre la grille d'un château moderne ; une maison de la Renaissance fait partie des dépendances ; ce pavillon, daté de 1561, porte cette inscription :

DE PEV A PEV A GRĀD BIEN ON PARVIENT

QUAND PAR LABEUR D'ESTRE RICHE ON APECTE

ESPOIR PERSEVERER CŌVIENT

CAR PIERRE A PIERRE EST UNE MAISON FAITE

Au-dessus, dans le fronton surmontant la porte, est la statuette, à mi-corps, d'un seigneur vêtu du pourpoint à crevé.

Près de là s'ouvrent les rues des Lavandières et des Ténèbres, conduisant à une belle promenade plantée de vieux arbres, dont la perspective est formée par les vastes bâtiments des écoles ; à l'entrée, sur une stèle, est le buste de Théodule Ribot. Ce peintre, d'un talent si personnel, qui a retrouvé en notre siècle la manière de Rembrandt et de Ribera, est né à Breteuil le 5 août 1823. Pour qui connaît les œuvres puissantes, mais plutôt austères de Ribot, il y a un contraste étrange entre cette petite ville aimable et les tableaux du maître.

Comme la plupart des villes de l'Eure, Breteuil possède un hôtel de ville moderne ; c'est une sorte de chapelle gothique dans le goût des « saintes chapelles », dont les fenêtres ornées de rideaux et de vitres dépolies jurent un peu avec le style adopté.

L'étang qui borde la ville est formé par un bras de l'Iton, d'origine artificielle peut-être, comme le canal de Verneuil, mais fort ancien, puisque sa jonction avec le bras principal a donné le nom du confluent (Condate) à la ville romaine de Condé. Ce bras traverse la région industrielle de la ferronnerie.

Non loin de Breteuil, à Lallier, à la tête de l'étang, près des ruines de forges assez considérables, représentées surtout par des amas de scories, un petit établissement s'est élevé, il fabrique des épingles de sûreté et des « porte-mousquetons ». Cette industrie, dont le centre est à Laigle, possède ici, à Rugles surtout, d'assez importantes usines. Celle de Lallier fabrique, en outre, des tenailles. Ces outils étaient jadis pour la contrée de Breteuil une source d'activité bien réduite aujourd'hui, leur fabrication s'est déplacée et transportée en partie à Tinchebrai[1], mais il reste encore de nombreux forgerons en tenailles à Bémecourt, dans une clairière de la forêt de Breteuil.

Au delà de Lallier, entre le bras de l'Iton et la forêt, de nombreux chemins courent dans la campagne : une campagne d'herbages disposés en petits enclos fermés par les haies ; dans ces enclos, souvent à front de route, sont des maisons en colombage, couvertes en chaume ; une des façades est percée de larges fenêtres vitrées. Ce sont autant de petites forges où travaille un ménage entier : père, mère, enfants, parfois un ou deux ouvriers. Ces forges fabriquent presque exclusivement des articles de sellerie : mors, gourmettes, chaînes, clés de collier, boucles, ardillons, bridons, attelles, étriers, éperons, mousquetons, goupilles, bridons, filets, etc. Chaque ménage produit un seul article, toujours le même ; dans telle maison on ne fait que des gourmettes, ailleurs ce sont exclusivement des mors, etc. Chaque hameau, même, a vu se cantonner un article spécial.

---

[1]. Voir 2ᵉ série du *Voyage en France*, p. 161.

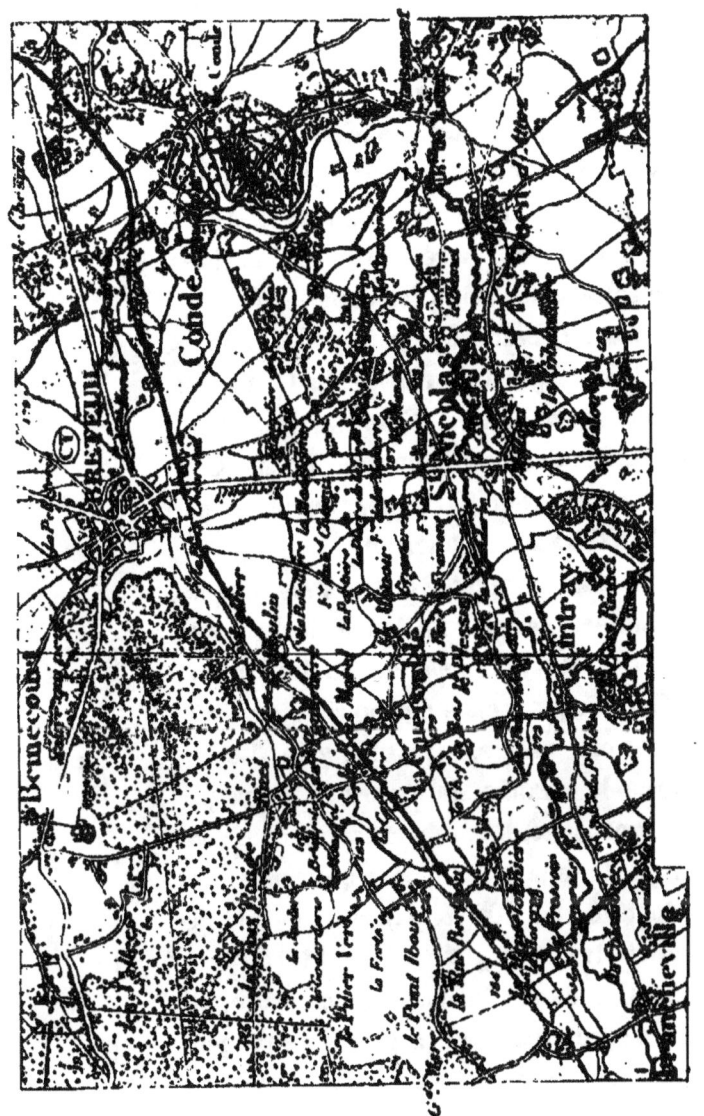

Par extension, on a fabriqué un grand nombre d'objets s'appliquant aux animaux : outils de maréchalerie, chaînes-entraves pour les vaches les empêchant de brouter aux branches basses des pommiers, des fourchettes de bouchers, etc. Quelques-uns font des étriers de spahis, c'est-à-dire ces étriers rapportés d'Algérie par les touristes comme un échantillon de la ferronnerie arabe !

Pour le travail, beaucoup de forges sont mues par de petits manèges à un cheval. La Guéroulde fait plus volontiers l'étrier, Francheville les autres articles. Ces deux communes, et un peu Cintray, comptent environ 400 forges pour une population de 2,000 habitants environ.

Ces petits établissements, clairs, gais, ombragés de pommiers, assis au milieu de leurs vastes pelouses, sont le type idéal de l'industrie aux champs. Sur chaque façade des poiriers en espaliers mettent une note encore plus gaie. Le hameau appelé la Grande-Mare surtout frappe par son air de prospérité. La plupart des ouvriers sont propriétaires de leur maison, ceux qui sont en location paient de 50 à 100 fr. par an. Les salaires peuvent atteindre environ de 3 fr. à 3 fr. 50 c.

Je suis entré dans plusieurs forges, accueilli partout avec cordialité par ces braves gens, heureux de me montrer leur travail. La nuit m'a pris pendant cette intéressante excursion, je m'étais trop attardé et n'ai pu atteindre le petit bourg de Francheville, centre principal du commerce, mais la Grande-Mare est la partie la plus vivante de la zone industrielle.

La nuit venue, les hameaux se sont illuminés par la lueur des feux de forge, pendant que le silence des champs était interrompu par le bruit des marteaux sur l'enclume. L'impression était charmante de ces lumières et de ces rumeurs adoucies par l'éloignement.

Peu à peu la rue se fait agricole ; plus de forges, des maisons basses habitées par les paysans, de faibles lueurs de lampes viennent par les fenêtres, des mugissements de bétail se font entendre. Les Surplantures, Beaufour, le Pont-Passy achèvent la longue rue champêtre. Maintenant je vais à Rugles en traversant un coin de forêt et des campagnes humides. La lune s'est levée, elle éclaire ce plateau où les hameaux sont nombreux. En une heure j'ai atteint Bois-Arnault, puis la gare de Rugles d'où, par une pente fort raide, je descends à la petite ville.

On dirait un centre considérable, tant les rues sont inondées de clarté. La lumière électrique a fait ce miracle de transformer de minces bourgades. Presque partout aujourd'hui, les rues jadis mornes, les magasins parcimonieusement éclairés ont été métamorphosés, alors que des centres plus importants en sont réduits à la lueur désormais timide du gaz. La lumière électrique me montre comme en plein jour la grande rue de Rugles, laisse deviner la tour gothique sculptée de l'église et donne de féeriques perspectives sur les bras de la Risle. Les usines sont fermées à cette heure, mais en hiver leurs nombreuses fenêtres éclairées donnent au site une vie intense. Rugles est, avec Laigle, le centre de l'industrie des épingles en France ; elle a ajouté à cette fabrication celle d'articles fort divers : dés à coudre et pointes, anneaux et chevilles, etc. Tous les villages riverains de la Risle participent à cette industrie. On y fond, lamine et tréfile le cuivre, on y tréfile le fer et l'acier. Malgré les ruines accumulées par la concurrence de centres mieux placés, la vallée de la Risle, dans sa partie supérieure, n'en est pas moins fort active pour l'industrie métallurgique.

Au matin, j'ai quitté Rugles pour Conches par le chemin de fer. La ligne se tient malheureusement trop au-dessus de la vallée pour qu'on puisse distinguer celle-ci. On parcourt un plateau où les forêts de Breteuil et de Conches viennent presque jusqu'à la vallée, laissant à peine quelques terres de culture autour des villages. L'industrie est au bord de la rivière, cependant une usine s'est installée près de la gare de la Neuve-Lyre. La forêt de Conches est bien percée, de belles avenues traversent ses futaies, les clairières et les abords des bois sont peuplés de petits hameaux de doux aspect. Ajou et La Ferrière, au fond de la vallée, ont, au contraire, conservé une allure industrielle. Mais les mines et les hauts fourneaux qui furent peut-être le point de départ de la métallurgie dans la contrée, puisqu'ils remontent au XIII° siècle, sont abandonnés. Par contre, les hauts fourneaux du Vieux-Conches continuent encore à travailler.

Le Conches moderne est une des plus jolies villes de Normandie, la plus pittoresque peut-être par sa situation. Elle est bâtie au sommet d'une colline escarpée, allongée, entourée par l'Iton et trouée d'un tunnel par le chemin de fer de Paris à Caen. De sa gare, presque monumentale, on monte par une route aboutissant à des promenades superbes, grandes allées, vastes quinconces dessinés autour d'une mare profonde. Conches n'a guère qu'une rue, longue et large, appelée rue Sainte-Foy, sur laquelle s'ouvre une église digne d'attention. Les nervures et les pendentifs des bas-côtés, l'élégance des arcades ogivales de la nef, le chœur, de belles verrières dignes de nos vieilles cathédrales arrêtent longtemps le visiteur.

Le curé est un homme de goût, il n'a pas peuplé son église de statues bariolées. Les restaurations ont bien mis en valeur les richesses artistiques de l'église. Sur l'un des murs une plaque de cuivre, remarquablement gravée, rappelle des œuvres pieuses de « noble homme et sage maistre Jehan le Tellier, seigneur des Ebrieux, conseiller du Roy en son grand conseil, rapporteur et correcteur ès chancellerie de France et maistre des requestes ordinaire de la Royne, natif de cette ville de Conches, qui fit édifier la chapelle de Monsieur Sainct Jehan Baptiste ». Un petit édicule de la Renaissance abrite un remarquable haut-relief représentant le Christ en croix, Dieu le Père et les anges.

Conches n'a pas que son église pour monument: elle a conservé les ruines de son château, sur une motte féodale transformée en promenade. De là, on a une vue charmante sur la ville, le vallon de l'Iton rempli de prairies et la forêt aux grands arbres. Il est peu de plus heureux sites de villes.

## XX

### DE LA RISLE A L'ANDELLE

Perte et réapparition de la Risle. — Beaumont-le-Roger et Régulus. — Brionne. — Saint-Georges-de-Vièvre ou une ville industrielle disparue. — La forêt de la Londe. — Oissel. — Pitres et la côte des Deux-Amants. — Dans la vallée de l'Andelle. — Fleury-sur-Andelle. — Charleval. — La vallée de la Lieure. — Lyons-la-Forêt. — Promenade dans les hêtres. — Le plateau du Vexin. — Étrépagny.

*Étrépagny, mars.*

Comme l'Aure et l'Avre, l'Iton perd ses eaux pour aller reparaître plus loin en sources abondantes. De même la Risle, après la Ferrière, filtre peu à peu dans les roches fissurées ; lorsqu'elle arrive au pied de la forêt de Beaumont, ce n'est plus qu'un ruisseau étroit, sans profondeur, serpentant au sein de prairies dominées par le chemin de fer de Caen. Mais, au delà de Grosley, on voit sourdre, au pied du talus du chemin de fer, d'admirables fontaines ; elles ont bientôt rendu à la rivière un débit considérable. Les eaux sont d'une pureté cristalline, grâce à ce filtrage sous les mystérieux abîmes de la forêt.

J'ai voulu voir ces sources en me rendant de Romilly à Beaumont-le-Roger. Elles n'ont pas le caractère majestueux et sauvage à la fois des sources de la Touvre, près d'Angoulême[1], mais la reconstitution de la rivière a une beauté qui manque à la renaissance de l'Aure[2]. Le vallon est très agreste, il a de belles ruines. Les eaux, aussitôt issues de la colline, sont employées à l'irrigation de vastes prairies, fort curieuses par les innombrables troncs bas de saules têtards, servant sans doute au bétail pour se frotter contre les souches. Jusqu'à Beaumont-le-Roger on longe ces prairies.

Beaumont est une aimable petite ville, blottie au pied d'une colline escarpée sur laquelle, à mi-côte, se dressent une des belles églises de l'Eure et les ruines superbes d'une abbaye. L'église, de style flamboyant, ornée de riches verrières, possède une haute tour dont l'horloge est surmontée d'une statue de bois, casquée, armée, peinte de couleurs vives, qui frappe les heures sur un timbre. Cette statue, semblable aux Jacquemarts de Dijon et de Romans, à Martin et Martine de Cambrai, s'appelle Régulus; elle est l'œuvre d'un menuisier du nom de Martin, qui restaura l'horloge vers

---

1. Elles seront décrites dans la 12ᵉ série du *Voyage en France*.

2. Voir au présent volume le chapitre VII.

1826. De nos jours on a placé devant Régulus une lampe électrique permettant de lire les heures pendant la nuit. Pourquoi Régulus a-t-il donné son nom à cette image ? les gens de Beaumont n'en savent rien.

L'abbaye de la Sainte-Trinité est une ruine merveilleuse, la galerie ogivale, jadis voûtée, qui y donne accès, mériterait à elle seule une visite ; les restes de l'église abbatiale présentent encore des détails exquis, mais on a laissé l'intérieur béant de la nef s'emplir de gravats, de décombres et de broussailles. L'État vient de restaurer les contreforts de la galerie, il devrait bien aussi déblayer ces débris, le monument reprendrait alors ses proportions élégantes et pures.

Beaumont avait une autre église dans le faubourg de Vieilles, dont la tour complète à merveille l'ensemble de la ville, de son église et de ses ruines d'un si heureux effet dans le doux et harmonieux paysage de la vallée. Un autre édifice, non moins précieux, se dresse sur la colline, à un quart de lieue, c'est l'église de Beaumontel dont la haute tour ogivale est délicatement sculptée.

Cette partie de la vallée de la Risle, avec sa rivière cristalline, ses prés d'un vert doux, ses petites usines — dont une fait de la dentelle, une autre des mèches — ses édifices et ses bois, laisse une impression de paix et de douceur. Les maisons sont simples mais riantes, les jardins sont clos de murs en pisé, recouverts d'un petit toit de chaume de bruyères revêtu de terre sur laquelle on a planté des iris nains, en ce moment fleuris, et des fougères au délicat feuillage.

Le chemin paraît court jusqu'au confluent de la Charentonne, de loin signalé par les cheminées de la papeterie de Serquigny et des filatures de coton de Nassandre. Bientôt on parvient à la jonction des deux cours d'eau et l'on a sur la vallée inférieure une vue admirable bornée par les lignes bleues des collines de Monfort.

A Serquigny, j'ai pris le train de Rouen pour retrouver à Oissel mon itinéraire, abandonné l'autre jour à Louviers. La ligne traverse la Charentonne ; son flot double à peu près le débit de la Risle. On côtoie le cours d'eau large et clair, qui fait mouvoir des roues d'usines. Sur l'un de ses bras est une vaste sucrerie, dite de la Rivière-Thibouville, dont le rôle économique doit être signalé. Là ont eu lieu les essais de saccharification de la betterave, cultivée dans la plaine de Caen pour remplacer le colza, et dans les plaines du Neubourg, pour assurer l'assolement.

Beaucoup de hameaux dans la vallée, mais pas

de grosses agglomérations. La seule ville est Brionne, mollement assise dans la vallée qu'elle emplit entièrement en projetant des faubourgs sur chaque versant. Sur une des collines de la rive droite, des pans de ruines, restes d'un vieux donjon, donnent un caractère très pittoresque à la petite cité hérissée de cheminées d'usines. Dans la gare des marchandises, des ballots de coton et de laine ; à terre, des flocons blancs, échappés des ballots, indiquent au passant le genre d'industrie. On est désormais dans la sphère d'action de Rouen, la capitale française du coton. La plus grande partie des 4,000 habitants de Brionne travaillent dans les filatures de coton ; d'autres filent la laine pour Elbeuf dans deux établissements, enfin une blanchisserie de fils complète ce petit centre si vivant et de cordial aspect.

Brionne a survécu à la transformation industrielle qui a si profondément modifié les conditions d'existence dans ces campagnes. Jadis un chef-lieu de canton voisin, Saint-Georges-de-Vièvre, dans l'arrondissement de Pont-Audemer, était un des bourgs les plus actifs de Normandie pour la fabrication des toiles. Cette partie de la province était consacrée en grande partie à la culture du lin, le cultivateur l'apprêtait lui-même, on le filait chez lui, le tisserand voisin le tissait.

Aux xvi⁰ et xvii⁰ siècles la région de Saint-Georges avait acquis une grande célébrité pour ses *blancards,* toiles blanches, et ses *fleurets,* fleurs de blancard, très répandus à l'étranger. M. Montier, de Pont-Audemer, a publié un curieux opuscule sur cette industrie, morte vers 1790. Il a découvert qu'au milieu de la grande prospérité, vers 1765, on fabriquait 32,244 pièces. En 1770, la valeur de la production était de 15 millions. Les abus du système économique, tendant à réfréner la fabrication sous prétexte de la surveiller, amenèrent la ruine. L'introduction du coton sur les marchés fut d'ailleurs pour beaucoup dans cette décadence. Aujourd'hui cette partie du Lieuvin, comprenant 7 ou 8 kilomètres autour de Saint-Georges-de-Vièvre, est redevenue purement agricole, le bourg a 800 habitants à peine, il en avait 1,100 encore en 1870. L'industrie du coton a remplacé le lin dans l'économie du pays; elle a pour siège non plus la demeure du paysan, mais de vastes usines, mues par la Risle.

Ces établissements donnent une grande activité à la vallée large, claire et verte. Tout autre est le pays, au delà de Glos-Monfort, lorsqu'on a traversé en tunnel la forêt de Montfort et pénétré sur le plateau du Roumois, où les vastes cultures alternent avec les bois. Pays tranquille, sans industrie, mais où les villas, de plus en plus nombreuses à mesure qu'on avance vers Bourgtheroulde, annoncent l'approche des grandes villes voisines, Rouen et Elbeuf. Soudain le paysage devient d'une sauvagerie profonde, on pénètre dans la forêt de la Londe, creusée de vallées étroites dominées par des pentes abruptes ; on se croirait loin de toute fraîche campagne et de tout fleuve puissant. Cependant la vallée de la Seine est voisine, les riants paysages de la Bouille sont à vingt minutes de marche de la voie ferrée.

Voici une clairière ensoleillée avec un joli hameau, c'est Orival. Aussitôt on traverse la Seine en vue du grandiose paysage d'Elbeuf, un instant d'arrêt à la gare de Saint-Aubin et l'on roule vers Oissel.

Oissel, malgré son étendue et sa population de 5,000 âmes, est un village grand et sordide. Des maisons de briques, basses et grises, bordent le fleuve ou se suivent en des rues irrégulières. Type accompli de bourg industriel, il rappellerait certains environs de Lille et de Roubaix, mais ceux-ci ont au moins des rideaux et des fleurs aux fenêtres. A Oissel, rien de semblable, et ce faubourg industriel de Rouen, rempli de filatures, de tissages et de teintureries de coton, laisse au visiteur une impression plutôt pénible.

Combien plus heureuse est la vie ouvrière dans la vallée de l'Andelle que j'ai parcourue cet après-midi à partir de Pîtres, où j'ai quitté le chemin de fer de Gisors ! Elle s'ouvre sur la vallée de la Seine, au pied de la côte des Deux-Amants aux pentes abruptes, faites de craie, où croît à regret une herbe courte dans laquelle les moutons ont creusé de multiples sentiers. La petite rivière tourne brusquement pour aller rejoindre le fleuve, elle laisse sur sa rive droite les maisons basses de Pîtres, humble village qui joua un rôle considérable dans l'histoire au début de la féodalité. Charles le Chauve y lança l'édit qui enjoignait aux seigneurs de construire des châteaux forts.

Pîtres est encore dans la Seine-Inférieure, on rentre de nouveau dans l'Eure. A la limite même des deux départements, à Romilly, étaient des fonderies de cuivre jadis fameuses, abandonnées depuis quelques années. A partir de ce point jusqu'à Vascœuil, où la rivière est accrue par le Crevon, on rencontre sans cesse des usines. La rivière est barrée partout, les chutes font mouvoir les roues et les turbines de filatures et de tissages de coton, elles agitent encore quelques foulons pour Elbeuf. Jadis ils étaient bien plus nombreux, les eaux de l'Andelle jouissant d'une grande réputation pour cette façon finale de la draperie, mais on a reconnu aujourd'hui que la Seine ne lui cède en rien.

L'usine métallurgique de Romilly, où se fait le laminage et le tréfilage du cuivre, fut une des plus considérables de France; en 1837, on évaluait à 300 le nombre des ouvriers, dans ces dernières années on en compta jusqu'à 700. Le village est très vaste, ses habitants filent le coton, fabriquent l'ouate à pansement et foulent les draps. Ses maisons touchent à celles de Saint-Nicolas-de-Pont-Saint-Pierre, où deux filatures de coton dressent leurs cheminées au-dessus des arbres. Ces usines sont en des sites très agrestes.

Une manufacture avait même été établie dans l'abbaye de Fontaine-Guérard, aujourd'hui ruines d'un fort étrange aspect.

A mesure que l'on remonte, la vallée est de plus en plus riante, les usines sont plus nombreuses, mêlées aux parcs ombreux — comme celui du château de Radepont. L'industrie, sur ce point, a transformé en ville prospère l'ancien hameau de Fleury-sur-Andelle, peuplé de 180 habitants au début du siècle et qui en compte plus de 1,500 aujourd'hui. Une longue et large rue, bordée de jolies maisons à toits d'ardoises, un hôtel de ville monumental, une église construite avec goût, donnent un charme réel à cette capitale de la vallée, dépassée cependant en population par un village voisin, Charleval, bâti à la jonction de la Lieure et de l'Andelle. Charleval aussi était un pauvre village, les filatures l'ont transformé en bourg de 1,700 âmes. Charleval fut appelé Najeon jusqu'au jour où Charles IX, ayant fait bâtir un château sur ce point, lui imposa son nom. Le site méritait bien cette attention d'un Valois; par sa grâce, la fraîcheur de la vallée, le voisinage de la forêt de Lyons, il évoque l'idée des gracieuses campagnes de la Touraine. Le château n'a jamais été achevé, les monuments de Charleval sont aujourd'hui ses vastes usines près desquelles paraît bien humble le clocher surmonté d'un coq de fer-blanc. De Charleval on voit la vallée se prolonger au nord entre de hautes collines ; des cheminées d'usines indiquent les villages de Perriers et de Perruel, où se termine la zone industrielle. En amont, la vallée est sans manufacture, c'est un étroit bassin de prairies bordé de bois.

Partout les maisons ouvrières sont bien tenues et très gaies. Elles contrastent fort avec Oissel et les quartiers ouvriers d'Elbeuf. 4,050 travailleurs sont occupés par les 12 filatures utilisant 156,000

broches (2,300 ouvriers) et les 9 tissages (1,750 ouvriers et 2,600 métiers) des bords de l'Andelle.

La vallée de la Lieure, en amont de Charleval, possède aussi des usines, mais au delà de Ménesqueville et sur le ruisseau de Fouillebroc, elles sont rares et peu importantes. Ces cours d'eau ont d'ailleurs un faible développement, le Fouillebroc, par la tête de ses eaux, voisine de Lisors, descend du plateau du Vexin.

La voiture de Ménesqueville à Lyons m'a permis de remonter la Lieure. Le vallon creusé par ce petit cours d'eau est enfermé par la forêt de Lyons, une des plus vastes de France, la plus vaste peut-être si on comprend dans sa superficie ses innombrables clairières. Les arbres y couvrent 10,600 hectares, dont 6,000 dans l'Eure et le reste dans la Seine-Inférieure.

Les eaux de pluie, tombant sur ces vastes futaies, sourdent dans les vallons en de fortes sources. Les habitants du village du Rosay en ont profité pour créer des jardins potagers et des cressonnières. La Lieure forme dans un beau parc des pièces d'eau et de petites chutes sous de grands arbres. Plus loin, une pittoresque usine entièrement revêtue d'ardoises est mue par le ruisseau; on y fabrique des stores verts au moyen des hêtres de la forêt. Voici maintenant Lyons-la-Forêt, annoncée par une grêle flèche d'ardoises. Il y a un libraire dans cette rue ; à côté de la *Clé des songes* et des journaux illustrés se trouve une pile de *Traités de cubage des bois*. Si on ne voyait pas la forêt, on la devinerait à ce simple détail relevé au passage.

Cette longue rue n'est pas le Lyons primitif, celui où naquit ce Benserade que l'on eût pu croire Gascon à son nom et à ses allures :

> L'an que le sieur de Benserade
> Fut menacé de bastonnade.

Plus haut, près des murs apparents d'un château ruiné, est le cœur de la petite ville. Sur une grande place une halle de charpente, coiffée d'un toit aigu de tuiles rouges, donne un certain caractère à ce cadre assez vivant.

La ville est amusante à contempler, la vallée est profonde et verte, elle ouvre jusqu'au delà de Lorleau d'heureux horizons. La vue est délicieuse, surtout du carrefour de la route d'Étrépagny, planté de tilleuls et garni de bancs ; on est là comme enfermé entre les hêtres de la forêt.

Il est quatre heures à peine ; en jetant un coup d'œil sur la carte, je calcule qu'il me sera facile d'arriver à Étrépagny à la tombée de la nuit. Je pourrai ainsi traverser la vieille forêt où chassaient les ducs de Normandie, jadis compacte, aujourd'hui déchiquetée par tant de terroirs agricoles. Je suis déjà las, mais peut-être rencontrerai-je en route une voiture.

C'était une illusion, j'ai dû faire à pied ces quatre lieues — je ne regrette pas la course. Dès la sortie de Lyons on est en pleine hêtraie, de beaux arbres, droits et lisses. A un kilomètre à peine on entre dans une clairière étroite et fort longue. De vastes cultures, des prairies remplies de bétail avoisinent une ferme immense, appelée la Lande, et, de nouveau, on est dans la forêt de hêtres ; le sol est jonché de feuilles rousses sur lesquelles s'enlèvent vigoureusement des touffes de houx. Le silence est absolu, pas un chant, pas un bruit de cognée ou de scie : c'est aujourd'hui dimanche. Je croise en chemin des gens basanés et barbus, à la figure loyale, vêtus de blouses bleues ; ils me souhaitent cordialement le bonjour, ce sont les bûcherons qui vont passer la soirée à Lyons.

Toujours des hêtres, des hêtres sur les plateaux, des hêtres sur les pentes ; rarement des chênes ou des charmes. Malheureusement j'ai abordé les bois en des parages où ces arbres, hauts et droits pourtant, sont de faible diamètre. Il aurait fallu aller au nord-est de Lyons, au delà du Tronquay, pour trouver un « triage » renfermant des hêtres de 180 à 200 ans. Plus beaux encore sont les arbres à l'est de la Feuillée.

Cette admirable hêtraie de la forêt de Lyons n'est guère exploitée par l'industrie ; on avait essayé de fabriquer de la créosote à Lisors, l'entreprise n'a pas réussi, elle s'est transformée ; on cherche aujourd'hui à produire avec les hêtres de Lyons un gaz d'éclairage qui reviendrait, dit-on, à un prix inférieur à celui du gaz de houille.

Après une montée assez rude entre les arbres, on débouche tout à coup en pleine lumière près du hameau de Goupillières. Voici le plateau monotone du Vexin. Des abords du hameau la vue est immense sur l'arc de cercle formé par la forêt, jusqu'à la dépression où coule l'Epte et aux collines du pays de Bray. Au fond du tableau se dresse une hauteur isolée de forme régulière, ce doit être le massif de Talmontier au sud de Gournay. Le chemin d'Étrépagny se déroule à travers cette campagne riche mais monotone, où les hameaux sont rares ; le plus grand est la Neuve-Grange. On descend imperceptiblement dans un pli de terrain où coule la Bonde. Devant moi je vois filer à grand bruit des voitures de laitiers portant à la gare les vases pleins de lait, destinés à Paris. A Doudeauville, beau village, on est saisi par une odeur aigre sortant des étables, à quoi je reconnais la drêche de betterave. En effet, Étrépagny possède une sucrerie et les résidus servent à nourrir les vaches qui produisent le fromage de Gournay. Comme nous sommes loin ici des gras pâturages du pays d'Auge !

A la nuit j'atteins enfin Étrépagny. C'est une longue et large rue, bordée de maisons de belle apparence mais n'ayant rien du pittoresque des villes normandes traversées jusqu'ici. Si la petite ville paraît prospère, elle n'a guère à montrer que son hôtel de ville du plus pur style Louis XIII. Il serait digne d'une grande ville[1].

---

[1]. Le Vexin sera décrit dans la 17ᵉ série du *Voyage en France*, avec la Beauce chartraine, la Picardie, le pays de Bray et le littoral du pays de Caux.

# XXI

## ROUEN

Les grandes villes de France et les grandes villes de l'étranger. — Rang véritable de Rouen parmi les grandes cités. — Aspect de Rouen. — La vieille ville et la ville moderne. — Le vieux Rouen à l'exposition de 1896. — Rouen monumental. — Rouen intellectuel. — L'industrie rouennaise. — Le coton. — Rouen ville maritime.

*Rouen, mars.*

Lorsque nos statisticiens, nos économistes, nos géographes ont à parler d'une ville étrangère, ils mettent pour la plupart une certaine galanterie à ajouter à sa population celle de toutes les communes suburbaines plus ou moins soudées à la cité principale; on arrive ainsi à donner aux grands centres une population plus considérable: Bruxelles, Londres, Hambourg, Genève, pour citer celles-là seulement, ne vont jamais, pour nous, sans leurs faubourgs. Au contraire, s'agit-il d'une ville française, on ne tient compte que de la commune sans y joindre le reste de l'agglomération; aussi paraissons-nous avoir des villes moins considérables que les pays voisins. En France même cette modestie fausse la valeur respective des centres de population. Marseille, ayant tous ses faubourgs sur son territoire municipal, paraît serrer de près Lyon qui, en réalité, par ses vastes faubourgs, la dépasse de beaucoup.

Même phénomène ici : Rouen semble distancée par le Havre, celui-ci a 116,219 habitants et Rouen 113,535 seulement[1]. En réalité, le Havre, avec Sainte-Adresse, Sanvic et Graville-Sainte-Honorine, a 130,000 habitants, et Rouen, avec ses faubourgs les plus immédiats : Maromme, Notre-Dame-de-Bondeville, Deville, Mont-Saint-Aignan, Bois-Guillaume, Darnetal, Blosseville, Amfreville-la-Mi-Voie, Sotteville et le Petit-Quevilly, réunis à la cité maîtresse par des rangées continues de maisons, compte plus de 170,000 âmes. Il ne faut pas oublier cette ceinture de communes autonomes de la grande cité normande pour comprendre l'animation de Rouen et ses allures de métropole ; l'agglomération réelle dépassant de beaucoup en population les chiffres officiels. Ajoutons une banlieue de gros bourgs industriels, et l'on atteint facilement pour le groupe rouennais une population dépassant 200,000 âmes.

L'impression donnée au visiteur par Rouen dé-

---

[1]. Recensement de 1891.

note bien une ville de cette importance. Peu de cités ont plus noble aspect et donnent davantage l'impression de la grandeur. Vue des pentes qui supportent la forêt de Rouvray, l'antique capitale normande, étalée dans sa plaine, escaladant ses collines, prolongeant en d'étroits vallons ses puissants faubourgs hérissés de cheminées d'usines, élevant fièrement les tours dentelées et ajourées de ses merveilleuses églises, laisse un souvenir inoubliable.

Mais ce n'est plus la « ville aux vieilles rues » de Victor Hugo, et bien moins encore cette « grande et vilaine ville, puante, étroite et mal bâtie, où l'on ne trouve que de l'industrie et de la boue », dont parle Arthur Young. Celui-ci, tout en remarquant que Rouen était la seule grande ville de France sans rues nouvelles, ne pouvait cependant s'empêcher d'admirer le site :

> La route, faisant un zigzag pour descendre plus doucement la côte, présente à l'un de ces coudes la plus belle vue de ville que j'aie jamais contemplée. La cité avec ses églises, ses couvents et sa cathédrale qui s'élève fièrement au milieu, remplit la vallée. Le fleuve présente une belle nappe traversée par un pont, avant de se diviser en deux bras qui enceignent une grande île couverte de bois ; le reste du paysage, parsemé de champs cultivés, de jardins et d'habitations, achève ce tableau en parfaite harmonie avec la grande cité qui en fait l'objet principal.

Le panorama s'est étendu, la ville a débordé sur son cadre de hautes collines ; la Seine, autrefois large et coulant entre des berges indécises, a été rétrécie et régularisée par de vastes quais construits sur les deux rives et supportant les voies ferrées, les hangars, les grues qui constituent l'outillage d'un port moderne. De grandes voies, larges et droites, ont éventré les « vieilles rues » si pittoresques, mais si sales et puantes ; chaque jour voit détruire les derniers spécimens de ces maisons « essentées de bois » ou en colombage, de ces édifices ventrus, à haut pignon, surplombant sur la voie publique. Ils sont bien rares aujourd'hui et condamnés sans doute à une disparition complète.

Les artistes regrettent ce Rouen évanoui ; les hygiénistes, en voyant dans les quartiers où coule l'Eau de Robec les sombres, misérables et fétides demeures où vit une population hâve et chétive, s'applaudissent de la transformation accomplie. Peut-être aurait-on pu concilier à la fois le souci de la santé publique et celui de l'esthétique en conservant sur le parcours des voies nouvelles les débris du vieux Rouen. Maintenant le sacrifice est consommé, les Rouennais et les étrangers ne peuvent se faire une idée de ce qu'était encore la cité il y a soixante ans.

Un artiste de grand talent, M. Jules Adeline, a voulu faire revivre la ville disparue, il a dessiné un « Vieux Rouen »; on a matériellement reproduit en stuc son dessin et reconstitué ainsi, à l'exposition installée sur le Champ de Mars, un des coins les plus curieux du Rouen d'autrefois. Cette évocation fugitive sera une des grandes attractions de l'exposition de 1896.

Décrire Rouen m'entraînerait trop loin, c'est un merveilleux musée d'art auquel on a pu consacrer des volumes sans épuiser le sujet. Pour chacune de ses églises il faudrait une monographie complète. La cathédrale, au porche si précieusement sculpté, dont les tombeaux sont d'inappréciables chefs-d'œuvre; Saint-Maclou, véritable châsse de pierre; Saint-Ouen, type complet de l'art gothique dans toute son ampleur et sa majesté, dix autres édifices religieux méritent d'attirer et de retenir longtemps le visiteur. Les monuments civils, le palais de justice, l'hôtel du Bourgtheroulde, pour citer ceux-là seulement, sont des œuvres dignes d'admiration. Dès qu'on est sorti des rues modernes on retrouve presque à chaque pas des hôtels particuliers et des maisons d'un art parfait. De belles fontaines ornent les carrefours. En dépit des démolisseurs, plusieurs voies principales, comme la rue Grand-Pont, ont un peu conservé l'aspect d'autrefois. La rue de la Grosse-Horloge, sur laquelle se courbe l'arcade sculptée qui supporte les cadrans publics et que domine un élégant beffroi, est un des plus beaux coins de ville ancienne conservé en France.

Mais les démolisseurs ont jeté bas le cadre précieux où se déroula la Passion de Jeanne d'Arc. La place sur laquelle se dressa le bûcher de l'héroïne a été rasée pour faire place à des halles banales; une inscription, une fontaine, une statue rappellent seules le souvenir du grand drame; ici les « embellissements » ont été inexcusables.

Les Rouennais, cependant, n'ont point perdu le culte de la Pucelle; lorsque les religieuses, propriétaires d'une des tours de l'enceinte dans laquelle Jeanne fut menacée de la torture, voulurent jeter bas ce témoin du grand drame national, la population s'émut, la tour fut rachetée au moyen d'une souscription, elle a été restaurée. C'est le premier monument apparu aux regards du voyageur descendu à la gare de la rue Verte.

Si Rouen est restée fidèle au culte de Jeanne d'Arc, elle a conservé, non moins vif, le souvenir de Pierre Corneille, le plus illustre de ses enfants. Sa statue orne le terre-plein du pont Corneille, dans l'île Lacroix; l'habitation de campagne du grand poète au Petit-Couronne, simple maison en colombage, est devenue un « musée cornélien ». La grande ville normande ne s'est pas bornée à ce souvenir littéraire ou artistique. Ses autres enfants illustres, Armand Carrel et Boïeldieu, ont leur statue ; Louis Bouilhet et Gustave Flaubert, qui purent obtenir la célébrité tout en restant dans leur province, ont aussi leur monument, comme l'abbé de la Salle qui créa l'institut des Frères des Écoles chrétiennes. Si l'on ajoute à ces effigies le buste de Thouret, membre des États généraux, on voit que Rouen a fait preuve d'un grand éclectisme dans les hommages rendus à ses enfants célèbres. Récemment sa cathédrale a reçu le beau tombeau élevé au cardinal de Bonnechose.

Rouen n'a pas renié la gloire jetée sur elle par Corneille, Boïeldieu et Flaubert; si elle n'a pas la prédominance universitaire en Normandie, réservée à Caen, ce n'en est pas moins une des villes de France où les choses de l'art et de l'esprit ont conservé le plus de fervents. Ses sociétés savantes sont nombreuses et prospères, ses théâtres ont plus d'une fois donné des exemples de décentralisation, ses bibliothèques, ses musées sont parmi les plus riches de notre pays. En devenant cité de grande industrie, Rouen n'a pas voulu oublier son rôle de foyer intellectuel pour une populeuse et vaste province, elle a su le conserver malgré le voisinage de Paris.

J'ai négligé à dessein une des statues élevées pendant ces dernières années : elle se dresse à la jonction de deux boulevards tracés sur l'ancienne enceinte et bordés de jolis hôtels particuliers, le boulevard Jeanne-d'Arc et le boulevard Cauchoise. Le personnage représenté dans le costume moderne, si peu esthétique, a joué un rôle considérable en France pendant quelques années. C'est le grand industriel Pouyer-Quertier, qui eut la douleur de signer pour la France le traité de Francfort ; le ministre des finances de M. Thiers, mais surtout, pour Rouen, l'homme qui incarna les sentiments économiques de ce grand centre industriel et des villes voisines. Le monument symbolise la lutte de l'industrie cotonnière contre les grands ports et les villes de commerce, contre Paris, Lyon, le Havre, Marseille et Bordeaux ; Rouen, au temps de Pouyer-Quertier, fut le centre de résistance des « protectionnistes » contre les « libre-échangistes ». Lille et les sociétés agricoles ont aujourd'hui la prépondérance dans ce combat ; cependant l'industrie cotonnière de Normandie n'en est pas moins âprement hostile à la liberté des transactions. Mais, par bien des indices, on peut supposer un apaisement dans les passions : Rouen est devenu un grand port maritime et ses industriels, clients de l'étranger pour leurs machines, pour leurs produits tinctoriaux, pour la matière première, ont fait des progrès tels dans la transformation du coton, qu'ils ont réussi à rendre en partie tributaires des centres comme Manchester.

C'est un détail assez peu connu et digne cependant d'être signalé. Rouen paraît entrer dans une voie nouvelle, la modification profonde survenue dans ses conditions d'existence depuis la guerre se poursuit et n'a pas dit son dernier mot.

Depuis vingt-cinq ans le changement est radical dans l'industrie rouennaise, le tissage à la main disparaît — il a presque disparu, pour faire place aux tissages mécaniques. La rouennerie moderne rappelle de fort loin la patriarcale industrie qui fit la célébrité et la prospérité de la région.

Il n'est pas sans intérêt de rappeler les origines de l'industrie du coton en Normandie. On en trouve trace dès 1524 dans des lettres patentes de François I$^{er}$. Le nouveau textile servait à fabriquer des futaines, étoffe mêlée de fil. Cependant les difficultés de se procurer la matière première empêchaient le coton de prendre un grand développement. Rouen continua à tisser la laine

et le lin. En 1596 un mémoire adressé à Henri IV signale le coton comme assez répandu. Il faut arriver aux années qui précèdent la Révolution pour trouver une industrie cotonnière importante. Quand, en 1785, les premiers métiers anglais apparurent, on comptait aux environs de Rouen 19,000 fileuses au rouet. Alors on produisait surtout des siamoises, étoffes de coton sur chaîne soie, inspirée par les vêtements des ambassadeurs siamois venus à la cour de Louis XIV. Ces tissus furent le véritable point de départ de la rouennerie.

Les relations du commerce avec le Levant avaient fait connaître les cotonnades rouges dites d'Andrinople, dont l'éclat et la solidité de teint firent bientôt le succès. Les commerçants rouennais, ne pouvant découvrir le secret de cette couleur, firent venir de Turquie des fils teints ; cette importation commença en 1745 : vingt-cinq ans plus tard Rouen recevait 480,000 kilogr. de ces fils, valant 8,640,000 fr. de notre monnaie. Afin d'échapper à ce tribut payé à l'étranger on chercha le secret de ces teintes, on ne réussit qu'à obtenir un rouge brun, cependant solide. Mais, dans le Midi, Aix et Aubenas avaient pu trouver les teintes vigoureuses d'Andrinople, grâce au climat méridional permettant les séchages rapides qui séparent les diverses opérations. On eut alors l'idée des sécheries artificielles : le résultat fut complet, Rouen se vit désormais en possession d'un rouge grand teint dont les dérivés nombreux permirent d'entreprendre la fabrication de tissus de nuances variées. Aujourd'hui encore les nombreuses teintureries de Rouen jouissent d'une réputation légitime.

La *rouennerie* était créée, l'impression sur étoffes apporta l'industrie des toiles peintes. Malgré l'hostilité des ouvriers, le nouveau procédé s'imposa, mis en œuvre d'abord par des travailleurs étrangers qui cachaient jalousement leur secret; on parvint à le connaître par surprise : désormais Rouen ne cessa de prospérer. Vers 1816, c'est-à-dire après les guerres de l'Empire, l'activité devint énorme, la ville, toutes les campagnes du pays de Caux étaient remplies de tisserands à la main. Les métiers mécaniques pour le tissage ne pénétrèrent qu'assez tard. En 1861 on comptait encore à Rouen et dans le pays de Caux 110,000 tisseurs à bras, les métiers mécaniques en occupaient 32,000, le nombre des pièces produites était de 1,350,000, la valeur atteignait 85 millions. Le commerce restait encore primitif : Rouen possédait une halle où s'accumulaient les produits; les acheteurs venaient de partout : les

Maures du Sénégal s'approvisionnaient de guinées, les Arabes venaient chercher des mouchoirs, des fichus, des toiles de fantaisie. Charles Reybaud a fait en 1862 un vivant tableau de ces mœurs commerciales, tuées de nos jours par la concurrence, par les relations directes avec les pays de consommation, Algérie et Cochinchine surtout, et par l'intermédiaire des maisons de commission.

Le régime du libre échange, en mettant cette industrie familiale en présence de la concurrence de l'industrie anglaise, a amené une transformation profonde. Le tissage à la main a périclité en des proportions énormes : le nombre des tisserands était tombé, en 1890, à 18,000. Actuellement, à Rouen et dans sa banlieue, on compte 2,339 tisseurs à la main seulement et 8,909 métiers mécaniques. Le pays de Caux renferme 2,921 tisseurs à la main et 5,911 métiers mécaniques ; et le dernier mot des machines n'est pas dit.

En somme la transformation a été heureuse : l'ouvrier de la ville est mieux payé et mieux nourri ; il a déserté la cave humide, où il poussait la navette, pour les ateliers bruyants, mais vastes, clairs et aérés. Les gîtes immondes où le tisserand rouennais vivait sont bien plus rares, on ne trouve plus comme autrefois des quartiers entiers où les parents couchaient sur des sacs pleins de cendre et les enfants sur des tas de guenilles ; où s'estimaient à leur aise ceux qui pouvaient avoir une botte de paille ! Certes il y a encore bien des coins pittoresques, mais sinistres, où gîte la misère, dans les quartiers aux maisons déjetées et puantes qui avoisinent l'*Eau de Robec*, mais ils sont plutôt habités par les ouvriers du port. D'ailleurs la facilité des communications va peu à peu amener à la périphérie le reste des populations ouvrières. Rouen est une des villes où les tramways ont le réseau le plus étendu. Il y a 37 kilomètres de lignes électriques traversant la ville en tout sens et pénétrant dans tous les vallons industriels. Ces « cars » légers, filant sans bruit et sans secousses, modifieront avant longtemps les conditions d'existence de l'ouvrier. Puisse celui-ci, en prenant goût à la résidence éloignée, perdre l'habitude funeste de l'alcool, fléau de cette vaillante population !

La filature reste la partie capitale de l'industrie cotonnière rouennaise, non seulement elle alimente Rouen et son rayon, mais, avec le produit de ses 927,162 broches, elle est en relations incessantes avec les grands centres cotonniers : Thizy, Roanne, Saint-Dié, Remiremont, Flers, Lyon. Malgré la concurrence du dehors elle a résisté grâce à des ouvriers excellents, d'esprit sage, réfractaires aux excitations du dehors. Il n'y a jamais de grève à Rouen, pas plus que dans la vallée de l'Andelle.

Les industriels, de leur côté, ont lutté avec énergie; s'ils ont réussi à prendre pied jusque chez les concurrents les plus dangereux de Rouen, ils le doivent à une persévérance et une science dignes d'être mises en lumière. J'ai visité cet après-midi, au Petit-Quevilly, les ateliers de M. Pinel; ce grand industriel, après m'avoir fait les honneurs des salles vastes et claires, dotées de l'outillage le plus perfectionné, où l'on teint et file les cotons, m'a montré les échantillons de ses produits. Il a réussi à donner à la fibre végétale l'aspect un peu hérissé de la laine et l'éclat de la soie. Les profanes comme moi, à voir ces merveilles de souplesse et de nuances délicates, ne peuvent croire qu'ils ont sous les yeux du coton, textile un peu terne. Même les gens du métier s'y laissent prendre; un acheteur de filés, après avoir bien examiné les échantillons, disait à brûle-pourpoint :

— Et maintenant, entre nous, quelle est la proportion de laine là dedans ?

Or, de la laine il n'y en a pas une fibre, mais le coton, traité par des chimistes et des ingénieurs tels que M. Pinel, prend à volonté l'aspect d'autres textiles. Aussi Rouen entre-t-il pour beaucoup dans la fabrication des tissus à bon marché, Lyon, pour certaines soieries; Roubaix et Elbeuf, pour certains lainages; l'Allemagne et l'Angleterre, pour des filés de nuances bizarres, sont ses tributaires. Le grand mérite des industriels rouennais est de n'avoir pas désespéré ; leur volonté, servie par un véritable génie, a maintenu la Normandie à son rang. C'est un miracle dont le patronat seul est capable; des chefs de maison, mettant la main à la pâte, ayant une science commerciale profonde, connaissant les besoins des industries du dehors, peuvent atteindre ce résultat; le chef d'une collectivité ne saurait y parvenir.

Rouen cependant, comme Elbeuf, est malheureusement tributaire de l'étranger pour ses machines et ses produits tinctoriaux. L'Allemagne, l'Angleterre, la Suisse restent les maîtres pour cette partie de notre outillage. Il y a là ample matière à étude pour nos chimistes et nos mécaniciens, qui devraient attirer à la France les millions payés chaque année à l'étranger.

Le génie de notre pays n'est cependant pas incompatible avec cette science délicate de la mécanique. J'ai vu, dans la très curieuse usine de

M. Rivière, où l'on fait les tissus élastiques : bretelles, ceintures de gymnastique et de la toile à voile en coton pour les yachts, des métiers dus entièrement aux fabricants eux-mêmes. Ce qu'on a réussi là pourrait s'obtenir ailleurs si l'engouement pour les métiers étrangers n'était pas si vif[1].

Quant aux produits pour la teinture, Rouen n'a pas même cherché à les fabriquer. Elle possède cependant, au Petit-Quevilly, une des plus grandes usines chimiques de France, ce sont les établissements Malétra répartis en deux groupes, Petit-Quevilly, avec 800 ouvriers, et Lescures avec 150, mais c'est ce qu'on pourrait appeler la grosse industrie chimique et non celle, plus délicate, des couleurs. On y fabrique l'acide sulfurique au moyen des pyrites de Sain-Bel, près de Lyon[2]. On y traite les sels tirés des salines d'Arzeu en Algérie. Les établissements Malétra ont acquis l'exploitation de la *Sebkra-el-Melah*, ou lac salé, ils l'ont reliée au port d'Arzeu par une voie ferrée spéciale. Les salines donnent 25,000 tonnes par an, extraites par des ouvriers espagnols ou marocains, 15,000 sont vendues sur place ou con-

---

[1]. On verra dans la 8ᵉ série le récit des difficultés rencontrées par un grand industriel de Bourgoin (Isère) pour faire adopter les métiers à filer et à tisser de son invention.

[2]. Voir, sur les mines de Sain-Bel, la 7ᵉ série du *Voyage en France*, p. 314.

duites dans le Sud oranais jusqu'à Aïn-Sefra par wagon complet, là des caravanes de chameaux viennent chercher le sel pour le conduire dans le Sahara ou le Sud marocain. Les 10,000 autres tonnes sont envoyées d'Arzeu à Rouen pour y être traitées.

Petit-Quevilly et Sotteville sont de populeux et amples faubourgs isolés dans le coude de la Seine où ils peuvent s'étendre longtemps encore avant d'être arrêtés par les futaies de Rouvray. Les autres annexes industrielles, au contraire, enfermées entre les pentes de petits vallons : Darnétal, sur le Robec — ville qui a perdu son industrie lainière, mais qui teint et imprime pour Lisieux, pour Louviers et Elbeuf, — Deville, Maromme, Notre-Dame-de-Boudeville sur la rivière de Cailly, doivent s'étendre en longueur et prolonger en amont leurs lignes de maisons, gagnant ainsi de proche en proche les villages à l'agglomération rouennaise.

Ce qui a le plus modifié l'aspect de Rouen depuis 25 ans, c'est l'agrandissement, on pourrait même dire la création de son port. Jusqu'en 1850, les quais ne voyaient pas arriver de navires de plus de 300 tonneaux, les travaux d'endiguement de la Seine ont donné plus d'amplitude au flot de marée, ont peu à peu accru les fonds; en 1875, Rouen avait déjà un mouvement de 400,000 tonnes; des dragages, un balisage et un éclairage complets ont si bien amélioré l'estuaire et le fleuve que, cinq ans plus tard, en 1880, le mouvement atteignait 500,000 tonnes; Rouen se plaçait d'un bond au quatrième rang des ports français.

On ne s'en est pas tenu à ce résultat : le chenal, sans cesse dragué, creusé d'ailleurs par le flot contenu entre les digues qui avaient rétréci le fleuve, a permis aux grands navires pétroliers de monter jusqu'à Rouen. Pour faire face à ce mouvement, la chambre de commerce a construit des quais verticaux qui, sur les deux rives, ont une longueur de 4,800 mètres. Des voies ferrées les relient aux gares, des grues fixes ou flottantes, de vastes hangars, un élévateur à grain composent un des outillages les plus complets que l'on puisse rencontrer. A ces quais, des navires de $7^m,50$ peuvent venir s'amarrer et effectuer commodément leur chargement et leur déchargement. L'aspect de ce port maritime est vraiment grandiose. Pendant l'année 1894 il a reçu ou expédié 5,358 navires, dont 88 calaient plus de 6 mètres, montés par 62,473 hommes d'équipage. Le total des tonneaux de jauge a été de 2,125,028. Les navires chargés représentaient 1,609,720 tonnes de marchandises[1]. C'est là un mouvement *maritime* ayant pour limite le grand pont. En amont, le fleuve ne reçoit que des bateaux fluviaux. 4,257 voyages de chalands, gabarres ou bateaux à vapeur allant vers Paris, ont animé le bassin fluvial et donné lieu à la manutention de 1,029,172 tonneaux de marchandises. A la descente il y a eu 2,933 voyages ayant donné lieu à un mouvement de 326,353 tonnes[2].

Les terre-pleins occupent 33 hectares et, malgré les wagons qui procèdent sans cesse à l'expédition des produits importés, sont couverts d'immenses piles de marchandises. Sur la rive droite, la plus vivante, celle qui confine à la ville, les vins et les blés forment la plus grande partie du trafic. De l'autre côté, au faubourg Saint-Sever, en des bas-

---

[1]. Cette année 1891 fut très brillante, les blés et les vins étant entrés en grande quantité en prévision du vote de droits sur ces produits.

L'année 1895 a donné comme mouvement :

| | | | |
|---|---|---|---|
| Navires chargés. . | { Entrées . . . . . . . . | 2,351 | } 3,895 |
| | { Sorties . . . . . . . . | 1,544 | |
| Navires sur lest. . | (Entrées et Sorties) . . . . . | | 826 |
| | Total du mouvement . . . . . . | | 4,721 |
| Tonnage. . . . | { de jauge . . . . . . . | | 1,778,868 |
| | { des marchandises . . | | 1,722,497 |

[2]. En 1895 le mouvement du bassin fluvial a été de :

| | | | TONNAGE. |
|---|---|---|---|
| Nombre de bateaux | { ascendant . . . . | 3,577 | 849,277 |
| | { descendant . . . | 2,854 | 333,331 |

sins fermés par des îles réunies au rivage, les pétroles, les bois, les charbons donnent lieu à une activité plus considérable peut-être ; elle frappe moins le visiteur.

Rouen est un port en pleine prospérité, dont l'avenir est superbe. Mais il est très sujet aux fluctuations économiques par la nature même de son trafic. Les vins et les blés entrent en quantités plus ou moins grandes selon les résultats de la récolte et des tendances qui prévalent en France. Cette année (1896) présente une dépression considérable si on la compare à 1894 et 1895 qui virent arriver d'Espagne des quantités énormes de vin.

Le port s'étend donc sans cesse. En prévision de l'insuffisance des quais actuels, on a tracé, dans les prairies qui s'étendent vers Croisset, un superbe boulevard allant du quartier de la Madeleine au pied de la riante colline de Canteleu. Cette avenue, plantée d'une double rangée d'arbres, est précédée vers la Seine d'une large zone où pourront être établis des terre-pleins et des voies ferrées[1].

Ainsi conçu, le port de Rouen, situé dans l'intérieur des terres, à 120 kilomètres de la mer en

---

1. Cette nouvelle voie ne figure pas encore sur la carte d'état-major dont nous donnons un extrait.

suivant les immenses méandres du fleuve, à 70 kilomètres seulement à vol d'oiseau, est un des plus beaux de France; des fenêtres du majestueux « Palais des consuls », c'est-à-dire de la Bourse, autour de laquelle se tient chaque vendredi une réunion des commerçants et des agriculteurs de la région, la vue de ces vastes quais et des grands navires à haute mâture donne une puissante idée de la richesse de la capitale normande.

L'activité répond à l'aspect, il y a là tout un peuple de portefaix travaillant au déchargement des navires, population ardente au travail, mais affligée du vice d'ivrognerie. Quand les arrivages sont nombreux, ces ouvriers gagnent facilement 10 à 12 fr. par jour, cet argent passe dans les cabarets sordides qui avoisinent le port, en des rues sombres et bruyantes qui contrastent étrangement avec le noble aspect de l'opulente cité, avec les idées d'élégante gastronomie qu'éveille la ville où se modelait il y a deux cents ans la faïence dite « Rouen à la corne », où les hôtels ont conservé la recette du caneton à la rouennaise, où l'on fait encore du sucre de pomme. Si l'on en croit Boileau :

Le premier citron à Rouen fut confit.

## XXII

### LE ROYAUME D'YVETOT

Faubourgs rouennais. — La vallée du Cailly. — Barentin et
Pavilly. — Le pays et la ville d'Yvetot. — État actuel du
pays de Caux. — Le royaume et les rois d'Yvetot. — Bolbec
et sa vallée. — Lillebonne et ses ruines romaines.

*Yvetot, 29 mars.*

Le mascaret se produisant à date et heure fixes, j'ai dû venir, malgré une pluie battante, dans la partie du pays de Caux qui fut jadis le minuscule et un brin fantaisiste royaume d'Yvetot. Les éclaircies ont été rares depuis trois jours, mais enfin il y en a eu, cela rendait possible la visite de ce curieux coin de Normandie.

Le tramway électrique m'a conduit à travers Deville jusqu'à Maromme dont les maisons aux toits d'ardoises et les usines sont jetées en désordre au fond de la vallée du Cailly. Ce paysage industriel ne manque pas de grâce : les collines sont fraîches et boisées, les jardins et les parcs masquent la banalité des constructions manufacturières. Cette vallée du Cailly est une véritable rue commençant à la barrière du Havre à Rouen et se prolongeant pendant 11 kilomètres jusqu'au delà de Malaunay, point de jonction des lignes d'Amiens et du Havre. La rivière, née de sources filtrées par la craie, est une des plus claires et des plus pures que l'on puisse voir, mais, à partir de Monville jusqu'à la Seine, une centaine d'usines transforment le joli cours d'eau en un égout nauséabond.

Toute la vallée n'est qu'un chapelet de fabriques; dans la gare des marchandises de Maromme, des piles de balles de coton sont déchargées, on entasse des ballots de tissus dans les wagons. La rue de manufactures se poursuit par Notre-Dame-de-Bondeville et le Houlme. Quand, après avoir traversé la station de Malaunay, on franchit la vallée sur un viaduc pour pénétrer dans un grand tunnel, on voit se prolonger vers le nord la chaîne des usines.

A l'issue du souterrain on traverse un instant une jolie campagne de bosquets et d'herbages clos de hêtres et complantés de pommiers. Ce n'est qu'une apparition, le chemin de fer franchit par un viaduc assez hardi la vallée profonde de Sainte-Austreberthe au-dessus de la petite ville de Barentin, hérissée de toits d'usines, c'est encore un centre cotonnier; en quelques secondes on atteint une nouvelle station dominant Pavilly, autre ville de fabriques qui remplit le fond de la vallée et dont les toits d'ardoises se groupent autour de deux flèches d'église.

Et la voie ferrée quitte enfin la région des fabriques pour gravir le plateau du pays de Caux, au milieu de vastes cultures couvrant une terre jaune. Le paysage a pris un caractère bien particulier. Peu de grands villages ; les hameaux sont formés par des maisons jalousement installées au milieu d'un enclos fermé par des levées de terre sur lesquelles croissent des hêtres et des chênes. Ces enclos s'appellent des masures; les talus, comme en Bretagne, se nomment des *fossés*. Ce n'est point là une fermeture contre les maraudeurs : fossés et grands arbres ont pour but de préserver les pommiers de l'atteinte des vents.

Je voudrais bien voir de près ce paysage si particulier. Un rayon de soleil a percé les nuages, la pluie semble cesser, je m'arrête à Motteville, agglomération de *masures* groupées autour des deux flèches d'une église assez simple malgré ce luxe de clochers. De belles maisons de brique et de pierre blanche commencent à s'élever dans le village.

Au delà de Motteville les vastes cultures de betteraves et de céréales et les prairies artificielles alternent avec les hameaux enfouis sous les arbres.

Un des groupes que je traverse pour gagner Yvetot s'appelle le Carreau, c'est du reste le nom de tous les centres d'habitation, de toutes les croisées de route. Là sont des cabarets où les paysans viennent boire de l'alcool, plaie de ce pauvre pays. L'alcool est devenu un tel besoin pour la population, que l'ouvrier de ferme exige avant tout sa ration d'eau-de-vie. Ces « carreaux », à certaines heures de la journée, en disent long sur la dégénérescence de la race.

Le Caux a malheureusement trop de facilités pour produire le poison ; chaque « masure » est une petite distillerie où l'on traite les lies et les cidres du cru. Cela ne suffisant pas, l'eau-de-vie de cidre étant d'ailleurs assez chère, les débitants ont recours aux alcools de grains et de betteraves. Sous ce climat pluvieux l'homme ne saurait vivre autant au grand air que dans le Midi, il se réfugie au cabaret.

Sur tout le plateau, pas un ruisseau, pas une source, on conserve l'eau des pluies en de grandes mares dont la création est facilitée par la nature argileuse du sol. Les puits sont très profonds, on y puise par le moyen primitif des seaux. La Normandie, sous ce rapport, est bien moins avancée que des pays, réputés barbares, où les norias, mues par le vent ou par des manèges, donnent, en abondance et sans fatigue pour l'homme, toute l'eau nécessaire.

Yvetot, le chef-lieu de l'arrondissement, ancienne capitale du « royaume », s'annonce par une interminable rue bordée de maisons sans caractère. Les autres voies n'offrent pas plus d'intérêt, c'est propre, large, mais d'un calme excessif. La vieille ville aux maisons de bois et de torchis fait place à des maisons de brique. L'église, de style jésuite, est également en brique. En somme un très grand village, où l'on devine une profonde décadence.

Ce n'est point parce que la ville a perdu sa royauté honorifique, mais parce qu'elle n'est point outillée pour lutter contre ses voisines, les villes des vallées dotées d'eaux courantes. Sur ce haut plateau où, jadis, chaque maison abritait un métier à tisser, l'industrie moderne n'a pu trouver le liquide pur dont elle a besoin. En outre Yvetot n'est qu'un lieu de passage et non un point de jonction pour le chemin de fer. A ses côtés Bréauté, Motteville, Barentin sont devenus des stations d'embranchement, les voyageurs qui y changent de train ne vont guère à Yvetot, ils se rendent plus volontiers à Rouen et au Havre. Les campagnes voisines auraient sans doute fait d'Yvetot leur centre si des embranchements y avaient abouti.

Aussi la ville, trop vaste déjà il y a quarante ans pour 9,000 habitants et, par conséquent, pour les 10,000 qu'elle comptait au commencement du siècle, est-elle vraiment démesurée pour les 7,617 reconnus au recensement de 1891[1]. La dépopulation est rapide : en 1872 encore on comptait 8,282 âmes.

La cause principale de cette diminution est le drainage des ouvriers tisserands par les vallées industrielles de Barentin et de Bolbec. Le tissage à la main a fait place à l'industrie mécanique, les ouvriers sont allés dans les usines, l'exode a été énorme, cependant les émigrants ont conservé très vif le souvenir de leur ville d'origine. Le rédacteur d'un journal d'Yvetot, M. Partridge, à qui j'ai dû de précieux renseignements, me dit que sa feuille est vendue à 400 exemplaires à Barentin, ville située en dehors de l'arrondissement et à laquelle la gazette ne consacre pourtant pas une ligne.

Il y a cent ans Yvetot comptait une quarantaine de fabricants faisant tisser le mouchoir dans les campagnes. Aujourd'hui il en reste quatre, dont un fait tisser des étoffes mélangées de laine, de

---

1. Le recensement de 1896 donne seulement 7,450.

soie et de coton destinées surtout à l'Algérie, un second ne fait que le mouchoir, les deux autres le mouchoir et la cotonnade. Ensemble ces quatre fabricants occupent de 1,500 à 1,600 ouvriers. Il y en eut plus de 10,000. Deux petites fabriques de chapeaux, une grande minoterie, une cidrerie ne réussissent pas à galvaniser la pauvre ville. L'arrondissement tout entier a été atteint. En 1872 il comptait 125,412 habitants, en 1891 il n'en restait que 106,610.

Telle est cette petite ville que le titre de ses seigneurs, chansonné par Béranger, a rendue célèbre et dont l'aspect morose ne saurait être décrit ; la grande distraction est d'aller regarder passer les trains ou de se rendre dans les « fonds », plis du plateau ombragés par quelques ormes. Béranger, qui n'avait cependant jamais vu Yvetot, a bien rendu le calme de la cité en faisant le portrait du roi :

>   Il était un roi d'Yvetot
>     Peu connu dans l'histoire,
>   Se levant tard, se couchant tôt,
>     Dormant fort bien sans gloire
>   Et couronné par Jeanneton
>   D'un simple bonnet de coton,
>       Dit-on,
>   Oh ! oh ! oh ! oh ! ah ! ah ! ah ! ah !
>   Quel bon petit roi c'était là !
>       Là, là.

On a cru longtemps que ce « roi » était une légende, mais les traces historiques de cette royauté abondent. On a trouvé un acte de vente daté de 1401 par lequel Martin d'Yvetot vendit sa royauté à Pierre de Vilaines. Un autre acte de vente, daté de 1461, reconnaît Guillaume Chenu pour prince et roi d'Yvetot. En 1491, parmi les reçus pour gages — nous dirions la solde aujourd'hui — des cent gentilshommes de Charles VIII, figure la signature de Jean Boucher, chevalier, roi d'Yvetot. Des lettres patentes du 15 août 1543 donnent le titre de roi d'Yvetot à Martin du Bellay. La tradition était tellement suivie que lorsque Henri IV prit Yvetot il s'écria :

— Je suis toujours assuré de cette royauté !

Plus tard, ayant eu Paris, ce qui était d'autre importance, il exigea pour le seigneur d'Yvetot place honorable à sa cour « selon le rang et qualité qu'il doit tenir ».

De cession en cession la royauté d'Yvetot arriva en 1688 à l'illustre famille dauphinoise et lyonnaise d'Albon, dont le chef actuel, marquis d'Albon, a droit à ce titre honorifique de roi.

Les « terres du Royaume », c'est-à-dire les cultures aux environs d'Yvetot, sont loin de donner des produits en rapport avec la fertilité du sol.

Cette région n'a pas encore été dotée de tous les progrès modernes au point de vue agricole. Le rendement du blé à l'hectare est de 25 hectolitres environ, il peut aller jusqu'à 27. On constate une dépréciation considérable de la propriété, le prix de l'hectare est de 2,400 fr. en moyenne; à 3,000 fr. on le considère comme rémunérateur. Les propriétaires accusent le régime économique du bas prix des terres, ils s'en prennent même aux Elbeuviens qu'ils soupçonnent de libre-échangisme : parce qu'Elbeuf, si inféodée cependant à la protection, demande l'entrée des matières premières, c'est-à-dire de la laine. A les entendre, si Elbeuf achetait des laines indigènes au lieu de laines exotiques, on reprendrait l'élevage du mouton. D'après un dicton cauchois, le nombre de sacs de blé sur une ferme est en rapport avec le nombre des moutons, ceux-ci donnant des engrais riches et abondants. La théorie est spécieuse, des méthodes culturales mieux comprises, l'emploi des machines agricoles et des engrais chimiques vaudraient mieux que les troupeaux d'ovidés pour faire produire au sol tout ce qu'il peut donner. Dans une visite que fit, en 1894, aux environs d'Yvetot, une délégation des agriculteurs du Nord, racontée par M. Henry Sagnier, on prend sur le vif l'erreur fondamentale des agriculteurs cauchois ; ces cultures mal ou pas sarclées, ces blés maigres ont fort surpris les cultivateurs flamands, accoutumés à des terres entretenues avec soin.

Yvetot et sa campagne sont rapidement parcourus, si rapidement que la journée me paraîtra longue. Je comptais aller voir le fameux chêne d'Allouville, qui porte fièrement ses neuf siècles et qui renferme une chapelle dans son tronc d'une circonférence de 15 mètres, mais c'est à une heure de marche seulement et l'après-midi ne serait pas entamée. Je préfère aller voir Bolbec et Lillebonne, puis gagner Caudebec à pied si le temps se met décidément au beau.

D'Yvetot à Nointot le paysage ne change guère ; toujours les fossés enfermant les masures dont les constructions diverses, habitations, granges, étables, bergeries, sont séparées, par la crainte du feu sans doute, et forment ainsi avec chaque ferme de petits hameaux. Peu de grandes cultures, partout des bouquets d'ormeaux.

Nointot est la gare de Bolbec sur la grande ligne. Bien que cette ville ait maintenant un chemin de fer spécial, les voyageurs continuent à passer par l'ancienne station, ils évitent les arrêts de Bréauté et, en un quart d'heure d'omnibus, descendent au cœur de Bolbec.

Cette grosse cité industrielle est au fond d'un de ces vallons si profondément creusés du pays de Caux. Trois ravins se réunissent et offrent à la ville leurs étroites fissures où les maisons se sont alignées sur une rue unique. Au point de jonction une voie principale, large, bordée de belles maisons, sur laquelle aboutissent d'autres rues, forme le cœur de Bolbec. On s'attendait à une sordide bourgade industrielle et l'on trouve une vraie ville, plus digne de ce nom que beaucoup de chefs-lieux! Beaucoup de constructions monumentales, des villas, des parcs, des fontaines contribuent à donner à Bolbec un aspect prospère. Mais les principaux édifices sont les usines dont les hautes cheminées se dressent dans toutes les vallées et jusqu'au flanc des coteaux. La ville est assez active pour posséder une chambre de commerce; elle possède de nombreuses filatures occupant 100,000 broches (177,384 en comptant celles de Lillebonne), de nombreux tissages mécaniques faisant mouvoir 3,000 métiers et, pour le mouchoir, occupe encore 2,500 tisseurs à la main. La fabrique met en œuvre environ 5 millions de kilogrammes de coton et livre au commerce une quantité de tissus évaluée à 15,500,000 fr.

Au-dessous de Bolbec, la vallée est un délicieux couloir de parcs et de châteaux entremêlés d'u-

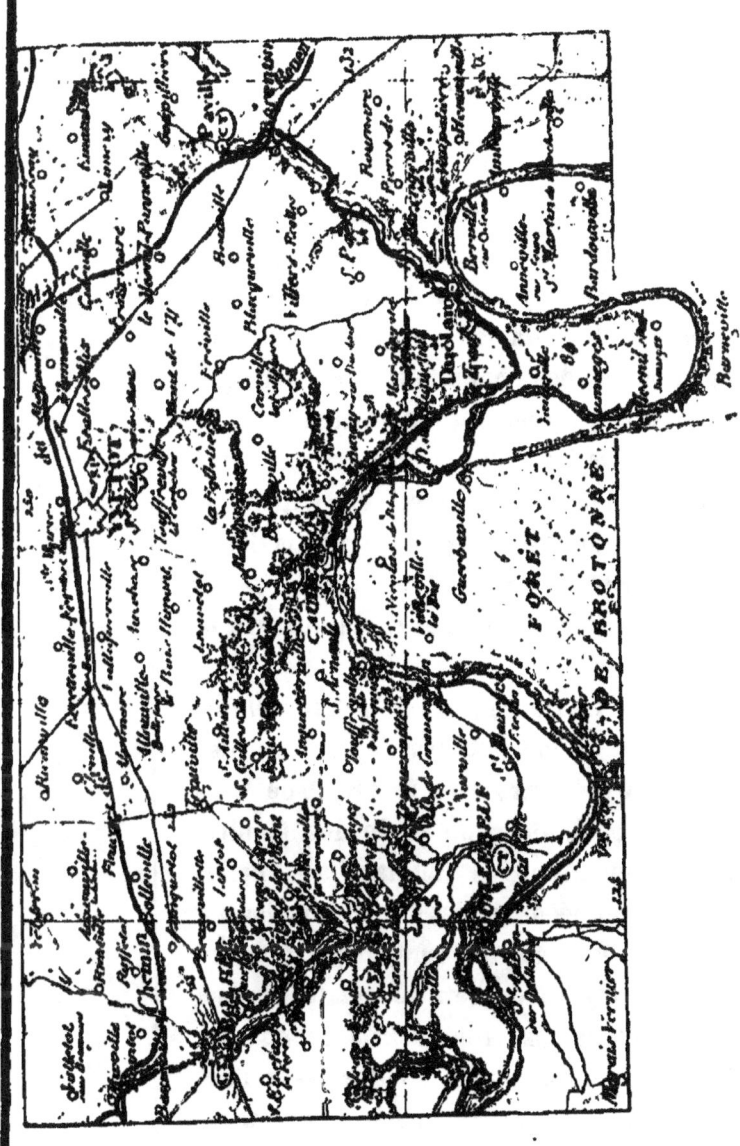

sines et de maisons rustiques ; malgré ce caractère industriel, c'est une des plus riantes de Normandie. Après Gruchet-le-Valasse, où l'on voit des cités ouvrières autour d'une grande fabrique, le paysage se fait plus aimable encore : des prés, des bois, des châteaux. Partout d'heureux détails : ici la tourelle de Valasse ; au Becquet, de jolis vallons latéraux ; des chaumières sur les pentes, des jardinets soigneusement entretenus.

Plus loin la vallée s'élargit, des prairies marécageuses, un sol noir et gras précèdent Lillebonne dont le haut donjon barre le passage vers la Seine. Mais plus hautes encore sont les cheminées des usines de Lillebonne, annexes de l'industrie de Bolbec.

Lillebonne est aujourd'hui une petite ville où rien n'attirerait le touriste sans les ruines bien conservées d'un théâtre romain, seul reste de *Juliobonna*, la métropole de cette partie des Gaules. L'hémicycle est entier, il fait face aux belles ruines du château féodal ; on a trouvé dans les décombres une belle statue aujourd'hui au Louvre. Les usines sont grandes ; entourées de jardins fleuris, elles n'ont pas trop sacrifié le charme tranquille de ce débouché du Bolbec vers l'estuaire de la Seine, comblé et remplacé ici par de vastes prairies.

La pluie a repris, une pluie froide et aigre qui m'empêche de faire la course pédestre de Caudebec; il faut me résigner à prendre le train, remonter vers Bolbec et gagner la gare de Bréauté. Le paysage entre Bolbec et cette station est charmant : beaucoup d'arbres, de jolies maisons rurales, un élégant viaduc de briques rouges, font des abords du village de Mirville un des coins les plus riants de Normandie — malgré la pluie qui me poursuit jusqu'à Yvetot.

# XXIII

## LE MASCARET

Le plateau d'Yvetot. — Le bassin de Sainte-Gertrude. — Arrivée à Caudebec. — Le mascaret pendant la nuit. — Paysage matinal. — Les vieilles rues de Caudebec. — L'église Notre-Dame. — Mascaret du matin. — Saint-Wandrille. — Jumièges. — Duclair. — La vallée de Sainte-Austreberthe.

*Pavilly, 30 mars.*

Le vent est venu, chassant les nuées ; le ciel soudain s'est rasséréné. Par une lumineuse fin de jour, l'omnibus de Caudebec traverse les rues tranquilles d'Yvetot et, rempli de visiteurs accourus pour assister au mascaret, s'engage sur une route jadis bordée de peupliers superbes. Un cri d'alarme jeté par un fermier a fait croire que les racines traçantes gênaient la charrue, le service vicinal a impitoyablement abattu les arbres, même ceux que leur situation au fond de tranchées profondes rendaient fort innocents des maux dont on les accusait. C'est un véritable meurtre ; on plantera des pommiers à la place de ces beaux ombrages, dit-on.

La plaine est devenue plus morne. Peu accidentée aux abords d'Yvetot, elle forme bientôt de grandes ondulations. Les vallons qui découpent le plateau ont leur tête aux abords mêmes de la route ; c'est ainsi qu'on voit se creuser, vert et profond, le ravin de Saint-Wandrille. Bientôt la route dévale rapidement dans la grande dépression de Sainte-Gertrude, que couvrent les forêts de Maulévrier et de Saint-Arnoult, bien entretenues, bien percées, dont les futaies et les taillis remplissent tous les plis de la vaste combe. Au-dessous de ces bois, près du hameau du Pavillon, un ruisseau se forme par d'abondantes et admirables sources, issues des eaux tombées sur le plateau d'Yvetot. Il fait aussitôt mouvoir des moulins.

C'est le Caux ou Caudebec, bientôt riviérette admirable, coulant en deux bras accrus par d'autres sources limpides. Au fond du vallon vert, au delà d'une usine, on aperçoit une petite ville dominée par les hauts combles et la flèche élégante d'une des belles églises de Normandie. C'est Caudebec. Elle est précédée de tanneries nombreuses. La route s'engage dans une rue étroite et débouche sur le quai, au bord de la Seine, étroitement contenue entre ses digues.

Il est presque nuit quand nous mettons pied à terre et le mascaret doit se produire à 8 heures et demie. L'aimable maire de Caudebec, M. de Caumont, prévenu de ma visite, m'a offert l'hospitalité ; le spectacle de la barre atteint toute sa grandeur au pied même de la belle terrasse qui supporte son jardin.

La nuit est venue : sur le quai, éclairé par de rares becs de gaz, la foule est nombreuse déjà ; parmi les curieux sont deux capitaines de vaisseau de la marine russe, deux frères. L'aîné, M. Alexis d'Abaza, aide de camp de S. A. I. le grand-duc Alexis, fait demander à M. de Caumont l'autorisation de pénétrer dans le parc ; il a amené toute sa famille, les enfants sont nombreux.

On nous prédit un beau mascaret, les bourrasques qui ont tant gêné mon voyage ont au moins pour résultat d'exaspérer l'Océan. Ce matin déjà le flot a été superbe. Il en sera de même ce soir.

Sous la terrasse du jardin, la Seine coule silencieuse, reflétant les lumières de Caudebec ; le bac à vapeur et les bateaux amarrés au quai s'en vont vers Villequier, à la rencontre du flot qui pourrait les culbuter s'ils ne présentaient la proue. Sans le bruit de la pluie et les rumeurs lointaines de la foule, le silence serait profond.

Il est l'heure. Chacun prête l'oreille ; au loin, vers l'ouest, un murmure, d'abord sourd, se fait entendre, il croît rapidement, c'est maintenant comme un grondement de tonnerre accompagné de bruissements de vagues ; à peine a-t-on le temps de percevoir ce bruit et une ligne sombre apparaît, accourt, formant vers les rives des masses d'écume, et présentant au sommet des crêtes neigeuses. C'est le flot : irrésistible, il se présente sous la forme d'une lame d'eau, haute de trois mètres, semblant rouler sur elle-même et retombant en volutes d'écume. Elle se précipite sur les quais, fait jaillir des fusées, inonde les curieux qui s'enfuient en poussant des cris d'effroi.

Un second flot, moins puissant, se produit, puis viennent des lames plus amples, moins hautes, ce sont les *ételles*. Et la Seine semble remonter vers sa source, livide, bouillonnante, comme en proie à la fureur. En quelques minutes, le flot, tout à l'heure à la base des quais, en atteint le bord.

Un à un les bateaux reviennent de Villequier et reprennent leur poste d'amarrage.

Au point du jour j'étais debout pour parcourir la ville, à peine aperçue hier. Elle est gracieuse et pittoresque, grâce surtout au site admirable qui l'encadre. La Seine est comme un bassin fermé par de belles collines. Au fond, au delà des terres basses gagnées sur le fleuve, apparaissent les sombres futaies de la forêt de Brotonne. A l'ouest, de hautes falaises, des parcs ombreux, des bois entourent Villequier dont la splendeur tranquille ne peut faire oublier le naufrage dans lequel périrent la fille de Victor Hugo et son mari, noyés avec un enfant et le batelier qui les conduisait. A l'est, d'autres collines, d'autres bois, la forêt du Trait, les ruines de Jumièges bornent l'horizon.

Dans ce cadre grandiose et reposant, Caudebec aligne sur le rivage, dominées par sa flèche ajourée, de jolies maisons d'opéra comique, quelques-unes peintes à la façon italienne. La belle demeure de M. de Caumont, construction aristocratique du siècle dernier, œuvre d'un des grands magistrats du Parlement de Normandie, ferme le quai au pied de la colline verdoyante. En face sur une digue formant un simple sentier, de gracieuses villas précédées de riants jardins regardent le fleuve.

Mais dans les vieux quartiers, surtout, Caudebec est digne d'attirer les artistes ; peu de villes, même en cette Normandie qui compte un si grand nombre de cités pittoresques, présentent un aussi amusant aspect. La petite rivière s'y divise en canaux bordés de maisons de bois sculptées, déjetées, branlantes, aux grands auvents, aux pignons aigus. La rue de la Boucherie a conservé le même caractère ; d'ailleurs, à chaque pas on découvre quelque demeure d'autrefois.

Le joyau de Caudebec est son église, une des

plus belles expressions de l'art ogival ; l'élégance de la nef, la finesse des détails arrêtent et captivent l'attention. La Renaissance est survenue au moment où l'admirable monument s'achevait, elle lui a apporté sa part de conception, sans dénaturer ce chef-d'œuvre du gothique flamboyant, dont la façade occidentale est la plus fleurie. Malgré les siècles qui ont décimé le peuple de statues, rongé les nervures, décapité les contreforts, Notre-Dame de Caudebec étonne encore par la profusion des sculptures dont elle est ornée.

Je resterais longtemps à errer par les rues de la petite et précieuse ville, mais voici le moment du flot. De nouveau le bac et les bateaux sont partis dans la direction de Villequier. La population entière, des curieux venus d'Yvetot, de Rouen, du Havre se pressent sur les quais.

Le phénomène a lieu par un temps superbe, sous un soleil tiède. Le vent, soufflant du nord-ouest et refoulant le flot montant, a donné plus de force au mascaret. La barre a grondé et est apparue vers Villequier un peu après neuf heures, poussant contre la rive droite des lames successives qu'on voyait bondir au-dessus des digues.

Peu à peu, ces ondes ont pris de la régularité, ont exhaussé encore la barre puissante, plus haute sur la rive gauche où la refoulaient les eaux. Elle avançait avec une rapidité majestueuse ; muraille d'eaux glauques à peine écrêtée sur les rives.

Parvenue aux abords du parc de M. de Caumont où elle rencontre un obstacle, elle s'est soudainement écroulée, une vague monstrueuse, passant comme dans un vertige, est allée se heurter contre la terrasse du parc, jaillissant en vagues dont l'écume est venue asperger les groupes de curieux massés sur ce point, qui passe cependant pour abrité.

Pénétrant dans une petite anse, elle est venue heurter le quai et projeter ses lames sur la foule, celle-ci s'est retirée au milieu des cris et des rires ; et au loin s'en est allée la lame puissante, suivie par le second flot, non moins puissant, et les ételles.

La Seine a présenté longtemps l'aspect d'une mer en furie, puis le flot s'est apaisé, se transformant en un courant d'une extrême violence.

Il serait malaisé de donner l'impression ressentie à la vue de cette scène majestueuse, les écroulements de la lame rappellent les chutes des rivières sur les barrages, les ételles qui suivent, par leur puissance et leur force irrésistible, m'ont rendu les sensations ressenties dans le chenal du Four à la traversée de la grande houle du large[1]. C'est bien un phénomène troublant l'ordre ordinaire des choses, car des vols de mouettes effarées, poussant des cris rauques, viennent à tire-d'ailes, précédant la barre grondante.

Maintenant le flot a passé, lavant les perrés et

---

[1]. Voir 4ᵉ série du *Voyage en France*, p. 271.

les digues, jaillissant contre les clôtures des villas, il s'est peu à peu abaissé, devenant, vers Jumièges, un simple gonflement. Le mascaret n'atteint toute son intensité que dans la partie du fleuve comprise entre Quillebœuf et Caudebec ; au delà de Jumièges c'est un renversement du flot, parfois brusque et saccadé, quand le vent lui vient en aide.

J'ai pris congé de M. de Caumont dont les courtoises attentions m'ont permis d'assister de si près au phénomène. Un train va partir pour Jumièges et Duclair d'où je gagnerai Barentin. Aujourd'hui le chemin de fer a son terminus à Caudebec, il doit être prolongé un jour sur Lillebonne et le Havre. Un embranchement franchira la Seine à 55 mètres au-dessus des hautes eaux, à Aizier, entre Quillebœuf et Caudebec ; le grand port du Havre se trouvera alors relié à Paris et au centre de la France par une ligne directe desservant Elbeuf.

La voie actuelle a de fréquents arrêts, on ne saurait s'en plaindre, cela permet de voir facilement le pays.

A peine a-t-on dépassé Caudebec et l'on s'arrête en vue de la riante vallée de Saint-Wandrille, où l'industrie du tissage, disparue, a fait place à une fabrique de margarine installée par des Danois.

De la margarine en cette Normandie aux plaines

plantureuses, dans ce vallon idyllique de Saint-Wandrille dont les ruines romantiques d'une abbaye augmentent la beauté!

La colline se dresse abrupte, au-dessus d'une laisse de terres marécageuses conquise sur la Seine. En ce jour de grande marée, le fleuve a débordé, apportant son limon dans les oseraies qui commencent la conquête agricole de ces terres basses. Au-dessus de cette zone inondée descendent, de la colline qui porte la forêt du Trait, des pentes douces couvertes d'herbages remplis d'arbres fruitiers. Pruniers, cerisiers, pêchers et poiriers sont en pleine floraison. La vallée est ample et claire, les villages sont blancs, tel Guerbaville, sur l'autre rive. Aux abords du village du Trait, le paysage se fait encore plus gai, des maisons moussues sont enfouies sous les arbres en fleurs. Au fond, sur un éperon, se dressent les ruines de Jumièges, faisant face aux blanches falaises qui supportent la forêt de Brotonne.

Le chemin de fer s'engage dans une dépression qui fut sans doute un passage pour le fleuve, où Vauban a tenté jadis de creuser un lit nouveau pour éviter le grand méandre de Jumièges. Une station est au milieu de l'isthme; elle permet de gagner Jumièges pour visiter l'abbaye.

Ces ruines splendides ont été décrites bien

souvent, elles sont parmi les plus célèbres de France, mais chaque jour les pierres tombent des tours et des murs de la nef. Depuis la Révolution le superbe édifice s'en va ainsi par morceaux, les toits et les charpentes ont disparu, les murs maintenant s'éboulent. La basilique et les autres édifices religieux qui l'avoisinent semblent voués à une disparition complète. C'est une catastrophe pour l'art.

Un chemin à travers la forêt de Jumièges m'a conduit à Duclair par le château du Taillis, si pittoresque avec ses constructions désordonnées. La ville est en façade sur la Seine, au pied de falaises bizarres, découpées dans la craie, près de l'embouchure de la Sainte-Austreberthe. C'est un petit port assez actif, doté de voies ferrées sur le quai et de grues pour le déchargement. L'activité industrielle de la vallée de Sainte-Austreberthe explique cet outillage maritime.

Duclair est vite parcouru. Il n'y a pas de train avant 4 heures et demie du soir, je dois gagner Barentin à pied, mais la route est si belle que je ne puis regretter cette promenade dans la vallée où la Sainte-Austreberthe décrit des méandres parmi les prés, entre des saules étêtés et des peupliers. Malheureusement, la rivière est souillée par les eaux industrielles de Pavilly et de Barentin. Le vallon est étroit, boisé sur les pentes et, jusqu'au Paulu, fort solitaire. Là on retrouve les usines, entourées de maisons ouvrières. Bientôt la route, longée par la voie ferrée, se borde de maisons formant une longue rue, c'est déjà Barentin; les usines sont vastes, l'une d'elles a construit de grandes cités ouvrières au flanc de la colline, semblables par leur régularité à un camp permanent. Les plus anciennes de ces maisons étaient de briques nues, les plus récentes ont des lignes moins banales; couvertes en ardoises, percées de mansardes blanches, elles réconcilient un peu avec l'aspect de caserne des autres constructions.

La ville de Barentin serait banale sans le grand viaduc qui porte sur 33 arches, à 27 mètres de hauteur et sur une longueur de 500 mètres le chemin de fer du Havre. Ce superbe ouvrage dominant la vallée verte donne au site un grand caractère.

# XXIV

## LE HAVRE

Le printemps au pays de Caux. — Saint-Romain-de-Colbosc. — Harfleur : sa splendeur et sa décadence. — Montivilliers et la vallée de la Lézarde. — Arrivée au Havre. — Aspect général de la ville. — La rue de Paris. — Les villas de la Côte. — Les bassins. — Projets d'agrandissement.

Sainte-Adresse, 12 avril.

Le printemps est enfin venu ; si les ormeaux et les chênes qui entourent les « masures » ne sont pas encore feuillus, on voit grossir leurs bourgeons et se préparer les frondaisons. Sur les fossés, les primevères mettent des teintes délicates ; autour de leurs touffes d'un jaune si doux et pur bleuissent violettes et pervenches.

Le pays de Caux reprend son aspect pastoral. Dans les seigles et les trèfles déjà hauts les paysans amènent les belles vaches par troupeaux et les placent au piquet en lignes régulières ; ces files de ruminants sont très longues, il n'est pas rare d'y voir de dix à vingt vaches. C'est la caractéristique du pays avec les puissants attelages de quatre ou cinq chevaux disposés en échelon, chaque cheval tirant une herse. Ces groupes de bêtes superbes sont conduits par un seul homme.

Malgré l'horizontalité du sol et les vastes étendues des cultures, les arbres des masures masquent souvent la vue et, se confondant à l'horizon, donnent l'illusion d'une forêt sans fin. Rien ne décèle les vallons et les valleuses creusés dans le plateau. Mais, en passant, près de Nointot, on voit des flots de fumée noire s'élever le long de pyramides basses, ce sont les sommets des cheminées d'usines de Bolbec, ville enfouie dans sa fissure profonde.

Et de nouveau recommencent les campagnes agricoles, dans lesquelles, en pénétrant au milieu des masures, on entend le tic-tac des derniers métiers de tisserands. Le pays n'a pas de gros villages, pas de bourgs ; pourtant il est fort peuplé, les hameaux sont nombreux, alignés au bord des chemins creux qui se croisent près d'humbles églises. Ces longues rues de maisons rurales, de chaumières et de masures sont la grande curiosité de ce pays. L'une d'elles commence à l'ouest de Caudebec, sur le plateau, et se continue pendant 12 kilomètres jusqu'au delà de Saint-Romain-de-Colbosc. Ce dernier bourg est la seule agglomération un peu considérable. Il y a moins de vingt ans c'était un village maussade ; ceux qui le virent alors ne le reconnaîtraient plus ; sous l'impulsion énergique et continue d'un homme de cœur, M. Benoist, son maire, une transformation complète s'est opérée sur un plan d'ensemble mûrement médité. Saint-Romain a vu créer des écoles, construire des halles et une mairie, tracer un square, créer une société musicale et des bibliothèques, enseigner la musique à l'école. M. Benoist avait annoncé son programme en 1878, dès le 3 juin 1883 on inaugurait les bâtiments nouveaux, M. Félix Faure étant alors député de la circonscription. On avait pu exécuter les travaux sans accroître les charges, la location des halles nouvelles doublant le prix des vieilles « hallettes ».

Ces transformations matérielles allaient de pair avec les changements moraux. Une association agricole était fondée, on encourageait l'élevage. La santé publique n'était pas oubliée ; ce plateau sans eau courante était souvent infecté par les eaux de pluie qui stagnaient ; on s'en débarrassa par une galerie souterraine ; des rues nouvelles furent tracées à travers les ruelles ; le terrain en bordure atteignit de 2 fr. 50 c. à 60 fr. le mètre dans cette bourgade de 1,700 âmes ! La grande place fut alignée ; on vit l'éclairage électrique remplacer les réverbères. Enfin, chose plus précieuse encore pour ce pays où l'on n'avait que l'eau des mares, on achève l'amenée des eaux d'une source abondante puisée au fond d'une valleuse.

Pour compléter ces transformations, Saint-Romain eut le téléphone. Enfin on va mettre en circulation, cette année même, un tramway à vapeur du système Serpollet qui réunira Saint-Romain à la gare d'Étainhus, à 4 kilomètres ; j'ai vu dans cette gare les wagons automoteurs, déjà placés sur la voie.

Une pyramide a été élevée, à Saint-Romain, à la mémoire de six hussards du 3° régiment qui, le 18 décembre 1870, luttèrent héroïquement contre 70 dragons allemands et de trois volontaires tués dans un combat livré en janvier 1871.

Cette transformation profonde et heureuse est due à la persévérance d'un seul homme. Elle a fait l'objet d'un intéressant volume de M. Partridge. Ce livre devrait être entre les mains de tous les hommes qui ont à cœur d'améliorer nos petites villes, trop souvent ignorantes des principes d'hygiène et de haute morale.

L'ancienne gare de Saint-Romain-de-Colbosc, qui va perdre son nom pour s'appeler désormais Étainhus, est à l'entrée d'une des plus curieuses fissures du plateau cauchois, le vallon de Saint-

Laurent-de-Brévedent, profondément creusé entre de hautes parois crayeuses tapissées de taillis. Peu à peu le ravin se fait vallon, des sources abondantes alimentent une petite rivière ; des prés, des bois, des vergers égayent ce joli coin de Normandie, mais bientôt l'industrie apparaît ; les longues baraques d'une cordonnerie et des établissements métallurgiques détruisent en partie le charme. On pénètre dans une tranchée et, soudain, s'ouvre l'immense horizon de la baie de Seine. Au premier plan, au-dessus des toits d'une petite ville, surgit la tour admirable d'une église ogivale. C'est la vieille cité d'Harfleur, détrônée par le Havre.

Les éléments, il est vrai, ont plus fait que les hommes pour réduire à la situation d'humble chef-lieu de canton une cité jadis populeuse et active. Les atterrissements de la baie de Seine ont éloigné Harfleur de la mer ; la petite rivière de Lézarde y atteignait la Manche et recevait ainsi le flot de marée, formant un port commode et sûr ; elle est devenue un simple chenal des marais. Le *souverain port* de la Normandie, assez populeux en 1415 pour que le roi Henri V d'Angleterre ait pu lui enlever, à la suite d'un siège de 40 jours, 1,600 familles transportées à Calais, vit à grand'peine arriver sous ses murs des embarcations de petit tonnage. De nos jours le canal de Tancarville, créé pour assurer à la batellerie une navigation tranquille entre le Havre et la Seine endiguée, lui a redonné un peu de vie en dirigeant vers elle un embranchement. Des navires d'un tirant d'eau de près de 6 mètres peuvent arriver à Harfleur, tandis que la Lézarde, de navigation malaisée, ne donnait qu'un tirant d'eau de 3 mètres. Aussi Harfleur reprend-elle quelque importance maritime, un certain nombre de navires abordent à son quai long de 100 mètres, plusieurs armateurs font la petite pêche, la population n'atteignait pas 1,500 habitants il y a 60 ans, peu à peu elle s'est accrue d'un millier d'âmes. Au delà, vers Rouen, le canal ayant encore une profondeur de 3$^m$,50 lui assure des relations faciles avec la capitale normande.

Le canal de Tancarville et Harfleur est d'origine trop récente pour avoir déjà rendu au *souverain port* toute l'activité qu'il peut atteindre, mais la vieille cité a le droit de compter sur des jours meilleurs, malgré le voisinage du Havre, dont elle sera peut-être un jour un des quartiers.

La transformation de la ville elle-même n'est pas encore commencée, c'est toujours la vieille petite cité aux rues étroites, bordées en partie de maisons de bois et torchis, dont une aboutit à ce merveilleux clocher de l'église Saint-Martin, une des tours les plus dentelées, les plus fouillées, les plus ajourées de cette Normandie si riche en beaux édifices religieux. Le reste de l'église est digne de cette tour haute de 83 mètres.

Le paysage d'Harfleur est charmant aux jours, assez rares il est vrai, où le ciel est pur ; de beaux jardins, des vergers, des champs de fraisiers remplissent la jolie vallée où la Lézarde roule ses eaux claires, longée jusqu'à Montivilliers par un chemin de fer qui va bientôt être continué jusqu'à Dieppe. Montivilliers a grandi comme sa voisine Harfleur, qui en était et en est encore le port. Cette cité monacale, dont l'abbesse jouissait des honneurs épiscopaux, était une des plus industrieuses de Normandie. La Lézarde, claire et abondante, alimentait des teintureries et des tanneries nombreuses. L'abbesse, son vicaire général, ses chanoines, ses officiers de justice et ses religieuses ont été emportés par la Révolution, mais la Lézarde est restée, elle continue à faire mouvoir des roues d'usines. A peine la voit-on en parcourant les rues, car elle a été recouverte presque partout ; on entend ses eaux invisibles se briser; sur tous les points de la ville on perçoit le grondement des roues de moulin ; çà et là on retrouve, entre deux minoteries, sous des ponts moussus, les eaux claires où la truite se joue.

La ville s'est peut-être trop modernisée, cependant on retrouve encore de vieilles maisons de bois; une de ses rues a conservé le nom de *Vieille-Cohue*; sur les belles promenades obtenues par le comblement des fossés, il y a des débris de remparts et de tours. Mais l'abbaye est devenue une des usines de l'industrieuse cité, elle est englobée au milieu des maisons, il ne reste de bien apparent que l'église dont les clochers méritent l'attention, même après celui d'Harfleur. Le cloître ou ossuaire, dit *Brise-Garet*, dans le cimetière, est une des curiosités de Montivilliers.

Je suis resté peu de temps dans cette petite ville vivante et gaie, devenue, grâce au chemin de fer, un des lieux d'excursion les plus fréquentés par les Havrais. En quelques minutes on atteint la grande ville par des trains d'une vitesse modérée, permettant d'admirer à son aise les superbes jardins maraîchers de Graville-Sainte-Honorine, les vergers de poiriers savamment entretenus, abritant d'innombrables plants de fraisiers et dominés par les constructions pittoresques de l'antique abbaye de Graville et une vieille tour sur laquelle les fidèles du Havre ont érigé une statue de bronze à la Madone, après la guerre de 1870, pendant laquelle le Havre évita l'occupation allemande.

Les jardins et les vergers cessent bientôt pour faire place à de grands quartiers industriels et à de vastes usines : forges, fonderies, chantiers de constructions, fabriques d'huiles, raffinerie de pétrole, etc. Cette partie citadine de Graville-Sainte-Honorine n'est qu'un faubourg du Havre, elle se confond avec d'autres faubourgs appartenant à la commune havraise et se prolonge jusqu'au canal de Tancarville et aux premiers bassins du grand port de la Manche.

L'arrivée au Havre par le chemin de fer, à la nuit tombante, annonce une très grande ville : deux grands boulevards se rejoignent presque à angle droit, profilant au loin, pendant plus d'un kilomètre chacun, leurs rangées lumineuses de becs de gaz ; au milieu de la chaussée, silencieux et rapides, courent les tramways électriques guidés par le trolley, leur longue hampe faisant jaillir des étincelles fulgurantes et bleuâtres au passage des câbles transversaux. Sur les trottoirs une foule active s'écoule sans cesse ; ouvriers du port regagnant leurs logements de Graville et de l'Eure, douaniers ayant achevé leur service diurne et réintégrant l'immense et monumentale caserne

de la rue Casimir-Delavigne, sorte de phalanstère où sont réunis ces soldats du fisc et leurs familles. Mais cette animation tombe bientôt : sans les tramways continuant à filer, cette partie de la ville semblerait déserte.

Le Havre contraste fort avec Rouen sa rivale. Celle-ci, fille du passé, arrête à chaque pas le visiteur par ses édifices publics ou civils; la plupart de ses rues sont tortueuses. Au Havre, au contraire, presque tout est moderne, les monuments sont rares, les rues sont larges et droites. Même, et cela peut paraître un paradoxe, Rouen a, de nos jours, un caractère plus franchement maritime que le Havre ; son port établi sur la Seine se présente en entier aux regards, bordé de grands navires. Le port du Havre au contraire comprend une douzaine de bassins ou de darses, séparés par des îlots de maisons et des entrepôts, on ne peut le découvrir en entier que du haut des collines de Sanvic et de Sainte-Adresse. Pour qui a vu d'autres grands ports comme Dunkerque où les bassins se succèdent sans séparation, Marseille où l'on découvre d'un coup, soit le vieux port, soit les darses immenses de la Joliette, l'impression produite par le Havre est un peu du désappointement.

Et cependant c'est bien un des plus puissants organismes de France que cette jeune et vivante cité à peine née d'hier et déjà une des plus grandes de notre pays. En 1820 le Havre n'avait pas même 19,000 habitants. Tous les grands hommes de la monarchie : François Ier, qui créa ce port, Henri IV, Richelieu, Colbert, comprirent le rôle futur de la ville, mais ils n'auraient sans doute jamais rêvé si prodigieux accroissement. 125,000 individus habitent aujourd'hui les plaines marécageuses, les pentes et les collines, désertes il y a moins de 400 ans. Des chantiers de construction bordent les rivages et les canaux, même notre flotte de guerre demande aux chantiers du Havre une partie de ses puissants cuirassés.

Dans la première moitié de ce siècle, le Havre n'était qu'une ville modeste, remplissant à peine la pointe comprise entre la côte et le chenal. C'est aujourd'hui le quartier Saint-François ; il a conservé son aspect primitif, plutôt sordide. De hautes et étroites maisons de bois et de torchis, revêtues d'ardoises pour les préserver de l'humidité amenée par les pluies et les embruns bordent le quai où abordent les bateaux de Rouen, de Honfleur, de Trouville et de Caen. C'est le Grand Quai, sur lequel ouvrent d'étroites rues également bordées de bâtisses anciennes. rues fort vivantes et populeuses, habitées par des Bretons marins ou débardeurs. Ce quartier breton s'étend jusqu'à la rue de Paris, artère assez large, mais dont les constructions sont assez misérables par leurs matériaux et leur peu de largeur. Ce fut la rue principale du Havre il y a cinquante ans, elle est restée le point vital de la ville, elle en possède les plus beaux magasins, la foule y est toujours nombreuse. Lorsqu'elle fut percée, les Havrais en devinrent très fiers, Rouen ne possédait alors rien de semblable. En 1838 encore, Abel Hugo la décrivait comme vraiment digne de la capitale, « droite, fort longue, parfaitement propre, bordée de belles maisons ». La réputation de la rue de Paris s'est maintenue et l'on entend des Havrais soutenir qu'elle est comparable aux grands boulevards de Paris.

Plus tard elle a été prolongée au milieu du quartier construit dans les premières années du second Empire, entre les bassins et les collines. L'hôtel de ville lui fait face, c'est un vaste palais dans le goût de la Renaissance ; au-devant s'étend un beau square dont il est séparé par le boulevard de Strasbourg, la plus grande voie du Havre, tracée sur l'emplacement des anciens remparts et reliant la gare à la plage. Cette partie de la ville est vraiment grandiose. Les constructions sont hautes, édifiées en matériaux de choix. De beaux jardins publics s'y succèdent. A peu de distance, la place Gambetta, non moins majestueuse, ornée de parterres et des statues de deux Havrais illustres, Casimir Delavigne et Bernardin de Saint-Pierre, fait face au bassin du Commerce, jadis le plus grand du Havre, mais servant surtout aujourd'hui à la navigation de plaisance. Le théâtre est le principal ornement de cette place. Les autres monuments du Havre sont modernes, si l'on excepte ses intéressantes églises Notre-Dame et Saint-François. Ce sont de riches édifices, dignes d'une ville prospère, mais ni la Bourse, ni le Musée, ni le Palais de Justice ne sont vraiment de grandes œuvres. Toutefois, la Bourse est opulente. C'est comme le cœur de cette puissante cité commerciale.

La ville a escaladé la colline, presque à pic, qui fut jadis une falaise bordant le rivage et dont les pentes les plus douces portèrent le joli bourg d'Ingouville, maintenant annexé. Cette colline constitue la fameuse *Côte*; elle est couverte de jardins et de villas. Sur la crête court une rue dite de la Côte, à laquelle on parvient aujourd'hui par un chemin de fer funiculaire. Elle est bordée d'un côté de somptueuses villas entourées de grands parcs, d'où l'on découvre une vue merveilleuse sur la ville, ses bassins, la baie de Seine, Honfleur et la côte de Grâce, Trouville et les immensités de la mer. Ce quartier de la côte est pour le Havre ce que sont les avenues du bois de Boulogne à Paris; la Corniche ou le Prado à Marseille. Lorsqu'on a dit d'un grand commerçant ou d'un armateur : il est de la Côte, ou bien il va à la Côte, cela renferme bien des choses! Une des plus vastes de ces villas a été récemment acquise par M. Félix Faure, président de la République, qui doit au Havre sa fortune politique. Jadis il habitait un hôtel sur le boulevard Maritime, large et superbe voie bordant la mer, depuis le pied des collines de Sainte-Adresse jusqu'au boulevard de Strasbourg.

Mais le grand intérêt du Havre, ses véritables monuments sont les bassins qui constituent son port, le deuxième de France, le plus considérable de la Manche et dont le développement se poursuivra longtemps encore. A l'avant-port, longtemps centre de l'activité maritime, sont venus se joindre successivement neuf bassins de dimensions diverses dont quelques-uns creusés au cœur même de la ville : bassins du Roi, du Commerce, de la Barre, Vauban ; ce sont les moins importants. Bien plus considérables, bien mieux outillés sont les bassins-docks et de la Citadelle et surtout les grandioses bassins de l'Eure et Bellot. Des grues et des treuils hydrauliques, des voies ferrées, l'éclairage électrique pour les manœuvres de nuit font de ces vastes darses des ports absolument parfaits. Des formes de radoub s'ouvrent sur le bassin de l'Eure, le canal de Tancarville y débouche. Les galeries profondes des docks où s'empilent les produits du monde entier donnent une saisissante impression de richesse. La surface totale des bassins est de 76 hectares, les quais ont 12,873 mètres de développement.

Malgré son étendue, le port répond à peine aux besoins sans cesse grandissants. Le Havre a vu en 1895 un mouvement de 12,888 navires entrés et sortis; le tonnage a atteint 5,602,712 tonnes, dont plus de 4 millions au long cours. C'est le grand marché aux cotons; en 1895, il en est entré 151,431,752 kilogr. Les principales marchandises ont été ensuite: les laines, 7,905,306 kilogr.; les peaux brutes, 32,218,734 kilogr.; la houille, 581,464,000 kilogr.; les céréales 106,585,702 kilogr. En 1894, dernière année dont les chiffres à ce point de vue sont connus, les importations avaient atteint 961,865,508 fr. et les exportations 768,526,181 fr. Au total un mouvement d'échanges maritimes de 1,730,391,689 fr.

Les transactions seraient bien plus considérables

encore si ce grand port pouvait profiter de son admirable situation et de la durée de l'étale qui atteint parfois deux mètres, situation unique sur nos côtes où la marée décroît presque aussitôt qu'elle a atteint son amplitude. Les fonds de la rade ne sont plus suffisants pour laisser passer à toute marée les gigantesques navires modernes; l'entrée aussi est trop étroite. Des projets avaient en vue la transformation en rade abritée par des jetées de la plus grande partie de la rade et la création de bassins nouveaux. Mais le Parlement a fort réduit ce programme, toutefois la solution intervenue constitue encore une grande amélioration par la création d'un avant-port, le dragage d'une passe au large et la création d'un sas éclusé permettant le passage des plus grands navires pendant la moitié de la marée. Ces travaux qui vont être bientôt entrepris transformeront profondément l'aspect de l'entrée du Havre et mettront ce grand port dans des conditions d'accès égales, sinon supérieures, à celles des ports rivaux, comme Anvers ou Hambourg. L'entrée actuelle, si étroite et parfois difficile, fera place à un large et profond chenal ouvrant sur un avant-port fermé par des jetées et constituant une véritable rade intérieure, une passe large de 200 mètres donnera accès sur la grande rade extérieure par un chenal dragué à

4$^m$,50 au-dessous du zéro des cartes marines. La pointe actuelle du môle sera rescindée pour faire place à une partie du nouvel avant-port. Près de la ville, celui-ci sera bordé de quais dits d'escale.

Quand ces grands travaux seront exécutés, le Havre prendra une extension plus grande encore et il devra sans doute songer à transformer en nouveaux bassins une partie de l'estuaire de la Seine. Déjà les projets sont préparés, comme est préparé depuis longtemps le projet de traversée de la Seine soit par un pont élevé à près de 60 mètres au-dessus du fleuve, entre Quillebeuf et Caudebec, soit en souterrain près de Lillebonne. Cette voie ferrée donnerait au Havre une ligne indépendante vers le centre et l'ouest de la France et doublerait ses communications avec Paris.

En attendant ces transformations qui seront pour la puissante cité maritime le point de départ d'accroissements nouveaux, le Havre, par son aspect général, est digne de la grande fortune qui lui est échue; pour les voyageurs venant d'outre-mer c'est une superbe entrée en France, bien que les bâtisses sombres du Grand Quai donnent une assez fâcheuse idée du reste de la ville.

Mais le visiteur qui a parcouru les grandes avenues et remonté le boulevard François I$^{er}$ et le boulevard maritime pour gravir les coteaux de

Sainte-Adresse et atteindre le cap, haut de 105 mètres où se dressent les phares de la Hève, emporte une impression inoubliable du grandiose panorama offert par la cité majestueusement assise au pied de ses collines, au bord de la baie immense, aux eaux trop souillées cependant, par laquelle finit le fleuve de Paris. L'étendue des toits de la ville, la forêt des mâts qui hérissent les bassins, l'animation de la rade sans cesse couverte de navires ne sauraient être oubliées. Le paysage havrais a d'autant plus d'ampleur et de magnificence que la mer se déroule à l'horizon, bordée, vers le sud, par les vertes collines de Honfleur et de Trouville, dont les pentes couvertes de forêts, de parcs et de pâturages contrastent avec les falaises à pic et blanches du pays de Caux.

Le reste de la Normandie : Etretat, Fécamp, Dieppe et le pays de Bray, sera décrit dans la série consacrée à la Picardie, au Vexin et à la Beauce.

# TABLE DES MATIÈRES

### I. — Une ville de chaudronniers.

Pages.

Un funiculaire, s. v. p. — Le raidillon d'Avranches. — Une aimable ville. — A travers l'Avranchin. — Villedieu-les-Poêles. — Bruyante cité. — Le triomphe du cuivre. — Chaudronnerie de ménage et chaudronnerie d'art. — Cloches et robinets. — Dentelles de soie, dentelles de crins. — Mœurs ouvrières . . .    1

### II. — Les Vaux-de-Vire.

De Fougères à Mortain. — Saint-Hilaire-du-Harcouët. — Un coin de montagne en Cotentin. — Sourdeval, ses soufflets et ses couverts. — Vire, les Vaux-de-Vire et Olivier Basselin. — La vallée de la Vire. — Torigni. — Saint-Lô et son haras. . . . . . . .    18

### III. — La Déroute et les lignes de Carentan.

Paysages du Cotentin. — Coutances. — Periers et le commerce du beurre. — Lessay, sa lande et sa foire. — La Haye-du-Puits. — Les lignes de Carentan et l'isthme de Port-Bail. — Les mielles. — Carteret. — Les Écrehou et les Dirouilles. — Le kaolin des Pieux. — Flamanville, Diélette, leurs mines et leurs carrières.   38

### IV. — Le duché de Coigny.

Briquebec, sa trappe et ses fromages. — Saint-Sauveur-de-Pierrepont et la vallée de la Douve. — Les marais de Gorges. — Coigny et son duché. — Châteaux de Coigny et de Franquetot. — Une famille de soldats. — L'école d'agriculture de la Manche. . . .   59

### V. — La Hougue.

Carentan. — Une idée de Napoléon I<sup>er</sup>. — Les polders des Veys. — Isigny. — Montebourg. — Valognes. — Un Versailles provincial. — Saint-Vaast. — La Hougue et les vaisseaux de Tourville. — Visite aux îles Saint-Marcouf. — Le val de Saire. — Barfleur. — Le naufrage de la *Blanche-Nef*. — Le phare de Gatteville. . . 77

### VI. — Cherbourg et la Hague.

Le Haut-Cotentin. — Martinvast et son haras. — La vallée de la Divette. — Cherbourg, sa rade et sa digue. — Le monument de J.-F. Millet. — Gréville. — Le Hague Dick. — L'extrême pointe de la France. — Le cap de la Hague. — Le Nez de Jobourg . . 97

### VII. — Bayeux et le Bessin.

Bayeux. — La cathédrale. — La tapisserie de la reine Mathilde. — Campagne du Bessin. — Les pertes de l'Aure. — Port-en-Bessin. — Le champ de bataille de Formigny. — Trévières et ses beurres . . . . . . . . . . . . . . . . . . 117

### VIII. — La campagne de Caen.

Caen. — L'Athènes normande. — Monuments et commerce. — L'élevage. — Visite dans la plaine de Caen. — La splendeur du colza. — Éleveurs et militaires. — Les foires à chevaux . . . . 135

### IX. — La foire de Guibray.

Falaise. — La ville et le château. — La fontaine d'Arlette. — Guibray : sa foire et ses bonnetiers. — Ussy et ses pépinières. — Une idée de Turgot. — Le château de Bons. — La Brèche-au-Diable. — Le tombeau de Marie Joly . . . . . . . . . . 154

### X. — Du bocage a la mer.

Dans l'Hiémois. — Pont-d'Ouilly. — L'Orne et le Noireau. — Les mines de Saint-Remy. — Harcourt et son château. — La vallée de l'Odon. — Villers-Bocage, un dimanche gras. — Caumont-l'Éventé. — Balleroy. — Littry et sa houillère . . . . . . 176

## XI. — LE LITTORAL DU CALVADOS.

Pages.

La vallée de la Seulles. — Courseulles. — La dentelle en Calvados. — Les huîtrières de Courseulles. — Bernières. — Luc-sur-Mer. — Le pèlerinage de la Délivrande. — Lion-sur-Mer. — Ouistreham. — Le Home. — Cabourg et Dives. . . . . . . 191

## XII. — LA VALLÉE D'AUGE.

La plaine de la Vie. — Mesnil-Mauger. — Mézidon. — Méry-Corbon et ses herbages. — Les herbagers de la vallée d'Auge. — Achats de bœufs. — Dans les « cours ». — Le haut et le bas pays. — Dozulé. — La butte Caumont et Dives . . . . . . . 205

## XIII. — EN LIEUVIN.

De Bernay à Lisieux. — Lisieux et ses vieilles rues. — Le drap renaissance. — Industries disparues. — La vallée de l'Orbiquet. — Mailloc. — Orbec. — Vallée de la Charentonne. — Broglie. — Abords de Bernay. — Les rubaniers de Thiberville. . . . . 220

## XIV. — TROUVILLE ET LA CÔTE DE GRACE.

Le type du paysage normand. — La vallée de la Touques. — Le Breuil-en-Auge. — Fabrication du fromage : la légende du camembert. — Le Pont-l'Évêque et ses glorieux parchemins, le fromage Mignot. — Pont-l'Évêque. — Trouville et la côte de Grâce. — Honfleur . . . . . . . . . . . . . . . . . . . . . 235

## XV. — LE MARAIS VERNIER ET LA RISLE.

Autour de Honfleur. — Pont-Audemer et ses industries. — La Venise normande. — Le plateau de Sainte-Opportune. — Quillebeuf. — Le marais Vernier. — Une rue de trois lieues. La vallée de la Risle. — Le Bec-Hellouin — Le Neubourg. — Tempête autour d'un puits . . . . . . . . . . . . . . . . . 252

## XVI. — Évreux et le Saint-André.

Pages.

Évreux. — Sa cathédrale. — L'industrie. — Saint-André et sa plaine. — Au pays des flûtes : La Couture. — Au pays des peignes : Le Lhabit, Bois-le-Roi et Ezy. — Ivry-la-Bataille. — Le panache du roi Henri . . . . . . . . . . . . . . . . 271

## XVII. — Tringlots et enfants de troupe.

L'échauffourée de Brécourt ou la bataille sans larmes. — Champ de bataille de Cocherel. — Pacy-sur-Eure. — Vernon. — Les ateliers de construction du train des équipages. — Gaillon. — Le Château-Gaillard. — Le petit et le grand Andelys. — L'école des enfants de troupe . . . . . . . . . . . . . . . . . 283

## XVIII. — Les draps d'Elbeuf.

La vallée de la Seine. — Les falaises séquaniennes. — Le site d'Elbeuf. — Elbeuf il y a cent ans. — L'agglomération elbeuvienne. — Aspect de la ville. — Historique de son industrie. — Son présent et son passé. — L'École manufacturière. — La Société Industrielle. — D'Elbeuf à Louviers. — Louviers. . . . . 297

## XIX. — De l'Avre a la Risle.

La route des écoliers : de Paris en Normandie par la Beauce et le Perche. — La Loupe. — La forêt de Senonches. — La Ferté-Vidame. — Une ancienne grande ville : Verneuil. — Breteuil. — Au pays des ferronniers. — Les articles de sellerie. — La Gueroulde. — Les forgerons de la Grande-Mare. — Francheville. — Rugles. — La forêt de Conches. — Conches. . . . . . 318

## XX. — De la Risle a l'Andelle.

Perte et réapparition de la Risle. — Beaumont-le-Roger et Régulus. — Brionne. — Saint-Georges de Vièvre ou une ville industrielle disparue. — La forêt de la Londe. — Oissel. — Pîtres et la côte des Deux-Amants. — Dans la vallée de l'Andelle. — Fleury-sur-Andelle. — Charleval. — La vallée de la Lieure. — — Lyons-la-Forêt. — Promenade dans les hêtres. — Le plateau du Vexin. — Étrépagny . . . . . . . . . . . . . . . . 335

## XXI. — Rouen.

Les grandes villes de France et les grandes villes de l'étranger. — Rang véritable de Rouen parmi les grandes cités. — Aspect de Rouen. — La vieille ville et la ville moderne. — Le vieux Rouen à l'exposition de 1890. — Rouen monumental. — Rouen intellectuel. — L'industrie rouennaise. — Le coton. — Rouen ville maritime. . . . . . . . . . . . . . . . . . . . . . . 351

## XXII. — Le royaume d'Yvetot.

Faubourgs rouennais. — La vallée de Cailly. — Barentin et Pavilly. — Le pays et la ville d'Yvetot. — État actuel du pays de Caux. — Le royaume et les rois d'Yvetot. — Bolbec et sa vallée. — Lillebonne et ses ruines romaines. . . . . . . . . . . . 374

## XXIII. — Le mascaret.

Le plateau d'Yvetot. — Le bassin de Sainte-Gertrude. — Arrivée à Caudebec. — Le mascaret pendant la nuit. — Paysage matinal. — Les vieilles rues de Caudebec. — L'église Notre-Dame. — Mascaret du matin. — Saint-Wandrille. — Jumièges. — Duclair. — La vallée de Sainte-Austreberthe . . . . . . . . . 388

## XXIV. — Le Havre.

Le printemps au pays de Caux. — Saint-Romain de Colbosc. — Harfleur : sa splendeur et sa décadence. — Montivilliers et la vallée de la Lézarde. — Arrivée au Havre. — Aspect général de la ville. La rue de Paris. — Les villas de la côte. — Les bassins. — Projets d'agrandissement . . . . . . . . . . . 400

---

Nancy. — Impr. Berger-Levrault et C$^{ie}$.

BERGER-LEVRAULT ET Cⁱᵉ, LIBRAIRES-ÉDITEURS
5, rue des Beaux-Arts, Paris. — 18, rue des Glacis, Nancy.

En cours de publication

# DICTIONNAIRE MILITAIRE

## ENCYCLOPÉDIE DES SCIENCES MILITAIRES

RÉDIGÉE

### PAR UN COMITÉ D'OFFICIERS DE TOUTES ARMES

**CONDITIONS ET MODE DE PUBLICATION**

Le Dictionnaire militaire formera deux gros volumes grand in-8° jésus à deux colonnes, d'environ 80 feuilles (1,280 pages) chacun.

Il paraît par livraisons de 8 feuilles (128 pages).

L'ouvrage complet comprendra environ 20 livraisons. Toutes les dispositions sont prises pour que les livraisons soient publiées dans des délais très rapprochés. Les sept premières livraisons sont en vente en juin 1896.

**Prix de la livraison : 3 fr.**

Une feuille-spécimen de 16 pages, brochée sous couverture, sera envoyée gratuitement à toute personne qui en fera la demande.

---

**Géographie militaire**, par le commandant Marga. — 1ʳᵉ partie : *Généralités et la France*. 4ᵉ édition, revue et augmentée. 2 volumes grand in-8° et atlas in-4° de 137 cartes, la plupart en couleurs. Broché . . . . . . . . . . . . . . . . . . . . . . . 35 fr.
Relié en demi-chagrin . . . . . . . . . . . . . . . . 46 fr.

— 2ᵉ partie : *Principaux États de l'Europe*. 3ᵉ édition, revue et augmentée. 3 volumes grand in-8° et atlas in-4° de 149 cartes, la plupart en couleurs. Broché . . . . . . . . . . . . . . . . . . 45 fr.
Relié en demi-chagrin . . . . . . . . . . . . . . . . 59 fr.

**Cours de Géographie pour les écoles régimentaires**, publié par le ministère de la guerre. Volume in-12 de 178 p. avec 14 cartes, cartonné . . . . . . . . . . . . . . . . . . . . . . . . 3 fr.

**Les principaux Bassins de l'Europe**. Précis de géographie militaire à l'usage des candidats et des élèves des écoles militaires, par Charles Tru, ancien officier d'infanterie. 1885. Vol. in-12, broché. 3 fr. 50 c.

**Études de Géologie militaire**, par Ch. Clerc, capitaine d'infanterie : *Les Alpes françaises*. 1883. Volume in-8°, avec 30 fig. et 1 carte, broché . . . . . . . . . . . . . . . . . . . . . . . . . 5 fr.

— *Le Jura*. 1888. Volume in-8°, avec figures et 1 carte, broché 5 fr.

**Les Alpes françaises**. Études sur l'économie alpestre et l'application de la loi du 4 avril 1882 à la restauration et à l'amélioration des pâturages, par F. Bator, Inspecteur des forêts. Ouvrage couronné par la Société nationale d'agriculture de France. 1896. Un beau volume grand in-8° de 625 pages, avec 142 figures dans le texte (constructions diverses en montagne, chalets, étables, halles, etc.; plantes herbacées nuisibles et utiles; plans et instruments de fruitières et de laiteries industrielles), 6 planches en héliogravure (paysages typiques) et 2 cartes en couleurs, broché. . . . . . 25 fr.

**A travers la Norvège**. Souvenirs de voyage, par L. Marcot. Un fort volume in-12, broché. . . . . . . . . . . . . . . . . . 3 fr. 50 c.

**Du Danube à la Baltique**. Allemagne, Autriche-Hongrie, Danemark. Descriptions et souvenirs, par Gabriel Thomas. 2ᵉ édition. Un volume in-12 de 600 pages, broché. . . . . . . . . . . . . . 3 fr. 50 c.

**La Lorraine illustrée**. Texte par Lorédan Larchey, André Theuriet, etc. Un magnifique volume grand in-4° de 800 p., avec 445 belles gravures et un frontispice en chromo, broché . . . . . 50 fr.
Relié en demi-maroquin, gaufrage artistique . . . . . . 60 fr.

BERGER-LEVRAULT ET Cⁱᵉ, LIBRAIRES-ÉDITEURS
5, rue des Beaux-Arts, Paris. — 18, rue des Glacis, Nancy.

En cours de publication

# LEXIQUE GÉOGRAPHIQUE
## DU MONDE ENTIER

PUBLIÉ SOUS LA DIRECTION DE

### M. E. LEVASSEUR (de l'Institut)
PROFESSEUR AU COLLÈGE DE FRANCE

| PAR | AVEC LA COLLABORATION DE |
|---|---|
| **J.-V. BARBIER** | **M. ANTHOINE** |
| SECRÉTAIRE GÉNÉRAL | INGÉNIEUR |
| DE LA SOCIÉTÉ DE GÉOGRAPHIE DE L'EST | CHEF DU SERVICE DE LA CARTE DE FRANCE |
| | AU MINISTÈRE DE L'INTÉRIEUR |

### CONDITIONS ET MODE DE PUBLICATION

Le Lexique géographique paraît par fascicules de 4 feuilles gr. in-8° (64 pages) d'impression compacte à 3 colonnes, avec cartes et plans dans le texte.

Il comprendra environ 50 fascicules, formant 3 volumes de 1,000 à 1,200 pages chacun.

Il paraîtra environ 8 à 10 fascicules par an. Les 13 premiers fascicules sont en vente.

*Prix du fascicule : 1 fr. 50 c.*
*Prix de souscription à l'ouvrage complet : 70 fr.*

La souscription donne droit à la réception gratuite de tous les fascicules pouvant dépasser le nombre prévu. — Envoi du *prospectus-spécimen* sur demande.

---

## BIBLIOTHÈQUE D'ENSEIGNEMENT COMMERCIAL
### Dirigée par M. GEORGES PAULET
CHEF DE BUREAU AU MINISTÈRE DU COMMERCE

*Volumes in-8° reliés en percaline gaufrée.*

#### Ouvrages parus :

Précis d'Histoire du Commerce, par H. CONS. 2 volumes . . . . . 8 fr.
Manuel de Géographie commerciale, par V. DEVILLE. 2 volumes avec cartes . . . . . 10 fr.
Manuel pratique des Opérations commerciales, par A. DANY. 1 volume . . . . . 5 fr.
Principes généraux de comptabilité, par E. LÉAUTEY et A. GUILBAULT. 1 volume . . . . . 5 fr.
Monnaies, poids et mesures des principaux pays du monde. Traité pratique des différents systèmes monétaires et des poids et mesures, accompagné de renseignements sur les changes, les timbres d'effets de commerce, etc., par A. LEJEUNE. 1 volume . . . . . 5 fr.
Les Tribunaux de commerce. Organisation, compétence, procédure, par A. ROUYVET. 1 volume . . . . . 4 fr.
Les Transports maritimes, éléments de droit maritime appliqué, par HAUMONT et LEVAREY. 1 volume . . . . . 4 fr.
Armements maritimes, par O. CHAMPENOIS. 2 vol. avec 140 fig. 10 fr.
Code annoté du Commerce et de l'Industrie. Lois, décrets, règlements relatifs au commerce et à l'industrie, avec un commentaire par GEORGES PAULET. 1 volume grand in-8° de 956 pages, sur 2 colonnes, broché. 15 fr.
Relié en demi-chagrin, plats toile . . . . . 18 fr.
Code de Commerce et Lois commerciales usuelles, par E. COHENDY. 1 volume in-18 . . . . . 2 fr.
Recueil des Lois industrielles, par E. COHENDY. 1 volume in-18. 2 fr.

*Un prospectus détaillé est envoyé sur demande.*

www.ingramcontent.com/pod-product-compliance
Lightning Source LLC
Chambersburg PA
CBHW060542230426
43670CB00011B/1651